汽车维修入门 全程图解系列

U0320609

全程图解 新款
汽车底盘
维修

★ 李伟 刘强 王军 主编

流程图 ⊕ 基础知识 ⊕ 实际操作
轻松入门 快速提高！

机械工业出版社
CHINA MACHINE PRESS

本书从十个方面系统地讲解了最新型离合器、手动变速器、自动变速器、万向传动装置、驱动桥、车桥、车轮与轮胎、悬架、转向系统、制动系统等内容。本书以解答的形式详细地讲解了新型汽车底盘构造，所选图片以透视图、剖视图及原理示意图等为主，读者可以清晰地看到汽车底盘元件的内部构造，了解汽车各个部件运作的原理及检修、诊断方法。

　　本书从实际操作出发，将与汽车底盘相关的新技术进行了整合，具有较强的针对性和实操性。书中应用了上百幅发动机图片及维修图片。

　　本书语言非常通俗，图片异常丰富，并有许多相关知识，非常适合广大汽车爱好者和相关汽车行业人员和学员、维修工使用。

图书在版编目（CIP）数据

全程图解新款汽车底盘维修/李伟，刘强，王军主编. —2版. —北京：机械工业出版社，2018.2
ISBN 978-7-111-58973-0

Ⅰ.①全… Ⅱ.①李…②刘…③王… Ⅲ.①汽车－底盘－车辆修理－图解 Ⅳ.①U472.41－64

中国版本图书馆 CIP 数据核字（2018）第 010326 号

机械工业出版社（北京市百万庄大街22号　邮政编码100037）
策划编辑：杜凡如　责任编辑：杜凡如　安桂芳
责任校对：郑　婕　封面设计：张　静
责任印制：张　博
三河市国英印务有限公司印刷
2018 年 4 月第 2 版第 1 次印刷
184mm×260mm·20 印张·4 插页·487 千字
0 001—3 000 册
标准书号：ISBN 978-7-111-58973-0
定价：59.80 元

凡购本书，如有缺页、倒页、脱页，由本社发行部调换

电话服务	网络服务
服务咨询热线：010 - 88361066	机 工 官 网：www.cmpbook.com
读者购书热线：010 - 68326294	机 工 官 博：weibo.com/cmp1952
010 - 88379203	金 书 网：www.golden - book.com
封面无防伪标均为盗版	教育服务网：www.cmpedu.com

前言 PREFACE

汽车在我们的生活中起着越来越大的作用，同时汽车保有量也日益增多，相应汽车行业的从业人员也与日俱增。随着对汽车知识的了解，我们会发现对现在的汽车反而是越来越看不懂了，底盘新技术、新配置、新名词、新设计让人眼花缭乱。如果只认识些车标和车名，早已不能称之为汽车爱好者了。随着汽车技术的进步，汽车爱好者们也需要不断学习和更新知识，对汽车应有更深层次的认识和了解。对于购车者、车主和驾驶人来说，也必须掌握一定的汽车底盘知识，了解汽车的底盘基本机械构造，了解汽车底盘构造及其与驾驶和使用的关系。只有这样，您才能轻松应对每天行车中遇到的各种问题，并不断提高对汽车底盘的了解。

本书编者从事了十余年的汽车图书编写工作，在工作过程中收集了大量的汽车底盘结构原理透视图、系统分解图及线描图。在编写本书时，编者精心选择了目前市场上保有量居多的车系相关高清图片，将其按照汽车结构特点编写，相信会对汽车行业从业人员及汽车爱好者学习和了解汽车底盘构造有很大的帮助。本书从基础出发，全面解读汽车底盘构造，语言通俗、易懂，原理与图示相结合，将复杂的原理图示化、图形化，力求让没有汽车基础的读者也能轻松读懂简单的汽车构造原理。其特点如下：

1）采用最新的底盘进行讲解和剖析；应用大量三维实物和解剖分解图使读者直观了解汽车底盘最新结构原理，掌握最新底盘技术。

2）大量新型底盘图片与结构原理相结合便于读者拆装与检修。

3）列举大量故障案例，达到举一反三的效果。

本书文字简练，通俗易懂，适合汽车学员及汽车爱好者参考阅读。本书共分十章，第九章由李伟（吉林城市职业技术学院讲师）编写，第一章至第五章由刘强（吉林工程技术师范学院汽车工程学院副教授、吉林大学汽车工程学院博士）编写，第六章、第七章、第八章、第十章由王军（吉林工程技术师范学院汽车工程学院讲师）编写。其他参加本书编写的人员还有李校航、李校研、于洪燕、李春山、于洪岩、李威、于忠贵、姜春玲、马针、吕春影等，在此深表感谢。由于经验不足，书中的错误和不完善之处在所难免，恳请广大读者批评指正。

编　者

目录 CONTENTS

第一章 Chapter 1

离　合　器

① 膜片式离合器结构

膜片式离合器主要由主动部分（飞轮、压盘、离合器盖）、从动部分（离合器片、扭转减振器）、压紧（膜片弹簧、支承环）和操作机构（离合器踏板、离合器主缸、推杆、离合器分离轴承、离合器分离杆）三大部分组成，如图1-1所示。

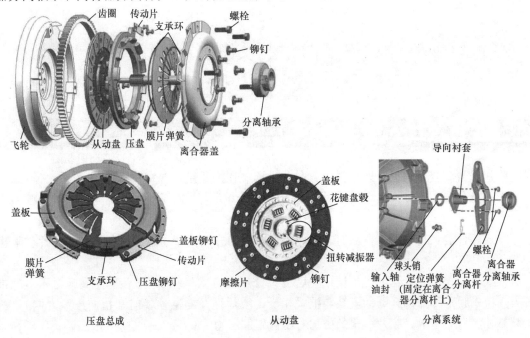

图 1-1　膜片式离合器结构

② 离合器工作原理

离合器工作原理如图1-2所示。

（1）离合器接合　碟形弹簧5将离合器压盘2压在离合器从动盘3上。离合器从动盘以轴向移动方式支承在从动轴4上。因此，离合器压盘可将离合器从动盘压在飞轮1的摩擦面上。从而使飞轮以摩擦方式通过离合器从动盘与变速器输入轴连接。

（2）离合器分离　踩下离合器踏板时，通过工作液压缸7和分离拨叉8将分离轴承6压在碟形弹簧5上。碟形弹簧克服压紧力使离合器压盘2从离合器从动盘3上分离。因此，离合器从动盘离开飞轮摩擦面并位于飞轮与离合器压盘之间。

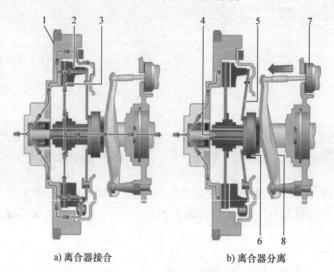

a) 离合器接合　　　　　　b) 离合器分离

图1-2　离合器工作原理

1—飞轮　2—离合器压盘　3—离合器从动盘　4—从动轴
5—碟形弹簧　6—分离轴承　7—工作液压缸　8—分离拨叉

③ 膜片式离合器的结构形式

膜片弹簧离合器根据分离指受力方向分为推式和拉式膜片弹簧离合器。

推式离合器：当分离离合器时，分离指内端受力方向指向压盘时，称为推式膜片弹簧离合器。

拉式离合器：当分离离合器时，分离指内端受力方向离开压盘时，称为拉式膜片弹簧离合器。

推式膜片弹簧离合器的膜片锥顶朝后（离开压盘方向），大端靠在压盘上，对压盘施加压力。拉式膜片弹簧离合器的安装与推式相反，膜片弹簧的锥顶朝前（指向压盘方向），其大端靠在离合器盖上，膜片弹簧的中部对压盘施加压力。

（1）推式离合器工作原理

1）离合器接合状态。松开离合器踏板，离合器处于压紧状态（接合状态）。由于膜片弹簧大端对压盘的压紧力，在压盘与从动盘摩擦片之间产生摩擦力，通过与摩擦片产生的摩擦力矩，带动从动盘总成与变速器一轴一起转动，以传递发动机的动力，如图1-3所示。

2）离合器分离状态。汽车起步和换档时，踩下离合器踏板，通过操纵机构，使分离拨叉移动，将分离轴承前移，推动离合器分离指，在膜片弹簧变形的同时，膜片弹簧的大端后移，离开压盘。压盘在传动片的弹力作用下离开摩擦片，使离合器压盘、从动盘总成、飞轮分开，切断了发动机动力，如图1-4所示。

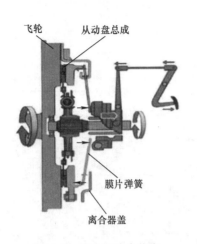

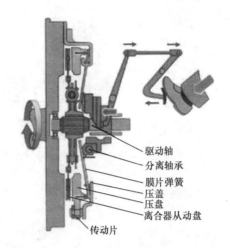

图1-3 离合器接合状态　　　　　　图1-4 离合器分离状态

（2）拉式膜片离合器工作原理

1）离合器接合状态。松开离合器踏板，离合器处于压紧状态（接合状态）。由于膜片弹簧对压盘的压紧力，在压盘与从动盘摩擦片之间产生摩擦力，通过与摩擦片产生的摩擦力矩，带动从动盘总成与变速器一轴一起转动，以传递发动机的动力，如图1-5所示。

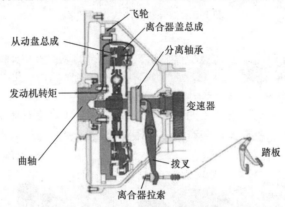

图1-5 拉式膜片离合器结构

2）离合器分离状态。汽车起步和换档时，踩下离合器踏板，通过操纵机构，使分离轴承后移，拉动离合器分离拉环，在膜片弹簧变形的同时，膜片弹簧的中间位置后移，离开压盘。压盘在传动片的弹力作用下离开摩擦片，使离合器压盘、从动盘总成、飞轮分开，切断了发动机动力。

 液压助力式离合器操纵机构

离合器液压式操纵机构如图1-6所示，主要由主缸、从动缸以及管路系统组成。液压式操纵机构具有摩擦阻力小、传动效率高、质量小、接合柔和及布置方便等优点，并且不受车身车架变形的影响，因此其应用广泛。

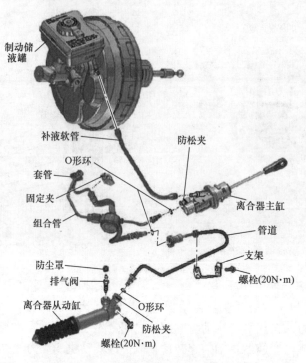

制动储
液罐

补液软管　　　　　　防松夹

O形环

套管

固定夹

组合管　　　　　　　　　离合器主缸

管道

防尘罩　　　　　　　　　支架

排气阀　　　　　　　　　螺栓(20N·m)

离合器从动缸　　　O形环

防松夹

螺栓(20N·m)

图1-6　离合器液压式操纵机构

⑤ 离合器主缸结构

　　主缸构造如图1-7所示。主缸进油孔通过进油软管与制动储液罐相通，出油孔与离合器从动缸通过管路相连接。主缸体内装有活塞、限位橡胶装置。

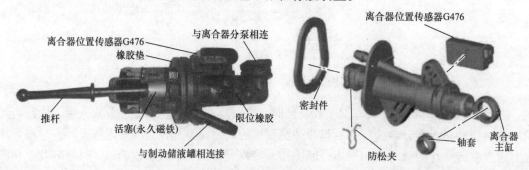

离合器位置传感器G476　　与离合器分泵相连

橡胶垫

离合器位置传感器G476

密封件

推杆

活塞(永久磁铁)　　限位橡胶

与制动储液罐相连接

防松夹　　轴套　　离合器
主缸

图1-7　主缸构造

⑥ 离合器从动缸结构

　　离合器从动缸结构如图1-8所示，主要由排气孔、进油孔、回位弹簧、皮碗、推杆、保护套等组成。

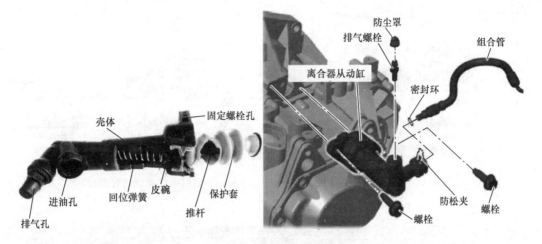

图 1-8　离合器从动缸结构

⑦ 新型 CSC 离合器结构

目前，开始流行将离合器的从动缸直接和分离轴承集成在一起成为同心式从动缸（Concentric Slave Cylinder，CSC），如图 1-9 所示。同心式从动缸的主要优点是，简化了离合器操纵传动的组装，可在一个紧凑的从动缸单元里集成多种功能，如尖峰转矩限制功能（即在从动缸内有一开闭式流道，能随时改变流道大小，在离合器分离时可使液流变慢增加接合时间，而分离时却毫无阻力）、踏板阻尼功能（减小操纵系统工作时踏板的振动）等。

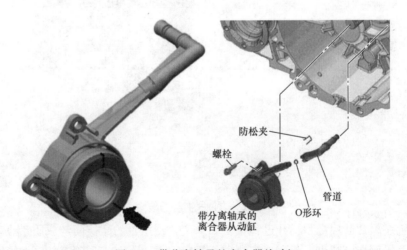

图 1-9　带分离轴承的离合器从动缸

CSC 通过轴承直接安装在离合器盖上，这不仅可使离合器分离时发动机曲轴免受轴向力作用，还可减轻曲轴发生轴向运动时引发的转矩波动，以免造成离合器接合时的抖动。未操纵离合器/离合器已接合如图 1-10 所示。已操纵离合器/离合器已脱开如图 1-11 所示。

图 1-10　未操纵离合器/离合器已接合　　　图 1-11　已操纵离合器/离合器已脱开

8　自调式离合器结构

SAC 是 Self – Adjusting – Clutch 的缩写，就是自调式离合器的意思，其结构如图 1-12 所示。SAC 系统根据分离力的情况来工作。在 SAC 系统上，离合器压盘的磨损补偿可重新复位，因此离合器从动盘和离合器压盘就可以单独更换了。

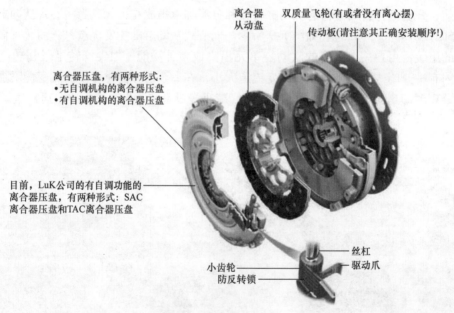

图 1-12　自调式离合器结构

调节发生在离合器接合和脱开过程中。如果离合器压盘的摩擦面与双质量飞轮之间的距离因离合器磨损而相应减小了，那么离合器行程就会调节，这个行程变化会触动棘轮机构，棘轮机构与丝杠连接在一起，于是就转动了斜面环，也就补偿了磨损。

9　自调式 SAC 离合器工作原理

在离合器从动盘的整个使用寿命中保持不变的是分离力，离合器从动盘结构如图 1-13

所示。

随着离合器从动盘的磨损，主碟形弹簧的位置会发生改变，从而改变了压紧力和分离力的特征线。主碟形弹簧有一条递减的特征线。为了使压盘的压紧力在 1.5～2mm 的磨损范围上不致过低，选择的主碟形弹簧力在一开始压紧力就先上升。其结果是不得不加大踩踏力。在双涡轮增压发动机上，离合器必须传递很高的转矩。在设计离合器时由于结构上的条件限制了摩擦片的面积，必须通过更高的压紧力来补偿。结果是同样需要更高的分离力（特别是在磨损时）。离合器压盘结构如图 1-14 所示。

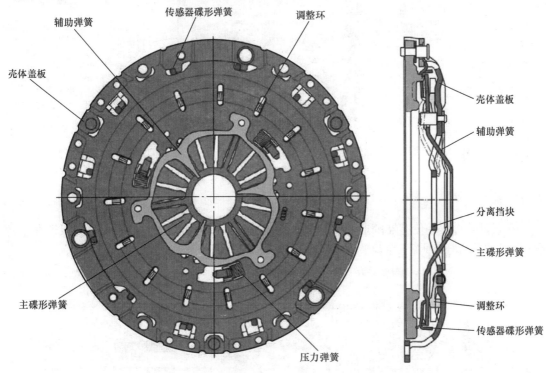

图 1-13　离合器从动盘结构　　　　　图 1-14　离合器压盘结构

SAC 离合器结构如图 1-15 所示，与传统的离合器相比，下列零件是经过改进的：

1）传感器碟形弹簧。

2）带斜面（楔子）和压力弹簧的调整环。

3）带斜面压花和压力弹簧导向片的壳体盖板。

4）分离行程挡块（集成在壳体盖板中）

5）辅助弹簧（与壳体盖板铆接在一起）。

分离行程挡块限制了分离轴

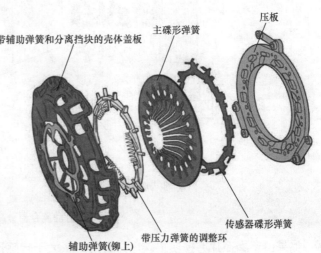

图 1-15　SAC 离合器结构

承的位移，并防止调整环无意间的调整。辅助弹簧从一个定义的行程开始克服主碟形弹簧力，并使得离合时受力均匀，如图1-16所示。

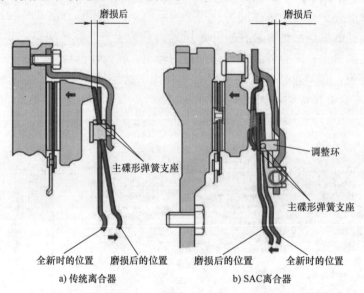

图1-16　传统离合器与SAC离合器复位过程

分离时的过程：传感器碟形弹簧的力量克服主碟形弹簧的力量，力量大小应保证在正常分离力下将主碟形弹簧压在调整环上，如图1-17所示。

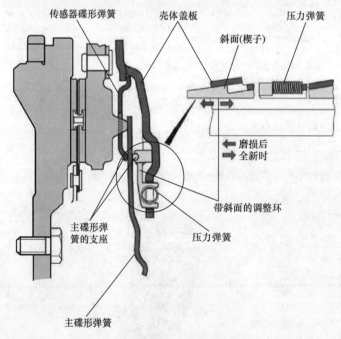

图1-17　自动离合器分离

如果由于摩擦片磨损使主碟形弹簧的力量大于传感器碟形弹簧的力量，则主碟形弹簧会从调整环上翘起。压力弹簧沿着壳体盖板的斜面扭转调整环，这样就补偿了摩擦片的磨损，并重新恢复了压紧力和分离力。

⑩ 双片离合器结构

由于受到结构的限制，单片离合器的转矩容量受到了一定的限制，目前，常见的单片离合器转矩容量可达到2300N·m，而许多大型车辆就需要用双片离合器比较合适，双片离合器即离合器中多了一个从动盘。在单片离合器无法满足转矩容量要求的情况下，双片离合器应时而生。

与单片离合器相比，双片离合器有以下特征：

1）双片离合器从动盘允许摩擦量是单片的2倍（同等尺寸时），因而具有更长的使用寿命。

2）两个摩擦片是平行工作，离合器接合时从动盘逐步压紧所以起步平稳，快速换档时，转矩峰值也较小，有利于延长变速器的寿命。双片离合器结构及安装位置如图1-18 ~ 图1-20所示。

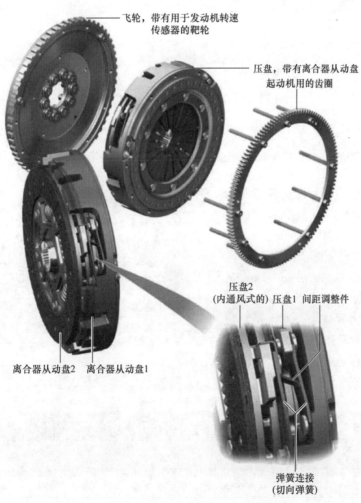

图1-18 奥迪双片离合器结构

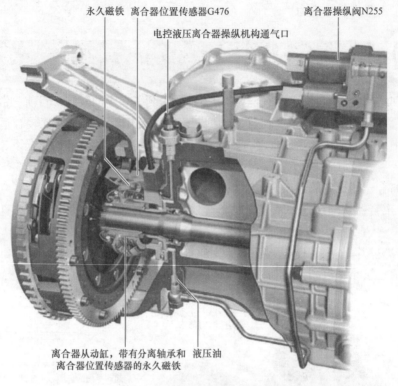

永久磁铁 离合器位置传感器G476 离合器操纵阀N255

电控液压离合器操纵机构通气口

离合器从动缸，带有分离轴承和 液压油
离合器位置传感器的永久磁铁

图1-19 奥迪双片离合器安装位置

3）双片离合器由于多了一个从动盘，使离合器从动部分转动惯量增大，鉴于此，压盘1和2的切向弹簧之间有间距调整件，它的作用是在离合器脱开时保持离合器从动盘之间所必需的气隙。只有在弹簧连接、切向弹簧和间距调整件都正常时，才能保证离合器正常脱开。

4）双片离合器还存在一个磨损后压紧力调整的问题，单片离合器（螺旋盖）磨损后压紧力要变小，通常换新之前是不用调整的，而双片比单片允许的摩擦量大1倍，这意味着双片的压紧力

膜片弹簧 压盘1 从动盘 摩擦片 压盘2 发动机

变速器 扭转减振器 摩擦片 飞轮

图1-20 货车双片离合器结构

也要比单片的改变量大1倍之多，通常这样的情况采取调整弹簧或垫片数量补偿压力损失。

气压助力式离合器操纵机构

气压助力式离合器操纵机构一般是利用由发动机带动的空气压缩机作为主要的操纵能源，驾驶人的肌体则作为辅助的和后备的操纵能源。由于包括空气压缩机、储气罐在内的一整套压缩空气源，结构复杂，单为离合器操纵机构设置整套能源系统是不适宜的，一般都是

与汽车的气压制动系统及其他气动设备共用一套压缩空气源。

离合器分离：踩下踏板，主缸制动液从4#口输入A腔，作用在活塞杆a上，使推杆b产生向左推力。同时，制动液经通道j进入C腔，推动控制阀杆c向左移动，打开气门f，压缩空气经通道g流入B腔。在气压力和液压力同时作用下，使推杆b继续往左移动，从而使离合器分离。

离合器接合：松开踏板，4#口液压降为零。在大回位弹簧d和气压的作用下，控制阀杆c向右移动，关闭气门f，空气经控制阀杆c的通道h由31#口排向大气，活塞杆a回位，推杆b在大回位弹簧d的作用下也同时回到起始位置，如图1-21所示。注：最大行程：60~75mm；最大工作压力：液压12MPa、气压1MPa。

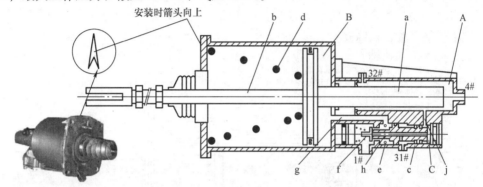

图1-21 气压助力离合器泵

a—活塞杆 b—推杆 c—控制阀杆 d—大回位弹簧 e—小回位弹簧 f—气门 g、h、j—通道

1#：进气口 4#：进液口 32#：液压排气口（放气螺栓） 31#：排气口 A—液压腔 B—气压腔 C—油腔

⑫ 自动离合器工作原理

自动离合器系统（Automatic Clutch System，ACS）具有模拟经验丰富驾驶人的功能，以平滑、敏感、自动的方式来控制汽车离合器工作，即通过操纵加速踏板和移动变速杆来控制汽车离合器。驾驶人只需挂档后踩下加速踏板，汽车便可实现快速起步、平稳起步；行车中，移动变速杆，离合器会自动断开与接合，可实现换档；在停车时，离合器会自动地在最恰当的时候断开。自动离合器系统元件位置如图1-22所示。

（1）系统构成图 自动离合器控制系统构成如图1-23所示，该系统由信号输入部件、执行部件和自动离

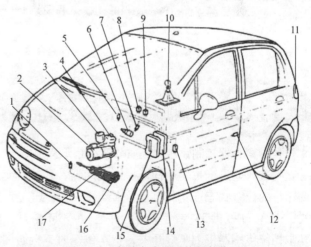

图1-22 自动离合器系统元件位置

1—发动机舱盖开关（N.C开关） 2—液压泵组件 3—储气筒
4—油箱 5—车速传感器（VSS） 6—档位传感器（GPS）
7—制动开关 8—液压泵电动机继电器 9—起动断电器
10—变速杆传感器 11—倒车灯 12—车门开关（N.D开关）
13—报警蜂鸣器 14—自动离合器控制器（ACM） 15—发动机控制器（ECM） 16—离合器位置传感器 17—离合器分离缸

合器控制器（ACM）构成。

（2）信号输入部件　信号输入部件包括离合器位置传感器、变速杆传感器、档位传感器、车速传感器、节气门位置传感器、发动机转速传感器、压力开关、车门开关、发动机舱盖开关、制动开关等。传感器信号和开关信号输入到 ACM。

（3）执行部件　执行部件有液压泵电动机继电器、起动继电器、电磁阀、报警蜂鸣器等。ACM 控制执行部件工作，实现离合器精确控制。

（4）工作原理　当驾驶人接通点火开关时，离合器自动断开，以便发动机起动。挂上档，离合器预位，踩下加速踏板，离合器接合，汽车平稳起步。在汽车行驶中移动变速杆，离合器自动断开与接合，实现顺利换档。汽车挂档制动停车，离合器预位，发动机不会熄火。断开点火开关，离合器慢慢自动接合。在车门打开、发动机舱盖打开等情况下，离合器断开，汽车不能行驶，保障安全。

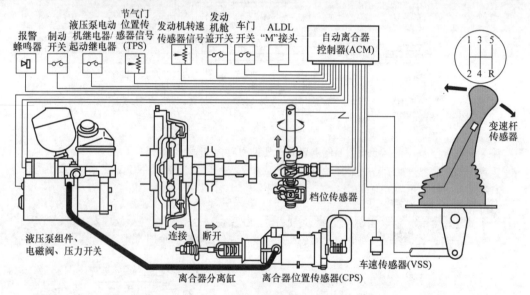

图 1-23　自动离合器控制系统构成

⑬ 自动离合器电路控制

自动离合器控制系统电路如图 1-24 所示。

驾驶人通过推拉变速杆来操纵变速器，开关式变速杆传感器可通过变速杆的推拉动作与变速杆的位置状态产生挂档、空档与摘档信号。档位传感器与离合器位置传感器为电位计式，由 ACM 提供 5V 参考电压，并通过 ACM 搭铁，分别产生档位信号与离合器位置信号。其中档位传感器带倒车灯开关，汽车倒车时，接通倒车灯电路。车速信号由三线霍尔传感器提供。而节气门位置信号和发动机转速信号来自发动机控制器 ECM。这些传感器信号和有关开关（前左右车门开关、发动机舱盖开关、停车灯开关、压力开关）信号输入 ACM。

液压泵电动机继电器与起动继电器由 ACM 控制，从而控制液压泵电动机与起动机工作。ACM 控制电磁阀状态，以控制离合器分离缸的动作。在异常情况下，ACM 向报警蜂鸣器输出信号，报警蜂鸣器发出声响。ACM 的诊断信号线通过 ALDL 插接器连接到 ALDL 诊断座。

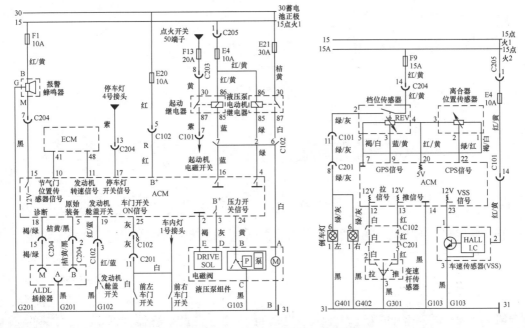

图 1-24　自动离合器控制系统电路

⑭ 自动离合器主要部件功用

（1）液压泵组件（图 1-25）　液压泵由电动机驱动，液压泵产生液体压力，一方面供给离合器分离缸，另一方面用来给储气筒充气。

（2）电磁阀　电磁阀由自动离合器控制器（ACM）控制，通过改变气流路径来决定离合器位置，如图 1-26 所示。

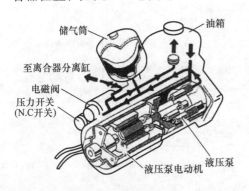

图 1-25　液压泵组件

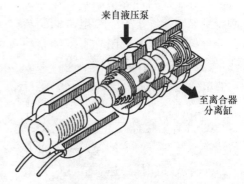

图 1-26　电磁阀

1）电磁阀的主要状态。

① 把液压提供给离合器分离缸（增压）。

② 把液压与离合器分离缸隔开（保持压力）。

③ 返回储油罐（减压）。

④ 故障模式位置。

2）档位时间关系曲线如图 1-27 所示。

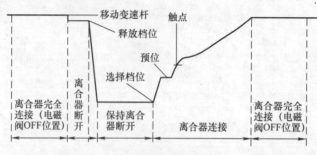

图 1-27　档位时间关系曲线

预位：关闭点火钥匙，离合器与飞轮连接，然后打开点火钥匙，离合器与飞轮分离。当驾驶人选择一个档位时，离合器趋近飞轮的触点位置。

触点：当自动离合器控制器（ACM）在预位时收到发动机节气门位置传感器（TPS）与转速传感器（RPM）信号，自动离合器控制器（ACM）指令离合器和飞轮连接。触点位于离合器盘与飞轮相连接的时刻，即位于发动机节气门位置传感器（TPS）与转速传感器（RPM）的信号首次被传送的时刻。

自动离合器控制器（ACM）一直监测着触点，在离合器被连接的时候，以负荷来控制电磁阀，汽车能够无任何车身颤动地起动或停止。

3）电磁阀的功能。液压油路路径如图 1-28 所示。

① 离合器断开。点火开关在 ON 位置或行驶中换档等状况下离合器断开。接通点火开关或在行驶中换档时自动离合器控制器（ACM）控制电磁阀。电磁阀开辟了一条自电磁阀到离合器分离缸的路径，闭合了到油箱的孔口。系统的液压压力推动离合器分离缸的活塞，离合器被分离杠杆断开。

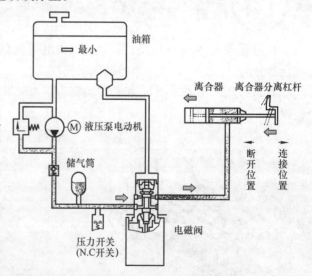

图 1-28　液压油路路径

② 离合器接合。点火开关在 OFF 位置；或挂档，踩下加速踏板，以开动汽车；或发动机转速、节气门位置和挂档车速始终与行车状况一致等状态下离合器连接。

发动机转速、节气门和车速信号输入自动离合器控制器（ACM），然后自动离合器控制器（ACM）控制电磁阀。电磁阀关闭通向系统的孔口，打开通向离合器分离杠杆的孔口，打开通向油箱的孔口，离合器分离缸里的液压液体回到油箱，离合器便缓缓地接合了。

③ 离合器预位。挂档开动汽车、汽车挂档停止状态下，离合器预位。

自动离合器控制器（ACM）控制电磁阀。液压压力加在离合器分离缸上，或系统中的液压液体回到油箱中。离合器位于预位，以准备接合或断开。此时，离合器分离行程小于完全接合的离合器行程，或小于完全断开的离合器行程。

④ 离合器故障模式位置。在行车中（车速高于 8km/h）发生较大故障或系统的供电电路在一瞬间开路等状态下，离合器处在故障模式。此时，报警蜂鸣器鸣叫，自动离合器控制器（ACM）就控制电磁阀工作。电磁阀关闭通向系统的孔口，打开通向离合器分离缸的孔口，打开通向油箱的孔口，离合器分离缸里的液压液体回到油箱，然后离合器缓缓地接合了。离合器连接上之后，又继续接合，以防止高速行驶时由于离合器分离而造成事故。

（3）离合器分离缸　离合器分离缸（图 1-29）从液压泵组件接受液压压力，然后控制离合器拨叉。

离合器分离缸有三种稳定的控制位置：

1）离合器脱离位置（汽车静止，无档位连接）。

2）装载位置（汽车静止，无档位连接）。

3）离合器接入位置（汽车行驶，挂档；汽车静止，点火开关断开）。

（4）离合器位置传感器　离合器位置传感器（图 1-30）与活塞机械相连，将离合器的位置信号传给自动离合器控制器（ACM）。

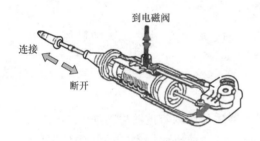

图 1-29　离合器分离缸

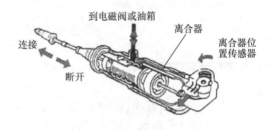

图 1-30　离合器位置传感器

离合器位置传感器的功能如下：

1）离合器连接/断开位置。

2）预位。

3）触点。

4）离合器盘磨损。

（5）变速杆传感器　在变速杆上有两个开关，即"拉"开关（拉变速杆时开关关闭）与"推"开关（推变速杆时开关关闭），如图 1-31 所示。

驾驶人施加在变速杆手柄上的力，如大于预定的最低值，则关闭了两个开关中的 1 个，准备换档的信号传到自动离合器控制器（ACM）。如果此传感器有故障，那么就从来自档位传感器的信号推断而得。

（6）档位传感器　档位传感器安装在齿轮箱外壳上，如图 1-32 所示，它包含线性电位计与倒车灯开关。档位传感器的功能如下：

1）传感器档位（1 档、2 档、3 档、4 档、5 档、倒档）。

2）在倒档位置接通倒车灯开关。

3）接通点火开关，使离合器脱离在空档位置。如果挂档，离合器在接入位置，是不可能转动曲轴的，蜂鸣器鸣叫。

4）在2档、3档、4档和5档档位起动汽车是可能的，但蜂鸣器会鸣叫警告驾驶人。

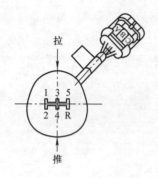

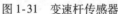

图1-31　变速杆传感器

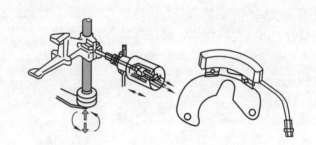

图1-32　档位传感器

（7）车速传感器　车速传感器的功能如下：

1）用车速信号来计算变速器输入速度。

2）在紧急起动模式，蜂鸣器鸣叫，以警告驾驶人。

（8）发动转速传感器　发动转速传感器的功能如下：

1）确认发动机的运行状况，然后控制起动继电器，起动继电器在发动机运行时不工作。

2）感应离合器的位置。

3）在发动机制动时，使离合器滑动，以保护发动机。

4）当发动机转速在挂档时低于怠速转速，使离合器断开，以防止发动机停止。

（9）节气门位置传感器　自动离合器控制器接收来自发动机控制器的节气门位置传感器信号，以分离或接合离合器。

（10）制动开关　制动开关是一个常闭开关，它的信号是一种断开离合器的基本补偿指令。当从制动开关收到制动信号时，自动离合器控制器准备断开离合器。而当收到发动机转速和车速信号时，自动离合器控制器使离合器接合，以获得发动机制动力。

（11）发动机舱盖开关　发动机舱盖开关是一个安装在前仪表板左侧的常闭开关，它向自动离合器控制器发出发动机舱盖打开信号，如果自动离合器控制器收到发动机运行、挂档或发动机舱盖打开这一状况时的节气门位置传感器信号，离合器则被断开。同时为了安全，蜂鸣器鸣叫。

（12）车门开关　车门开关是一个常开开关。当前车门打开时，开关也就开着，反之，开关就关着。在发动机运行时，挂档打开前车门，自动离合器控制器将用报警蜂鸣器鸣叫来警告驾驶人换档到空档。

（13）报警蜂鸣器　在汽车不能在发动机运行和挂档时搁置或发现了故障状况下，自动离合器控制器使用报警蜂鸣器警告驾驶人。报警蜂鸣器动作状态见表1-1。

表1-1　报警蜂鸣器动作状态

报警类别	说明	蜂鸣器动作	汽车状况
A	跳动3次	开/关	点火开关接通
B	持续跳动	开/关	点火开关接通或发动机运行
C	每168s跳动9次	开/关	行驶
D	跳动1次	时长1.6s	7~8km/h
E	持续跳动	持续开	行驶

⑮ 离合器排气

1）如果空气滤清器在从动缸上方，请将其完整地拆除。

2）连接制动液加注及排气装置V. A. G 1869或空瓶，如图1-33所示。

3）将排气软管与制动排气装置收集罐连接。

4）将排气软管（V. A. G 1238 B3）插到排气机上，如图1-34中箭头所示。

5）以2bar（$1bar = 10^5 Pa$）的压力给系统供气。

6）打开排气阀。

7）排出约$100cm^3$的制动液。

8）关闭排气阀。

9）迅速将踏板从一个极限位置到另一个极限位置踩10~15次。

10）打开排气阀。

11）排出剩余的$50cm^3$制动液。

12）关闭排气阀。

13）结束排气过程后踩几次离合器踏板。

14）安装整个空气滤清器罩壳。

图1-33　排气装置

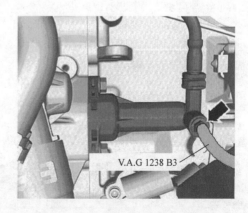

图1-34　将排气软管插到排气机上

⑯ 离合器自由行程调整

驾驶人踩下离合器踏板后,先要消除一间隙,然后才能开始分离离合器。为消除这一间隙所需要的离合器踏板行程称为离合器自由行程。

1) 液压操纵式离合器自由行程调整方法1:用扳手松开离合器从动缸上推杆上的锁紧螺母,调长推杆,离合器自由行程减小;反之,离合器自由行程增大,如图1-35所示。

2) 液压操纵式离合器自由行程调整方法2:用扳手松开离合器踏板臂上连接

图1-35　液压操纵式离合器自由行程调整方法1

离合器主缸的偏心螺栓的锁紧螺母。转动偏心螺栓,使偏心螺栓转至左方,则离合器自由行程减小;反之,离合器自由行程增大,如图1-36所示。调整好后,拧紧偏心螺栓的锁紧螺母。

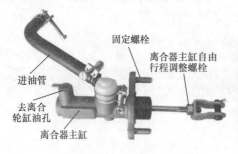

图1-36　液压操纵式离合器自由行程调整方法2

3) 拉索式离合器自由行程的调整。通过调整分离杠杆上的球形调整螺母来进行。螺母旋入,离合器自由行程减小;螺母旋出,离合器自由行程增大,如图1-37所示。离合器自由行程为15~25mm,如不符合要求可通过调整螺母进行调整。

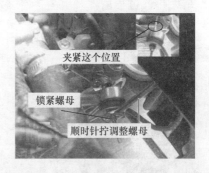

图1-37　拉索式离合器自由行程的调整

⑰ 离合器常见故障

(1) 离合器打滑

1) 故障现象。

① 当汽车起步时,完全放松离合器踏板后,汽车提速慢,发动机的动力不能完全传至

变速器主动轴，使汽车动力下降，油耗增加和起步困难。

② 汽车加速时，车速不能随发动机转速提高而加快，以致行驶无力。

③ 当重载上坡时，打滑现象会更明显。

2）故障原因。

① 由于离合器踏板自由行程太小或没有，分离轴承压在离合器分离指（环）上，抵消了工作压紧力，压力弹簧压紧力不足。

② 摩擦片上沾有油污。

③ 由于离合器设计匹配不足，离合器后备系数选择过小，造成正常使用情况下出现打滑情况。

④ 离合器和飞轮的连接螺钉松动。

⑤ 严重超载运行超过了离合器的设计能力而造成离合器打滑。

⑥ 过多使用半联动造成摩擦片异常磨损，压盘工作面产生变形、翘曲或断裂。

⑦ 摩擦片过度磨损，超过磨损极限使工作压紧力下降，磨损变薄、龟裂、硬化，铆钉外露。

⑧ 摩擦力矩严重不足：压紧力不足，摩擦因数小，离合器紧固螺钉松动。磨损部件如图1-38所示。

3）故障判断与排除。

① 拉紧驻车制动器，挂上低速档，慢慢放松离合器踏板徐徐踩下加速踏板，若汽车不动，发动机仍继续运转而不熄火，说明离合器打滑。

② 检查离合器踏板是否有自由行程，如果没有自由行程，应予以调整。

③ 经上述检查排除后仍然打滑时，应拆下离合器检查摩擦片的状况。若有油污，找出油污来源，设法排除。若摩擦片磨损过薄、烧片或铆钉头外露，则应更换从动盘，如图1-39所示。

图1-38　磨损部件

图1-39　更换从动盘

④ 检查压盘表面情况，若出现压盘断裂、翘曲变形的情况，则应更换压盘，如图1-40所示。

⑤ 若摩擦片磨损情况、压盘表面均正常，则应检查离合器膜片弹簧与盖之间是否存在粉尘堵塞而引起压盘不能正常回位的现象。若有此现象则应清除堵塞的粉尘，清除后分离指

高度一致可继续使用，若不一致，则应更换压盘。

⑥ 若没有上述情况，汽车又没有超载，则有可能是离合器压紧力不足，应予更换压盘；若多次重复出现该故障，则是由于设计匹配离合器不当造成。

（2）离合器分离不彻底

1）故障现象。

① 发动机在怠速运转时，完全踩下离合器踏板，挂档困难，甚至挂不进档，同时变速器内有齿轮撞击声。

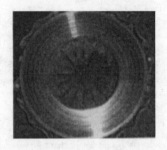

图 1-40 检查压盘表面

② 强行挂入档后，车辆会在离合器踏板未完全抬起时向前冲，有时发动机会熄火。

2）故障原因。

① 离合器踏板自由行程过大造成离合器分离行程不足。

② 从动盘盘毂键槽与变速器第一轴键齿锈蚀发卡，使从动盘移动困难。

③ 使用了不同厂家不匹配的从动盘。

④ 膜片弹簧疲劳失效。

⑤ 膜片弹簧分离指不在同一平面上，或个别分离指折断。

⑥ 离合器从动盘翘曲，铆钉松脱或新换的摩擦片未调整踏板行程。

⑦ 离合器片磨损或分离轴承分离不彻底，如图 1-41 所示。

a) 磨损的离合器片   b) 分离轴承

图 1-41 磨损的离合器片与分离轴承

3）故障判断与排除。

① 发动机熄火时，挂空档，踩下离合器踏板，打开离合器壳上观察窗口，用螺钉旋具推动离合器从动盘。若能轻推动，说明离合器能分离开；若推不动，说明离合器分离不彻底。

② 检查调整离合器踏板自由行程，若自由行程过大，则要重新调整。

③ 检查膜片弹簧分离指高低是否一致（在安装状态检查，自由状态下分离指高低不平不能说明问题），如不一致，检查是否存在粉尘堵塞的情况，在清除粉尘后分离指高低一致时可继续使用，否则，应更换压盘。

（3）离合器起步发抖

1）故障现象。汽车起步时，驾驶人按正常操作较平缓地放松离合器踏板，汽车不是平稳地起步加速，而是断断续续地加速，汽车轻微抖动，有行进振动感觉。

2）造成起步发抖的可能因素。

① 离合器从动盘盘毂花键磨损，变速器输入轴花键轴磨损或轴变形，或分离轴承座缺油，滑动不畅，回位发卡，如图1-42所示。

a) 离合器花键毂　　　　b) 变速器输入轴花键轴　　　　c) 分离轴承

图1-42　离合器从动盘盘毂花键和分离轴承磨损

② 离合器与发动机匹配不合理，选择后备系数过大，造成接合粗暴，滑磨时间过短，造成发抖。

③ 发动机飞轮、压盘或从动盘变形或表面不平，压紧时三者接触不良。

④ 扭转减振器弹簧弹力不均或失去弹力。

⑤ 膜片弹簧在圆周上弹簧力不均匀。

⑥ 飞轮在曲轴上的固定螺栓松动，变速器壳在离合器上的固定螺栓松动，发动机在汽车底板上的支承松动。

⑦ 摩擦片上有油污，从动盘翘曲不平，摩擦片铆钉外露或松动，如图1-43所示。

（4）离合器异响

1）故障现象。在使用离合器时，有不正常的响声产生。

2）故障原因。

① 分离轴承磨损严重或缺油甚至钢珠脱出，轴承复位弹簧过软、折断或脱落，如图1-44所示。

② 从动盘钢片铆钉松动，波形片碎裂或减振弹簧折断，如图1-45所示。

图1-43　磨损的离合器片铆钉外露

图1-44　分离轴承磨损严重或缺油甚至钢珠脱出

图1-45　从动盘减振弹簧折断

③ 踏板复位弹簧过软、脱落或折断。

④ 从动盘毂与变速器第一轴花键磨损严重，如图1-46所示。

⑤ 离合器支承环松动，膜片弹簧铆钉未铆紧，如图1-47所示。

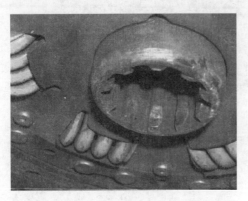 

图1-46　从动盘毂磨损严重　　　　　图1-47　离合器支承环松动

3）故障判断与排除。

① 少许踩下离合器踏板，使分离杠杆与分离轴承接触，听到有"沙沙"的响声，为分离轴承响。若加油后仍响，则为轴承磨损松旷或损坏。检查分离轴承，若损坏或磨损过大，则应换用新的轴承。

② 踩下、放松离合器踏板时，若出现间断的碰击声，则为分离轴承前后滑动响，应检查分离轴承复位弹簧，如失效，应更换。

③ 从动盘盘毂铆钉松动，波形片碎裂或减振弹簧折断，若有此现象，则应更换。

④ 压盘断裂或膜片弹簧分离指断裂后发生碰撞产生异响，应更换压盘。

⑤ 支承环松动异响，应更换离合器盖总成。

（5）离合器踏板沉重

1）故障现象：操纵离合器踏板感到沉重。

2）故障原因：拉索变形、缺油，离合器主缸或从动缸磨损、漏油（或本身设计缺陷）、油路有气，运动件缺油、锈，机件变形。

3）故障判断与排除。

① 检查主缸、从动缸、油路是否有泄漏，若有泄漏，则应更换相应零件，如图1-48所示。

② 检查油路是否有气，若有气，则需进行排气。

③ 检查踏板轴、分离拨叉等运动部件是否生锈、卡滞，如有则更换相应零部件，如图1-49所示。

图1-48　检查主缸是否有泄漏

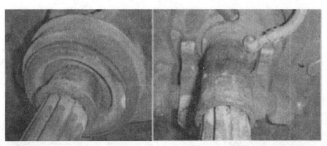

图 1-49　检查踏板轴、分离拨叉等运动部件是否生锈

18 拆卸和安装离合器压盘（Sachs 公司）

SAC 离合器总成如图 1-50 所示。

拆卸：

1）为了在拆卸左侧法兰轴后没有齿轮油外溢，必须使变速器略微向后倾斜。

2）拧出左侧法兰轴支承座的螺栓，如图 1-51 箭头所示。

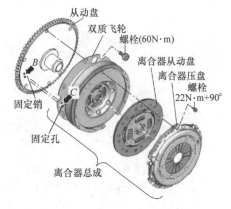

图 1-50　SAC 离合器总成　　　图 1-51　拧出左侧法兰轴支承座的螺栓

3）将法兰轴沿箭头方向 A 从变速器中拉出。同时使轴端 2 与前轴主减速器上的开口（图 1-52 箭头 3 所示）保持对中状态。

4）将拔出器 T40176 用螺母 B 固定在离合器总成 A 上，如图 1-53 箭头所示。

5）向上转动拔出器 T40176，如图 1-54 所示。

6）不过分歪斜地将离合器模块从驱动轴箭头上拔下。

安装：安装按拆卸的倒序进行，同时要注意下列事项：

1）用定心棒 T40171 使离合器从动盘居中，如图 1-55 所示。

2）将离合器压盘插到固定销上。

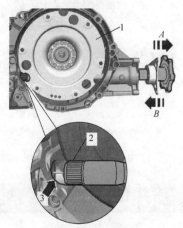

图 1-52　将法兰轴沿箭头方向 A 从变速器中拉出
1—离合器模块　2—轴端

3）离合器从动盘的安装位置：减振套件（螺旋弹簧）或标记变速器侧必须指向离合器压盘。

4）安装离合器模块，使压盘 VW 510 靠在双质飞轮内的支承环 A 上，如图 1-56 所示。

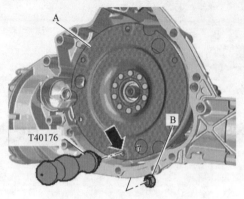

图 1-53　将拔出器 T40176 用螺母
B 固定在离合器总成 A 上

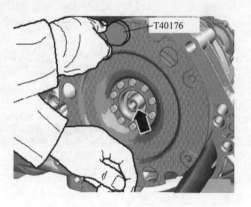

图 1-54　向上转动拔出器 T40176

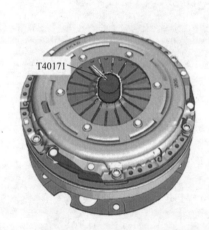

图 1-55　用定心棒 T40171 使离合器从动盘居中

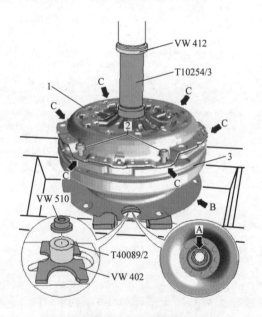

图 1-56　安装离合器模块
1—离合器压盘　2—螺栓　3—双质飞轮
A—支承环　B—过渡板　VW 402—压板
VW 412—压杆　VW 510—压盘
T10254/3—装配工装　T40089/2—压块

5）将装配工装 T10254/3 装在定心棒 T40171 上。

6）操纵压力机，直至离合器压盘 1 靠在双质飞轮 3 上箭头 C。

⑲ 离合器拆装

1）从适配器分离离合器油软管，如图 1-57 所示。使用锁止钳防止油泄漏。

2）拆卸变速器总成，如图 1-58 所示。

图 1-57　从适配器分离离合器油软管

图 1-58　拆卸变速器总成

3）把定中心销（专用工具）插入中央的花键。按横向顺序拧松离合器壳螺栓 1/2 周直到弹簧张力释放，如图 1-59 所示。

4）拧下螺栓并拆卸离合器壳、压盘和离合器片，如图 1-60 所示。

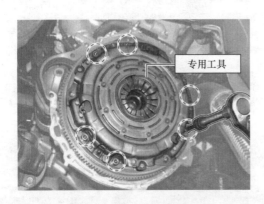

图 1-59　松开压盘螺栓

图 1-60　拆下离合器壳、压盘和离合器片

⑳ 同轴从动缸和适配器拆卸及检修

1）拧下离合器外壳中的油管螺母（20 ~ 25N·m），拆卸油管如图 1-61 所示。

2）从离合器外壳拧下油管适配器固定螺栓，拆卸适配器和油管如图 1-62 所示。

3）拧下三个螺栓并拆卸泵输轴上的同轴从动缸总成，如图 1-63 所示。

4）按拆卸的倒序进行安装。

图 1-61　拆卸油管

图 1-62　拆卸适配器和油管

规定力矩：
10～16N·m

图 1-63　拆卸泵输轴上的同轴从动缸总成

21 离合器主泵拆卸

1）排放离合器油。

2）从制动器储油箱分离离合器油供给软管，如图 1-64 所示。

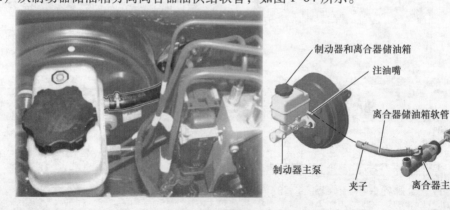

制动器和离合器储油箱
注油嘴
离合器储油箱软管
制动器主泵
夹子
离合器主泵

图 1-64　拆卸离合器油管

3）分离离合器油供给软管（到腔），并拧下两个离合器主泵固定螺母，如图 1-65 所示。

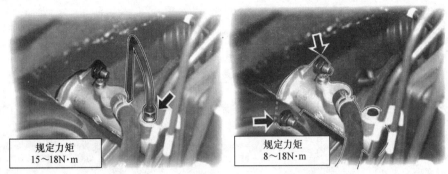

规定力矩
15～18N·m

规定力矩
8～18N·m

图1-65　拧下两个离合器主泵固定螺母

4）从离合器踏板分离离合器主泵推杆并拆卸离合器主泵。

5）按拆卸的相反顺序进行安装，安装后检查"放气和离合器踏板工作"。

6）在储油箱注入制动器和离合器油，如图 1-66 所示。

图1-66　注入制动器和离合器油

22 大众离合器踏板拆装

离合器踏板装配如图 1-67 所示。

（1）拆卸离合器踏板

1）拆卸驾驶人侧仪表板护板。

2）旋出螺栓 2（图 1-68）。

3）将转向中间轴 1 从转向柱上拔下（图 1-68 所示箭头方向）并置于一侧。

4）拆卸防冲撞条。

5）拔下离合器主缸操纵拉杆 2 的固定销 3，用套筒扳手 SW 8mm（图 1-69 中位置 1）松开卡子。

6）如图 1-70 所示，用内六角扳手 SW 8mm 沿逆时针方向旋转离合器踏板的轴承轴 3，直至轴承座 2 和轴承轴 3 上的箭头相互对准为止。

7）为拉出轴承轴，要前后移动离合器踏板。

8）取下离合器踏板。

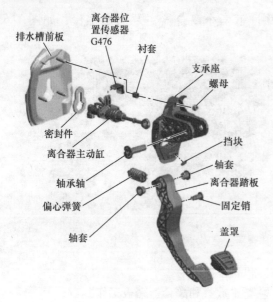

图1-67　离合器踏板装配

图1-68　将转向中间轴1从转向柱上拔下
1—中间轴　2—螺栓

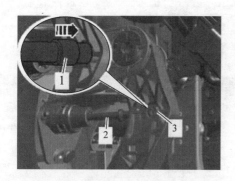

图1-69　拔下离合器主缸操纵拉杆的固定销
1—套筒扳手　2—离合器主缸操纵拉杆　3—固定销

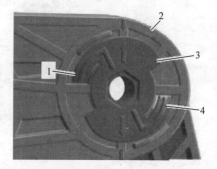

图1-70　逆时针方向旋转离合器踏板的轴承轴
1、4—止动机构　2—轴承座　3—轴承轴

（2）安装离合器踏板　安装按拆卸的倒序进行，同时要注意下列事项：

1）将离合器踏板置于安装位置并推入新的轴承轴3。

2）用内六角扳手SW 8mm沿顺时针方向旋转离合器踏板的轴承轴3，直至听到止动机构1、4的卡入声。如图1-71所示，轴承座2和轴承轴3上的箭头位置相互错开。

3）按压离合器踏板，直至离合器主缸操纵拉杆2（图1-69）达到其安装位置。

4）压入新的固定销3（图1-69），直至听到卡入声。

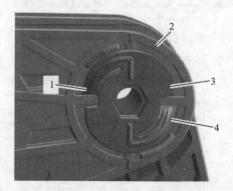

图1-71　顺时针方向旋转离合器踏板的轴承轴
1、4—止动机构　2—轴承座　3—轴承轴

5）安装转向中间轴。

6）安装驾驶人侧仪表板护板。

㉓ 拆卸和安装离合器从动缸

（1）拆卸离合器从动缸

1）在软管处用软管夹3094夹住离合器主缸和从动缸之间的组合管，如图1-72所示。

2）拧出螺栓（图1-73中箭头处），取下离合器从动缸A和所连接的组合管B。

3）将一块抹布放置下面，以便收集溢出的制动液。

4）用螺钉旋具松开防松夹3，将组合管1从接头4上拔下，如图1-74所示。

（2）安装离合器从动缸　安装按拆卸的倒序进行，同时要注意下列事项：

1）将组合管B连接到离合器从动缸A上。

2）用MoS2润滑脂润滑离合器从动缸A的挺杆头部。

3）安装离合器从动缸，按规定的拧紧力矩拧紧螺栓。

4）为离合器装置排气。

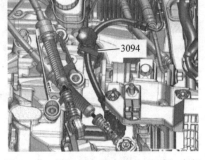

图1-72　夹住离合器主缸和从动缸之间的组合管

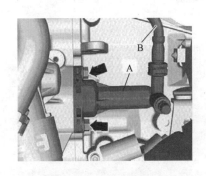

图1-73　拧出螺栓

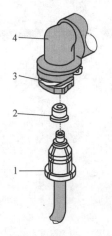

图1-74　松开防松夹

1—组合管　2—密封位置　3—防松夹　4—接头

㉔ 离合器压盘、离合器从动盘和同轴从动缸检修

1）离合器压盘检修。检查膜片弹簧是否磨损和高度不平，不平极限为0.8mm。离合器压盘如图1-75所示。

2）离合器从动盘检查。表面铆钉是否松动、接触不平、卡滞、有油和润滑脂情况。检测铆钉头深度，如果超过极限 0.3mm，则需更换离合器片，如图 1-76 所示。

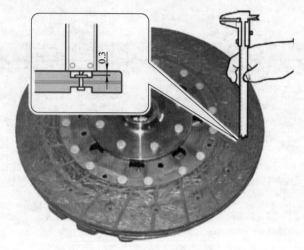

图 1-75　离合器压盘　　　　　　　　　　　图 1-76　检测离合器片

3）同轴从动缸检测。检查是否存在受热损坏、异常噪声、转动不良和同轴从动缸轴承磨损情况，如图 1-77 所示。

图 1-77　检测同轴从动缸

手动变速器

25 二轴式五档变速器结构及主要部件结构

二轴式五档变速器结构及主要部件结构如图 2-1 ~ 图 2-13 所示。

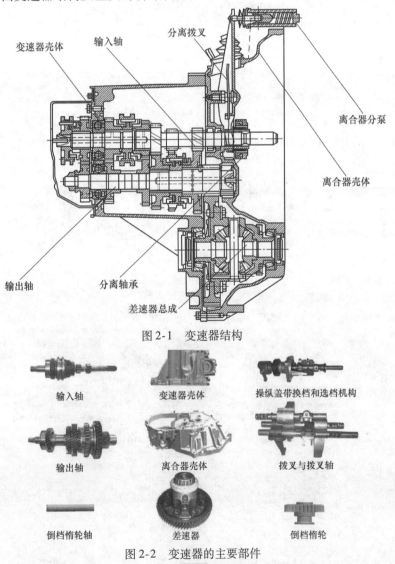

图 2-1 变速器结构

图 2-2 变速器的主要部件

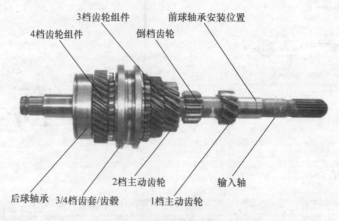

4档齿轮组件　3档齿轮组件　倒档齿轮　前球轴承安装位置

后球轴承　3/4档齿套/齿毂　2档主动齿轮　1档主动齿轮　输入轴

图2-3　变速器输入轴结构

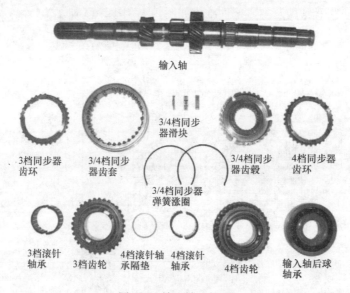

输入轴

3档同步器齿环　3/4档同步器齿套　3/4档同步器滑块　3/4档同步器齿毂　4档同步器齿环

3/4档同步器弹簧涨圈

3档滚针轴承　3档齿轮　4档滚针轴承隔垫　4档滚针轴承　4档齿轮　输入轴后球轴承

图2-4　输入轴元件图

后球轴承　3/4档隔套　3档从动齿轮　1档齿轮组件　减速器主动齿轮

输出轴　4档从动齿轮　2档齿轮组件　1/2档齿套/齿毂

图2-5　变速器输出轴结构

图 2-6 输出轴元件图

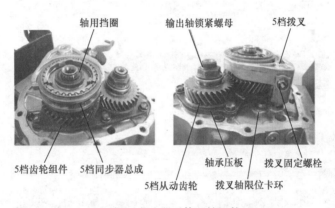

图 2-7 变速器后体 5 档组件

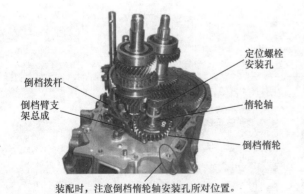

装配时，注意倒档惰轮轴安装孔所对位置。

图 2-8 倒档机构

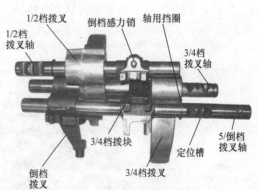

图 2-9 拨叉与拨叉轴

注：1/2 档、3/4 档和 5 档拨叉利用螺钉定位。倒档拨叉定用的是钢球和轴用挡圈，挂档时轴用挡圈传力，摘档时钢球传力。

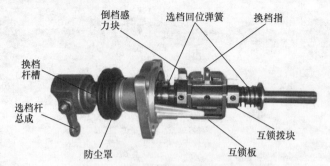

图 2-10　操纵盖带换档和选档机构

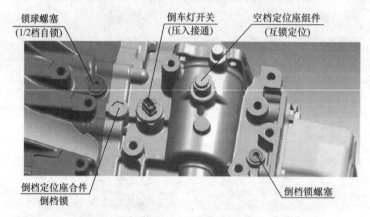

图 2-11　变速器定位机构

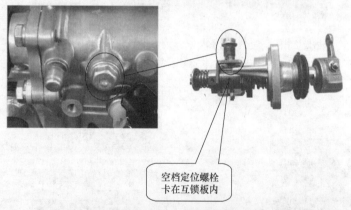

空档定位螺栓
卡在互锁板内

图 2-12　空档定位螺栓安装位置

从5档直接误挂倒档时

正常挂倒档时

图 2-13　倒档锁机构

　　注：误挂倒档时：如果从 5 档误挂向倒档，倒档锁合件的平面会挡住互锁拨块，阻止换档杆向倒档方向转动，防止误挂入倒档。

　　正常挂倒档时：互锁拨块压下倒档锁合件，可顺利地挂入倒档。

二轴式变速器动力分析

1）1 档：动力→输入动轴 1 档齿轮→输出轴上 1/2 档同步器→输入轴 1 档齿轮→差速器与输出轴常啮合齿轮→动力输出，如图 2-14 所示。

2）2 档：动力→输入动轴 2 档齿轮→输出轴上 1/2 档同步器→输入轴 2 档齿轮→差速器与输出轴常啮合齿轮→动力输出，如图 2-15 所示。

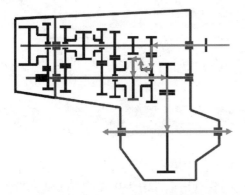

图 2-14　1 档动力传递路线　　　　　　图 2-15　2 档动力传递路线

3）3 档：动力→输入轴上 3/4 档同步器→输入轴 3 档主动齿轮→输出轴 3 档齿轮→差速器与输出轴常啮合齿轮→动力输出，如图 2-16 所示。

4）4 档：动力→输入轴上 3/4 档同步器→输入轴 4 档主动齿轮→输出轴 4 档齿轮→差速器与输出轴常啮合齿轮→动力输出，如图 2-17 所示。

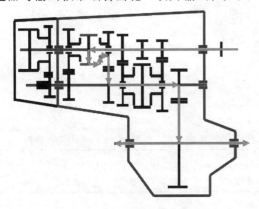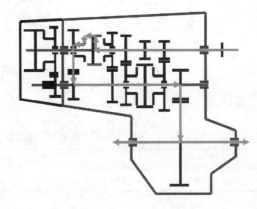

图 2-16　3 档动力传递路线　　　　　　图 2-17　4 档动力传递路线

5）5 档：动力→输入轴上 5 档同步器→输入轴 5 档齿轮→输出轴 5 档齿轮→差速器与输出轴常啮合齿轮→动力输出，如图 2-18 所示。

6）R 档：按下变速器换档操纵杆从空档向左前移动，实现：动力→输入轴倒档主动齿轮→倒档轴上倒档惰轮→输出轴上 1/2 档同步器（同步器上加工直齿，此时同步器成为倒档从动齿轮）→输出轴→差速器与输出轴常啮合齿轮→动力反向输出，如图 2-19 所示。

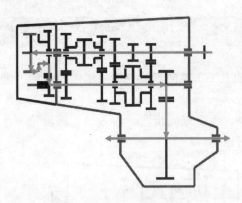

图 2-18　5 档动力传递路线

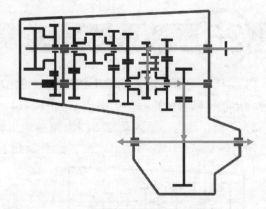

图 2-19　R 档动力传递路线

27 二轴式变速器的装配

（1）同步器齿环与齿轮之间的间隙　测量时，用 50N 的力以三点均布方式将同步环平压在齿轮上，然后用塞尺测量齿轮和同步环之间的备量，正常值为 0.8～1.6mm，如图 2-20 所示。

（2）各齿轮之间的轴向间隙　各齿轮之间的轴向间隙测量如图 2-21 所示。各齿轮之间的轴向间隙见表 2-1。

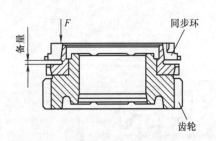

图 2-20　同步器与齿轮间隙

图 2-21　各齿轮之间的轴向间隙测量

表 2-1　各齿轮之间的轴向间隙　　　　　　　　　　　　　　（单位：mm）

1 档	2 档	3 档	4 档	5 档
0.10～0.30	0.205～0.455	0.125～0.275	0.175～0.425	0.175～0.445

（3）输入轴的装配

1）输入轴的装配顺序：3 档主动齿轮→3/4 档同步器齿环→齿毂及齿套→4 档主动齿轮→输入轴后球轴承，如图 2-22 所示。

① 3/4 档同步器齿环的识别如图 2-23 所示。3/4 档同步器齿环上分别有 3、4 的标记，装配时注意区分。

② 齿毂和齿套的区分如图 2-24 所示。注意：3/4 档同步器齿毂无特定装配方向，两侧一样。

图 2-22　输入轴装配图

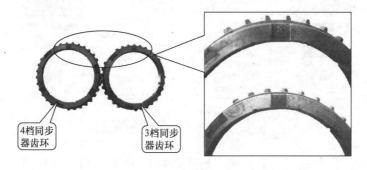

4档同步器齿环

3档同步器齿环

图 2-23　3/4 档同步器齿环的识别

上

下

缺口一侧朝下

图 2-24　齿毂和齿套的区分

2）在安装完 3 档滚针轴承、3 档主动齿轮后（注意：轴向间隙 0.125～0.275mm），压装 3/4 档同步器齿毂，压装时要对正花键，垂直压入，防止将齿毂压坏，如图 2-25 所示。

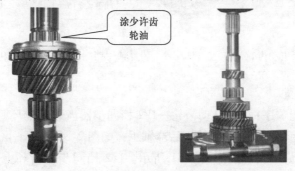

涂少许齿轮油

图 2-25　压装 3/4 档同步器齿毂

3）安装挡圈、3/4 档滚针轴承隔垫、滚针轴承，并装好 3/4 档同步器齿套，如图 2-26 所示。

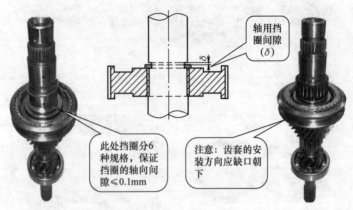

图 2-26　安装 3/4 档同步器齿套

4）装上 4 档主动齿轮（注意：轴向间隙 0.175～0.425mm），如图 2-27 所示。压入后球轴承，装复轴用挡圈，如图 2-28 所示。

5）输入轴装配完成如图 2-29 所示。

图 2-27　装上 4 档主动齿轮　　　图 2-28　装复轴用挡圈　　　图 2-29　输入轴装配完成

（4）输出轴的装配

1）输出轴的装配顺序：1 档从动齿轮→1/2 档同步器齿毂、齿环、齿套→2 档从动齿轮→3 档从动齿轮、隔套→4 档从动齿轮→后球轴承，如图 2-30 所示。

① 1/2 档同步器齿环的识别如图 2-31 所示。1/2 档同步器齿环上分别有 1、2 的标记，装配时注意区分。

② 3/4 档从动齿轮的安装方向如图 2-32 所示。

图 2-30 输出轴装配图   图 2-31 1/2 档同步器齿环的识别

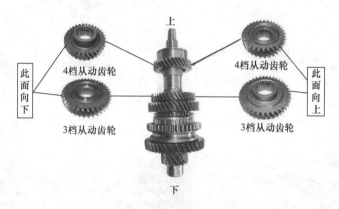

图 2-32 3/4 档从动齿轮的安装方向

2）安装 1 档滚针轴承和 1 档从动齿轮（注意：轴向间隙 0.10～0.30mm）如图 2-33 所示。注意：止推钢球不要漏装；1/2 档滚针轴承的区分。

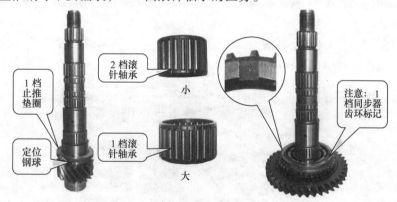

图 2-33 安装 1 档滚针轴承和 1 档从动齿轮

3）压装 1/2 档同步器，装好挡圈、隔垫、滚针轴承、2 档同步器齿环及 2 档从动齿轮（注意：轴向间隙 0.205～0.455mm），如图 2-34 所示。

4）压装 3 档从动齿轮，齿轮凸台朝上。以同样的方法压装 4 档从动齿轮，如图 2-35 所示。注意隔套装在 3、4 档之间。

5）压装输出轴后球轴承如图 2-36 所示。

6）输出轴装配完成如图 2-37 所示。

图 2-34　压装 1/2 档同步器

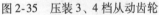

图 2-35　压装 3、4 档从动齿轮

图 2-36　压装输出轴后球轴承

图 2-37　输出轴装配完成

（5）离合器壳体的装配

1）压装输入轴油封、输入轴圆柱滚子轴承和圆柱销，装入输出轴头导油嘴后再压入输出轴圆柱滚子轴承，然后安装导油板和螺栓，如图 2-38 所示。

图 2-38　离合器壳体轴承装配

2）安装输出轴圆柱滚子轴承压板、螺栓和磁铁，压装油封和前圆锥滚子轴承（外圈），并放入选好的差速器前端垫片，如图 2-39 所示。

（6）拨叉和拨叉轴及倒档机构的装配

1）拨叉和拨叉轴及倒档机构如图 2-40 所示。

①注意拨叉轴、拨叉的方向性。

图 2-39　安装输出轴圆柱滚子轴承压板、螺栓和磁铁

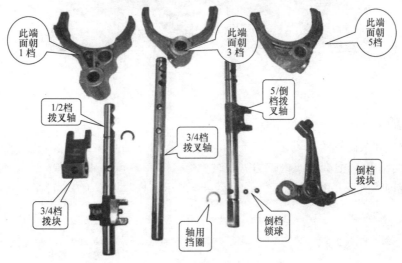

图 2-40　拨叉和拨叉轴及倒档机构

② 装配长短锁销时，为防止锁销装配时掉落，要涂润滑脂。

③ 装配定位螺栓时首先涂锁固胶，并按要求力矩拧紧：13.7～22.4N·m。

④ 装配弹性圆柱销时，要注意弹性销的开口方向；所有圆柱销和轴用挡圈均不可以重复使用。

2）倒档惰轮的装配如图 2-41 所示。注意：螺钉要安装到位。

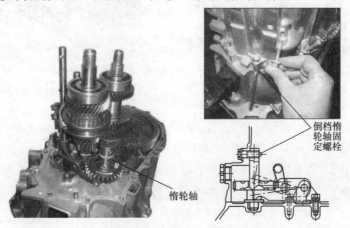

图 2-41　倒档惰轮的装配

3）拨叉与拨叉轴工作检查如图2-42所示。

图2-42　拨叉与拨叉轴工作检查

（7）装配输入轴和输出轴的后体部分

1）注意：在装配轴承止动环时，分别轻轻提起输入轴与输出轴，以方便止动环安装，如图2-43所示。有明显变形或松旷的需及时更换。

2）安装轴承压板并用螺栓拧紧，如图2-44所示。拧紧力矩为9~17N·m。

图2-43　装配轴承止动环　　　　　　图2-44　安装轴承压板

3）装入5档主动齿轮滚针轴承及轴承隔垫，如图2-45所示。注意：装配时不要忘记滚针轴承隔垫。

4）压入5档从动齿轮，拧紧输出轴锁紧螺母，如图2-46所示。拧紧力矩为110~160N·m。

5）装入5档主动齿轮及5档同步器齿环，如图2-47所示。

6）压入5档同步器总成如图2-48所示。注意：轴向间隙0.175~0.445mm。压入前先将5档同步器总成和5档拨叉组装好，压入时对好花键。

7）5档组件的装配注意事项如图2-49所示。

8）用卡簧钳安装5档同步器轴用挡圈，如图2-50所示。

图 2-45　装入 5 档主动齿轮滚针轴承及轴承隔垫

图 2-46　压入 5 档从动齿轮

输出轴锁紧螺母

图 2-47　装入 5 档主动齿轮及 5 档同步器齿环

图 2-48　压入 5 档同步器总成

上

下

倒齿侧朝下

缺口朝下

5 档滑块

上

下

凸台侧朝上

图 2-49　5 档组件的装配注意事项

图 2-50　安装 5 档同步器轴用挡圈

9）安装 5 档拨叉固定螺栓及 3/4 档拨叉轴限位卡环，取下 5 档拨叉，如图 2-51 所示。

10）在后体与变速器壳体的结合面上涂好密封胶（宽 1.2mm）后，安装到变速器壳体上，并用螺栓拧紧，如图 2-52 所示。

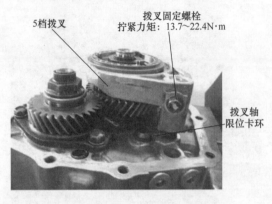

5 档拨叉

拨叉固定螺栓
拧紧力矩：13.7～22.4N·m

拨叉轴
限位卡环

图 2-51　安装 5 档拨叉固定螺栓

后体

后盖螺栓及弹垫合件
拧紧力矩：16～26N·m

图 2-52　安装后体

28 六档手动变速器结构

大众/奥迪 01X 六档手动变速器结构如图 2-53 所示。通过机油接油槽（01X/02X）和机油供油盘 0A3 进行有针对性的润滑，这样可以降低机油油面高度，从而降低了搅动机油所造成的损失，提高了变速器的工作效率。变速器的润滑如图 2-54 所示。

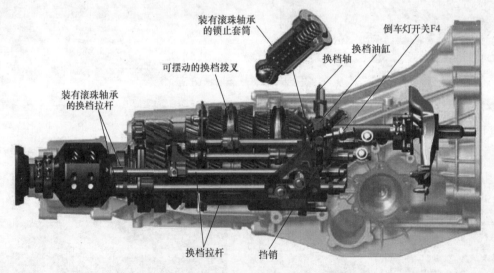

装有滚珠轴承
的锁止套筒

可摆动的换档拨叉

换档轴

换档油缸

倒车灯开关F4

装有滚珠轴承
的换档拉杆

换档拉杆

挡销

图 2-53　大众/奥迪 01X 六档手动变速器结构

为了使得换档更轻松，换档拉杆和锁止元件都使用滚珠轴承来支承。换档拉杆和换档油缸的滑槽和锁止轮廓可保证在空档位置和最终换档位置都处于无间隙状态。内部换档机构如图 2-55 所示。

新型奥迪六档手动变速器 0DJ 和六档手动变速器 0CS 的结构是相同的，不同之处主要是变速器前部壳体的材质选择：在 0DJ 变速器上，两部分壳体都是镁制的；在 0CS 变速器上，前部壳体是铝制的，后部壳体（变速器端盖）也是镁制的，如图 2-56 所示。

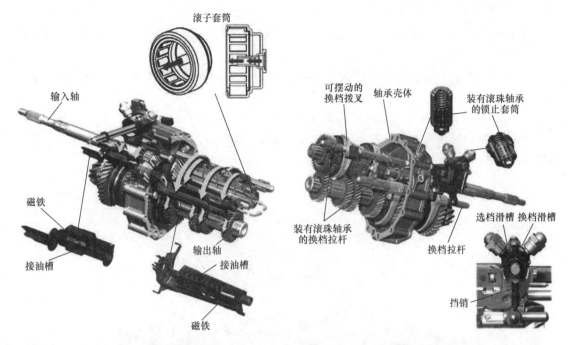

滚子套筒

输入轴

可摆动的
换档拨叉

轴承壳体

装有滚珠轴承
的锁止套筒

磁铁

接油槽

输出轴

接油槽

装有滚珠轴承
的换档拉杆

换档拉杆

选档滑槽 换档滑槽

磁铁

挡销

图 2-54　变速器的润滑　　　　　　图 2-55　内部换档机构

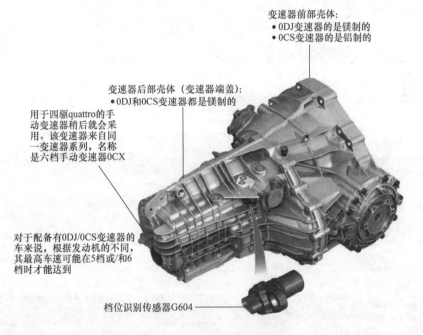

变速器前部壳体：
• 0DJ变速器的是镁制的
• 0CS变速器的是铝制的

变速器后部壳体（变速器端盖）：
• 0DJ和0CS变速器都是镁制的

用于四驱quattro的手
动变速器稍后就会采
用。该变速器来自同
一变速器系列，名称
是六档手动变速器0CX

对于配备有0DJ/0CS变速器的
车来说，根据发动机的不同，
其最高车速可能在5档或/和6
档时才能达到

档位识别传感器G604

图 2-56　六档变速器外观结构

　　齿轮副的机油润滑结构很特殊，这样的话，变速器油加注量就可以非常少。另外，车辆
运行时所需的机油液面高度也大大降低，这也会明显降低搅动损失和拖动损失。为此，主动
锥齿轮轴上的圆柱齿轮会把变速器机油（MTF）输送到机油盘内，机油盘再将机油分配到

各个润滑点。

这种润滑结构，再加上低黏度的 MTF 和低摩擦的齿轮副轴承，可以大大提高效率并能大幅度降低燃油消耗。

通过直齿圆柱齿轮（其摩擦损失很小）将动力传递到主动锥齿轮轴上，短的主动锥齿轮轴与冠状齿轮呈 90°工作，无轴向偏距。因此也就能在锥齿轮传动中采用低摩擦的斜齿和低黏度的 MTF（变速器油）。另外，可以用常规方式来检修主传动。

锥齿轮轴的轴承采用的是双排径向推力球轴承，这样的话，轴承预紧力就会很小，运行就非常轻快，如图 2-57 所示。

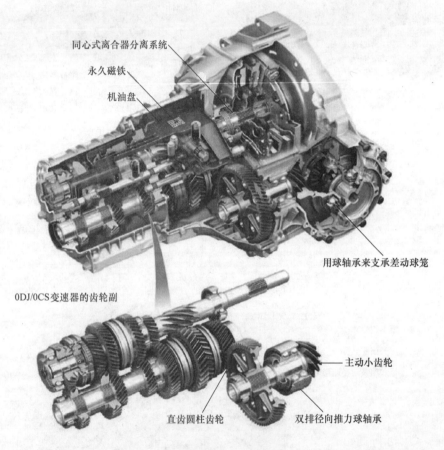

同心式离合器分离系统
永久磁铁
机油盘
用球轴承来支承差动球笼
0DJ/0CS变速器的齿轮副
主动小齿轮
直齿圆柱齿轮
双排径向推力球轴承

图 2-57　奥迪 0DJ/0CS 六档手动变速器

29　大众/奥迪六档手动变速器动力分析

02Q 六档手动变速器结构如图 2-58 所示，换档位置如图 2-59 所示。

大众/奥迪 02Q 六档手动变速器动力传递路线见表 2-2。动力传递路线如图 2-60 所示。

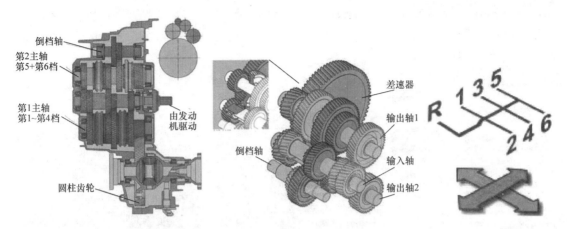

图 2-58   02Q 六档手动变速器结构

图 2-59   换档位置

表 2-2   大众／奥迪 02Q 六档手动变速器动力传递路线

档位	动力传递路线
1 档	动力→传动轴→传动轴 1 档齿轮→输出轴 1 档齿轮→输出轴上 1/2 档同步器→输出轴→动力输出
2 档	动力→传动轴→传动轴 2 档齿轮→输出轴 2 档齿轮→输出轴上 1/2 档同步器→输出轴→动力输出
3 档	动力→传动轴→传动轴 3 档齿轮→输出轴 3 档齿轮→输出轴上 3/4 档同步器→输出轴→动力输出
4 档	动力→传动轴→传动轴 4 档齿轮→输出轴 4 档齿轮→输出轴上 3/4 档同步器→输出轴→动力输出
5 档	动力→传动轴→传动轴 5 档齿轮→输出轴 5 档齿轮→输出轴上 5/6 档同步器→输出轴→动力输出
6 档	动力→传动轴→传动轴 6 档齿轮→输出轴 6 档齿轮→输出轴上 5/6 档同步器→输出轴→动力输出
倒档	动力→传动轴→传动轴 1/倒档齿轮→倒档轴齿轮→输出轴上倒档同步器→输出轴上倒档齿轮→输出轴→动力输出

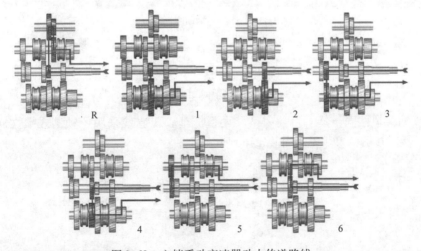

图 2-60   六档手动变速器动力传递路线

㉚ 变速器的同步机构

（1）01X 和 02X 变速器的同步机构   1 档使用双联锥同步机构，2 档使用三联锥同步机构，如图 2-61 所示，都是 Borg Warner 系统，使用的是碳制的摩擦片；3～6 档和倒档使用单联外锥同步机构，它是一种 Audi 系统，由喷钼的黄铜制成。3/4/5/6 档和倒档使用的单联外锥同步机构如图 2-62 所示。

图 2-61　双联锥同步机构和三联锥同步机构

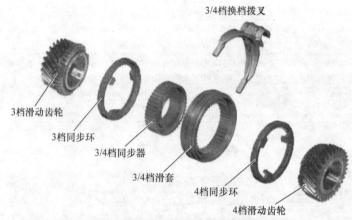

图 2-62　单联外锥同步机构

（2）锁销式惯性同步器　目前中型及大型货车较普遍地采用了锁销式惯性同步器。汽车锁销式惯性同步器的基本结构如图 2-63 所示。

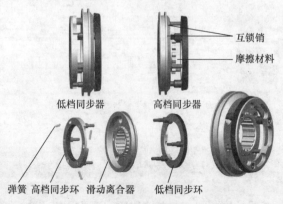

图 2-63　汽车锁销式惯性同步器的基本结构

㉛ 手动变速器换档拨叉机构

换档拨叉机构主要由变速杆、叉形拨杆、换档轴、各档拨块、拨叉轴及拨叉等组成，各种变速器由于档位及档位排列位置不同，其拨叉和拨叉轴的数量及排列位置也不相同。

大众捷达、宝来型轿车变速器的操纵机构由外操纵机构和内操纵机构组成。外操纵机构主要由变速杆、选档机构壳体、横向（选档）拉索、纵向（挂档）拉索等组成。变速杆通过一系列中间连接杆件操纵变速器的内操纵机构，以进行选档、换档。变速杆以球形轴承为支点，可以直接左右、前后摆动。

（1）带换档机构盖的换档轴 所有凸轮块、弹簧和换档机构的导向元件，以及调整换档机构的角杆（角杆用于锁止换档轴）均安装在该模块上，如图 2-64 所示。

（2）内部换档模块（图 2-65） 内部换档模块包括换档拨叉、选档盘和轴承。换档板与换档拨叉必须一起加工，更换时，须更换全套换档机构。注意：维修时，切勿混淆 1/2 档换档板和 3/4 档换档板。

（3）外部换档机构 外部换档机构由变速杆、横向拉索、纵向拉索、调节机构等组成，如图 2-66 所示。

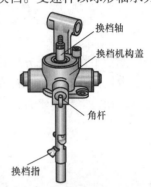

图 2-64 换档轴

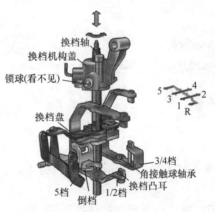

图 2-65 内部换档模块

拉索操纵装置隔离了传动系统的振动，拉索连接着换档杆和变速器，将换档杆的动作传递给变速器（换档轴）。同时为进行保养维修，换档机构盖上的角杆可以将换档轴固定在规定位置，从而使拉索机构更容易调整。

1）选档动作：换档杆的选档动作（左–右）通过选档杆转换为通道选择拉索的前后动作。选档杆安装在支承轴的旋转轴承上。

选档拉索的前后动作通过变速器的外部换档机构转换为换档轴的上下移动。在变速器内，这个上下动作使换档轴上的换档至于相应的齿轮盘啮合，从而选定档位，如图 2-67 所示。

2）挂档动作：通过选档杆将挂档动作传递到挂档拉索。换档杆沿档位方向前后移动，

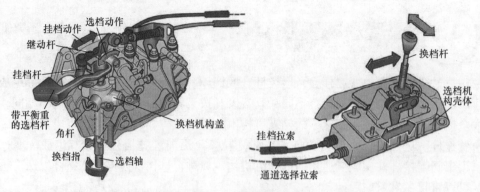

图 2-66　外部换档机构

并按选档动作的相反方向拉或推挂档拉索。换档过程中，前后移动的挂档拉索使选档轴转动。滑块保持通道选择拉索的继动杆在选定位置不变。在变速器内，换档轴的换档指旋转时，移动换档盘，然后，换档轴驱动换档拨叉和换档滑套，使档位啮合，如图 2-68 所示。

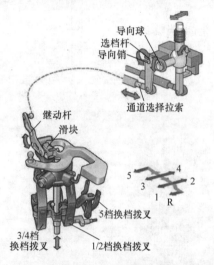

图 2-67　选择换档结构

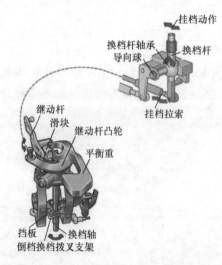

图 2-68　挂档

3）倒档及其锁止装置：作为安全装置，压下锁止装置用于防止无意识挂上倒档，如图 2-69 所示。压下锁止装置安装在换档机构壳体内。驾驶人挂倒档前必须克服压下锁止装置。正常的挂前进档换档行程内，换档杆锁止凸轮向上运动，防止锁止（推锁集成在换档壳体上）。换档杆克服弹簧力被压下时，通过球形换档杆导管向下运动，锁止凸轮位于联锁装置下面。挂倒档时，联锁装置绕过锁止凸轮，从而可挂入倒档。弹簧又将换档杆上推到啮合位置，并将它保持在倒档位置。

（4）B70 换档操纵机构　B70 换档操纵机构由换档手柄、换档机座、换档拉索、选档拉索和支架等组成。

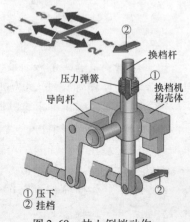

① 压下
② 挂档

图 2-69　挂上倒档动作

B70 换档操纵机构如图 2-70 所示。

一汽大众 B70 六档手动变速器换档拨叉机构如图 2-71 所示。

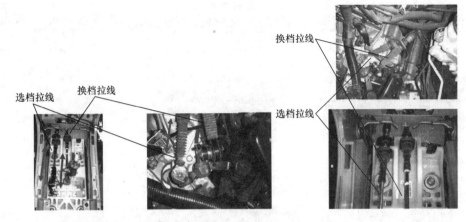

图 2-70　B70 换档操纵机构

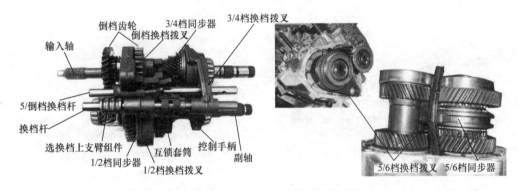

图 2-71　一汽大众 B70 六档手动变速器换档拨叉机构

㉜ 换档拉索调整

调整工作必须在变速器空档时进行。

1）定位换档轴。定位换档轴时，先用手将换档轴压到 1/2 档通道（图 2-72 中①）；压换档轴时，先将角杆压向换档轴（图 2-72 中②）；然后按箭头方向旋转（图 2-72 中③）。从而将换档杆定位在图 2-72 所示位置。

2）定位变速杆。发动机怠速运转时，将变速杆置于 1/2 档通道。换档杆上有一个定位空，通过此空将定位销 T10027 插到换档机构壳体的孔内，如图 2-73 所示。

3）定位换档拉索。顺时针旋转通道选择拉索和挂档拉索的锁止机构。弹簧将锁止机构压到设定位置，并固定。然后，再次松开角杆并拉出定位销。换档杆应处于 3/4 档通道，此时发动机怠速运转，如图 2-74 所示。

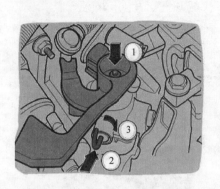

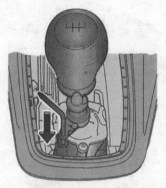

图 2-72　定位换档轴　　　　　图 2-73　定位变速杆　　　　　图 2-74　定位换档拉索

33 三轴式变速器结构及主要部件结构

三轴式变速器结构及主要部件结构如图 2-75 ~ 图 2-81 所示。

内侧

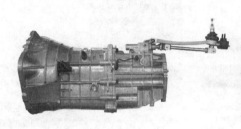

主视图

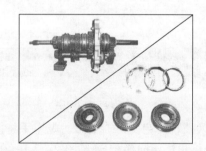

图 2-75　三轴式变速器结构

　　同步器包含同步器齿毂、同步器衬套、同步器环、同步器键和同步器弹簧（1/2、5/R 和 3/4 同步器不同），如图 2-80 所示。注：3/4 档同步器和 5/R 档同步器是单锥式，1/2 档同步器是对顶锥式，添加了内锥和中间锥，提高了发动机转矩能力。3/4 档同步器、1/2 档同步器和 5/R 档同步器齿毂不同（润滑油道不同）。

　　在每个齿上引入了滚针轴承，并在变速器壳内的输入轴和中间轴上应用了滚锥轴承，如图 2-81 所示。

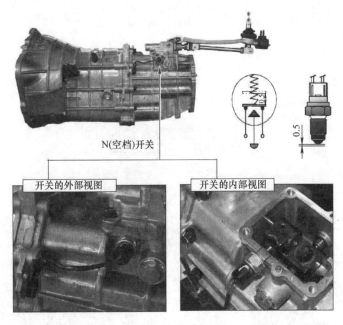

N(空档)开关

开关的外部视图

开关的内部视图

图 2-76　倒档开关

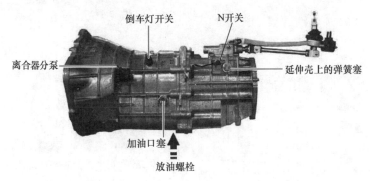

倒车灯开关　　N开关

离合器分泵

延伸壳上的弹簧塞

加油口塞

放油螺栓

图 2-77　放油螺栓位置

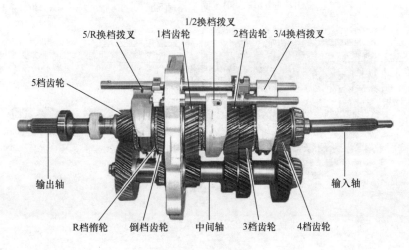

5/R换档拨叉　1档齿轮　1/2换档拨叉　2档齿轮　3/4换档拨叉

5档齿轮

输出轴

输入轴

R档惰轮　倒档齿轮　中间轴　3档齿轮　4档齿轮

图 2-78　齿轮组合

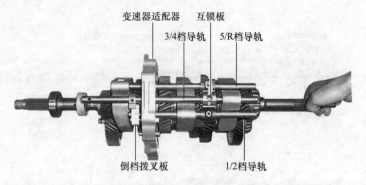

图 2-79　换档拨叉及导轨组合

图 2-80　同步器结构

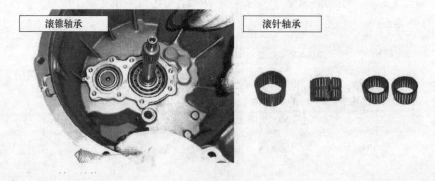

图 2-81　轴承结构

34 三轴式变速器动力分析

由第一轴（输入轴）、第二轴（输出轴）和中间轴以及在各轴上的齿轮组成。第一轴和第二轴在一条直线上。第一轴通过中间轴驱动第二轴以达到输出动力的目的。

1档主动齿轮与中间轴花键紧配合，从动齿轮与输出轴间装有滚针轴承，从动齿轮在输出轴上空转。选择1档时操纵机构通过1/2档拨叉将1/2档同步器啮合套右移，经过同步后，同步器啮合套将1档从动齿轮和同步器齿毂连为一体。离合器传递的动力经输入轴上的中间轴常啮合主动齿轮、中间轴上的常啮合从动齿轮传递到中间轴上的1档从动齿轮。1档主动齿轮将动力传给1档从动齿轮。1档从动齿轮再将动力传递给1/2档同步器和同步器齿毂，通过同步器齿毂花键将动力传递给输出轴，如图2-82所示。

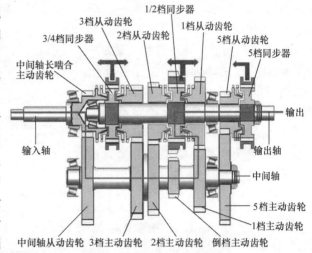

图2-82　1档动力传递路线

2档主动齿轮与中间轴花键紧配合，从动齿轮与输出轴间装有滚针轴承，从动齿轮在输出轴上空转。选择2档时操纵机构通过1/2档拨叉将1/2档同步器啮合套左移，经过同步后，同步器啮合套将2档从动齿轮和同步器齿毂连为一体。离合器传递的动力经输入轴上的中间轴常啮合主动齿轮、中间轴上的常啮合从动齿轮传递到中间轴上的2档从动齿轮。2档主动齿轮将动力传给2档从动齿轮。2档从动齿轮再将动力传递给1/2档同步器和同步器齿毂，通过同步器齿毂花键将动力传递给输出轴，如图2-83所示。

3档主动齿轮与中间轴花键紧配合，从动齿轮与输出轴间装有滚针轴承，从动齿轮在输出轴上空转。选择3档时操纵机构通过3/4档拨叉将3/4档同步器啮合套右移，经过同步后，同步器啮合套将3档从动齿轮和同步器齿毂连为一体。离合器传递的动力经输入轴上的中间轴常啮合主动齿轮、中间轴上的常啮合从动齿轮传递到中间轴上的3档从动齿轮。3档主动齿轮将动力传给3档从动齿轮。3档从动齿轮再将动力传递给3/4档同步器和同步器齿毂，通过同步器齿毂花键将

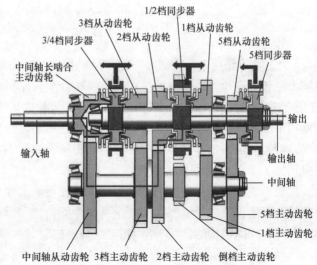

图2-83　2档动力传递路线

动力传递给输出轴，如图 2-84 所示。

4 档齿轮在输入轴末端与输入轴制为一体，如图 2-85 所示。

选择 4 档时，3/4 档拨叉推动同步器啮合套向左移动，推动 4 档同步环与 4 档齿轮锥面接触，两者达到同一转速后，啮合套在拨叉的作用下继续向左移动，将 4 档同步环与 4 档齿轮锁为一体。动力通过主动轴 4 档齿轮传递给 3/4 档同步器啮合套，再传递给同步器齿毂，经同步器齿毂花键传递给输出轴。4 档的目的是通过同步器将输入轴与输出轴锁为一体，实现动力的直接输出。4 档的传动比等于 1。

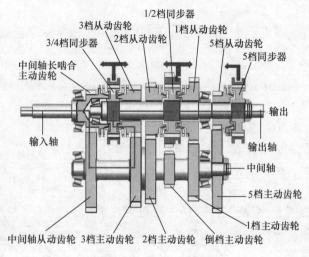

图 2-84　3 档动力传递路线

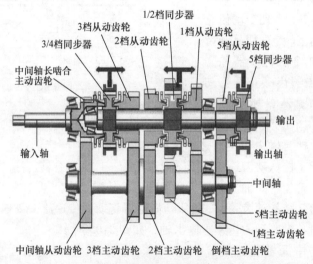

图 2-85　4 档动力传递路线

5 档主动齿轮与中间轴制为一体，从动齿轮与输出轴之间装有滚针轴承，从动齿轮在输出轴上空转。选择 5 档时拨叉推动同步器啮合套向左移动，啮合套推动同步环向左移动并与 5 档齿轮锥面接触产生摩擦，待同步环和 5 档齿轮的转速相同，此时 5 档齿轮和同步环与啮合套相对静止，这时拨叉继续推动啮合套向左移动，啮合套将同步环与 5 档从动齿轮啮合在一起，动力通过同步器齿毂花键传递给输出轴，如图 2-86 所示。5 档的传动比小于 1，属于超速档。

倒档：实现汽车倒档对变速器而言，只要使输出轴反方向旋转，为此在变速器输出轴与中间轴之间增设了一个倒档轴和一个倒档中间齿轮（即倒档惰轮）。倒档惰轮空套在倒档轴上，并可在操纵机构的作用下滑动。变速器挂倒档时，汽车必须处于静止状态，此时变速器不输出动力。拨叉推动倒档齿轮与倒档主从动齿轮啮合，发动机动力经过与中间轴制为一体的倒档主动齿轮传给倒档惰轮，倒档惰轮再将动力传给从动齿轮，然后经与输出轴用花键紧配合的 1/2 档同步器齿毂将动力传递给输出轴，实现汽车倒档，如图 2-87 所示。

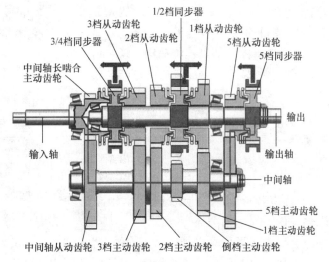

图 2-86　5 档动力传递路线

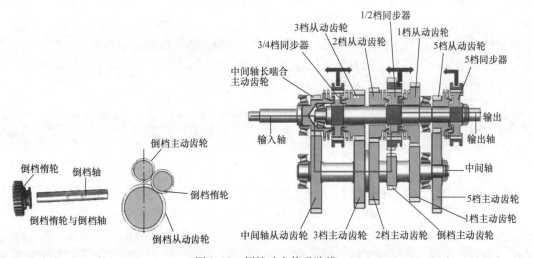

图 2-87　倒档动力传递路线

35 新款桑塔纳换档提示系统

　　新桑塔纳手动档车型装备了换档提示功能，通过对发动机和车辆运行状态的分析，由控制单元计算出最经济合理的档位，给予用户提示。此功能有助于克服部分用户的不合理换档习惯，并降低油耗。该档位显示功能能帮助驾驶人以节油的方式进行档位切换，同时还能防止发动机和传动系过载。但是档位的选择是驾驶人的责任，不能完全照搬档位显示功能的提示进行档位切换。例如，在超车、上下坡道及坑洼颠簸路面时，则应根据路面和发动机负荷的情况来换档。

　　发动机控制单元收到来自于防抱死制动系统控制单元的车速信号，即驱动轮的转速，也就是变速器的输出转速信号，同时也接收 G28 的发动机转速信号。有了这两个信号，发动机控制单元就能计算出目前变速器所处的档位。

档位计算公式是：$S = R \div (r \times Z)$，再用 S 来对比是哪一档位的传动比，即可知道目前变速器处于第几档。Z 是变速器主传动速比，现定为 4:1，Z 是 2 档传动比，现定为 2:1，R 是发动机转速，现定为 2400r/min；r 是变速器的输出转速，现定为 300r/min，$S = R \div (r \times Z) = 2400 \div (300 \times 4) = 2$，所以目前变速器处于 2 档。发动机控制单元根据发动机转速、负荷、转矩及车速等信息进行升档和降档的计算，并将计算结果通过 CAN 总线传递到组合仪表，由组合仪表显示出目前合适的档位数；到达换档时机时，提示驾驶人应该换入的下一个档位数；到达换档时机时，用上、下箭头提示升档或降档。换档提示如图 2-88 所示。

图 2-88　换档提示

新桑塔纳有两种组合仪表，更换时必须选择正确的组合仪表，用 505X 或 6150 进入引导性功能对组合仪表的公里数、保养里程等进行设定，对组合仪表进行编码，与防盗系统进行匹配。手动档发动机的控制单元也有两种，它增加了档位计算功能，在更换仪表时要根据车型选择正确的发动机控制单元，用 505X 或 6150 进入引导性功能对节气门进行设定，对发动机控制单元进行编码，与防盗系统进行匹配。增加档位显示与换档提示功能后，没有增加新的零件，仅仅是由发动机控制单元进行计算，通过 CAN 总线传递给仪表，由仪表显示，所以在诊断和维修上与以前的方法类似。

㊱ 变速器常见故障的判断

（1）科鲁兹轿车 3 档极易脱落

1）故障现象：一辆科鲁兹轿车，行驶里程 10 万 km。该车 3 档极易脱落。

2）检查分析：路试发现该车 3 档的档位手感不清晰，入档后稍一加速就会脱成空档。车速低时，3 档更难换入。发动机熄火后，3 档换档正常，但是手感仍然不清晰。发动机怠速运转时换入 3 档，能感到齿轮的同步很吃力，要推住档杆一段时间才能换入。如果在推住档杆的同时提高怠速，则比较容易入档，这说明 3 档的同步环已经出现了打滑现象，要借助额外的转动力矩才能实现齿轮的同步。在这种情况下，决定对变速器进行解体检查。

解体变速器检查，发现 3 档拨叉末端的尼龙套已经不见了，如图 2-89 所示。根据这一现象判断，同步器已经完全失效了。进一步检查发现，同步环内圈的纹路已经被磨平，这样一来，这些纹线就无法切入油膜来为齿轮提供同步扭矩。根据维修手册的提示，测量同步环与齿轮之间的间隙，发现已经严重超差，如图 2-90 所示。分析认为故障原因是不良的驾驶习惯，即驾驶人在换档时离合器经常分离不彻底，导致同步器过载，从而出现早期磨损。

3）故障排除：更换 3 档同步环和换档拨叉，故障排除。

（2）北京现代名图挂档困难

1）故障现象：挂档困难。

2）故障诊断：该车在每天早上挂档行车时，初次挂档时换档杆不能挂到 3 档的档位，可是当第二次将换档杆推入相同的档位时，换档杆却能够顺利地推入到档位上。当踩下离合

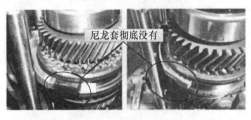
尼龙套彻底没有

图 2-89　损坏的拨叉　　　　　　　　　　　　　　图 2-90　同步环的测量

器踏板以后将换档杆推入到倒档时，换档杆不能够顺利地推入倒档，可是当把换档杆拨到空档后重新推入倒档时，换档杆却能够顺利地推入倒档位。按照上述的方法又测试了其他的档位，发现 1 档、2 档和 3 档也都存在同样的问题。不过在故障检查中，维修人员也发现如果将离合器踏板踩下以后持续保持约 5s 以上的时间再进行挂档时，基本上不存在挂档困难的情况。根据对该车故障的检测，初步判断故障的可能原因是：

① 离合器分离不彻底。

② 换档杆位置调整不当。

③ 手动变速器油型号不符。

④ 变速器内部故障。

　3）故障排除：手动变速器油是出厂时充注的原厂变速器油，所以在变速器油方面，只是检查了一下变速器油是否充足，检查的结果是正常的。然后又按照维修手册的要求检查了换档杆的位置，这个也是没有问题的。考虑到变速器本身不太可能会出现问题，而且即便是有问题也不可能是倒档、1 档、2 档和 3 档同时出问题。所以最后把故障原因圈定在了离合器分离不彻底这方面。离合器分离不彻底的原因有两方面，一方面是离合器操作部分，如离合器主缸、离合器从动缸、离合器分离拨叉；另一方面就是离合器本体部分，如离合器压盘或离合器片。于是在接下来的故障检查中，按照由简到难的步骤先后检查了离合器主缸、离合器从动缸，并对离合器从动缸进行放气排油的操作，而且也从外部检查了离合器分离拨叉的动作，上述这些检查均未发现有任何问题，最后只能是将变速器拆卸下来检查离合器本体的情况。拆卸下变速器以后发现变速器输入轴的齿槽上布满了锈迹，如图 2-91 所示，而与之啮合的离合器内花键上也同样是锈迹斑斑，如图 2-92 所示。将离合器装入到变速器输入轴上，滑动离合器片时发现离合器片的运动并不是很顺畅。使用钢丝刷清除变速器输入轴上的锈迹，然后使用除锈剂和锉清洁离合器内花键上的锈迹。完成上述清洁工作后重新装配变速器，如图 2-93 所示，最后再次试车时故障排除。

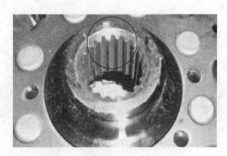

图 2-91　变速器输入轴上的锈迹　　　　　　图 2-92　离合器内花键上的锈迹

（3）朗逸 2.0MT 轿车无法挂档

1）故障现象：一辆行驶里程约为 6 万 km 的 2015 年产朗逸 2.0MT 轿车，车主反映该车无法挂档。

2）故障诊断：接车后，首先验证故障现象，操纵换档手柄，变速器的确无法挂上档；拆检变速器的换档操纵机构，发现该车的换档拉索已经断裂，更换换档拉索，装复变速器换档操纵机构后试车，变速器挂档正常。但是，车开一会儿，再次出现无法挂档的故障。再次拆检变速器换档操纵机构，发现新更换上去的换档拉索再次断裂。这不可

图 2-93　将离合器片装入到变速器
输入轴上检查滑动的情况

能是换档拉索的质量问题导致的故障。经过仔细检查发现该车变速器的安装位置和正常车有偏差，从而导致每次换档操作时换档拉索均被干涉而断裂；检查变速器的支承螺栓，发现该车变速器左侧支承螺栓松动，如图 2-94 所示。

3）故障排除：按照规定力矩安装变速器左侧支承螺栓并更换换档拉索。

图 2-94　左侧支承螺栓松动位置

第三章 Chapter 3

自动变速器

37 液力变矩器的结构

现代轿车一般使用四元件液力变矩器较多，如图3-1、图3-2所示。它们分别是与发动机直接连接的主动轮——泵轮、与自动变速器输入轴相连的从动轮——涡轮、介于泵轮和涡轮之间与自动变速器油泵泵轴相连的改变发动机输出转矩的导轮（导轮上有单向离合器）以及通过机械方式来连接泵轮和涡轮的锁止离合器（TCC）。

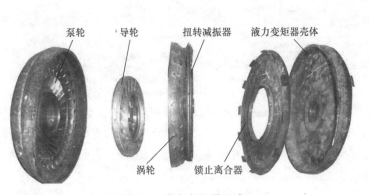

图3-1 液力变矩器组成

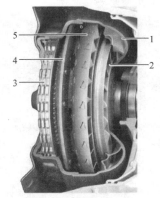

图3-2 自动变速器的液力变矩器
1—泵轮 2—导轮 3—液力变矩器锁止离合器 4—扭转减振器（涡轮扭转减振器或双减振器系统） 5—涡轮

将液力变矩器沿径向剖开，泵轮和涡轮是互不接触的，两者之间有一定的间隙为3~4mm。液力变矩器的输出轴，即变速器的输入轴与涡轮通过花键连接，导轮与油泵泵轴是通过单向离合器内花键来连接的，从而实现单向固定导轮，如图3-3所示。

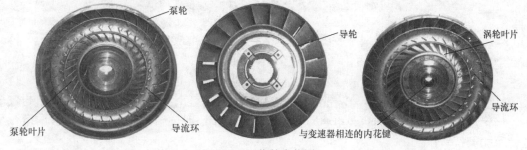

图3-3 工作轮实物图

38 锁止离合器的结构

锁止离合器位于液力变矩器涡轮的前端，其结构如图3-4所示。锁止离合器由锁止活塞、扭转减振器和涡轮传动板等零部件组成。锁止活塞和扭转减振器连接可前后移动。扭转减振器和涡轮传动板通过减振弹簧连接，能衰减锁止离合器接合时的扭转振动。涡轮传动板用铆钉固定在涡轮前端，变矩器壳体内的前端面（或锁止活塞的前端面）粘有摩擦片。

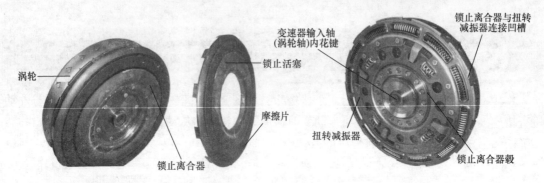

图3-4　锁止离合器结构

39 行星齿轮机构

（1）单排行星齿轮机构　行星齿轮机构有多种形式，其中最简单的行星齿轮机构是单排行星齿轮机构，如图3-5所示，由一个太阳轮、一个齿圈、一个行星架和支承在行星架上的几个行星轮组成，称为一个行星排。在一个行星排中，具有共同中心线的太阳轮、齿圈和行星架是齿轮变速机构动力传递的三个基本元件。

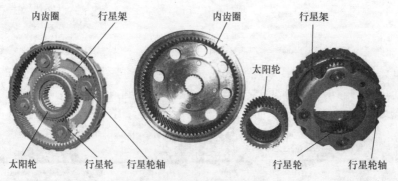

图3-5　单排行星齿轮机构

（2）双级行星齿轮机构　双级行星齿轮机构有三个基本元件，即太阳轮、齿圈和行星架，如图3-6所示。在太阳轮与齿圈之间有两组行星轮，即行星轮1和行星轮2。两组行星轮共用一个行星架。

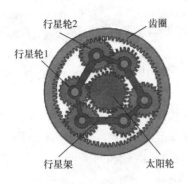

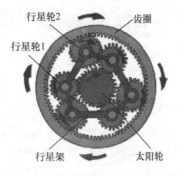

a)行星架运动规律　　　　　　　　b)双级行星齿轮传动示意图

图3-6　双级行星齿轮机构

40 新式离合器结构

新式离合器在结构和控制上有所改变，一些新款车型自动变速器离合器结构上有了改进，如图3-7所示。在新的离合器主活塞设计中，加入了一个静态不可移动的活塞（称为副活塞，也有的称为挡板、离合器平衡器、离合器平衡活塞或封油板），用一油封封住其外边缘。这个活塞在离合器的工作侧与回位侧（弹簧力）形成一个压力平衡腔（主、副活塞之间）。工作腔的离心力与平衡腔的离心力一样，两种离心力抵消，活塞在弹簧力的作用下与离合器片分离，主动片和从动片之间有足够的间隙，就不会产生不必要的摩擦。工作活塞（主活塞）从静态平衡活塞的油封移动滑过。注意：副活塞没有内油封，因为只有离心力，所以不需内油封，从两侧进油冲击离合器主活塞，并通过副活塞实现动态压力均衡，与主活塞形成一个密闭的空间，只能用润滑油通道对压力均衡空间产生很小的压力。像在离合器液压缸中一样，封闭在压力均衡空间的油受到同样的力（动态压力建立），因此离合器活塞的表面压力得到均衡。传统的离合器活塞上或离合器鼓上都设有一个单向球，其作用就是消除因离合器旋转而产生的动态离心压力，防止离合器活塞在释放时离合器的摩擦片和钢片之间形成不必要的摩擦而烧损离合器片。

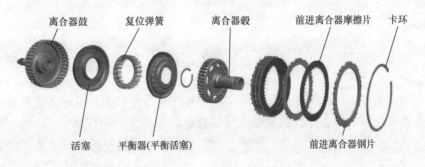

图3-7　丰田卡罗拉离合器结构

41 单向离合器

单向离合器有多种形式，目前最常见的是滚柱式和楔块式两种。导轮中心孔内的单向离合器的作用是使导轮与泵轮和涡轮同向可转动，反向则不能转动。

（1）滚柱式单向离合器　滚柱式单向离合器由外环、内环、滚柱、滚柱回位弹簧等组成。如图3-8所示，外环（外座圈）通常用花键和变速器壳体连接。在外环的内表面制有与滚柱相同数目的楔形槽，内外环之间的楔形槽内装有滚柱和弹簧。

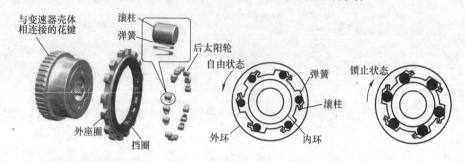

图3-8　滚柱式单向离合器

（2）楔块式单向离合器　其锁止方向取决于楔块的安装方向，维修时不得装反。楔块式单向离合器的构造和滚柱斜槽式单向离合器相似，也有外环、内环、滚子（楔块）等，如图3-9所示。

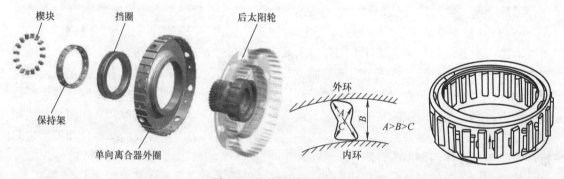

图3-9　楔块式单向离合器

42 制动器的结构

多片式制动器的结构和工作原理基本上与多片式离合器相同。不同之处是制动器鼓与自动变速器壳体固定在一起，并且制动器盘与制动器鼓接合后，将不能转动。制动器盘的外凸缘与自动变速器壳体内的凹槽配合，摩擦片的内凸缘与制动器鼓的外径凹槽配合，而制动器鼓是齿轮传动的一部分或单向离合器的外座圈，现代自动变速都采用片式制动器，带式制动器已淘汰。

制动器的组件主要包括制动器鼓、制动器盘（钢片）、摩擦片、活塞、回位弹簧和弹簧座等，如图3-10所示。

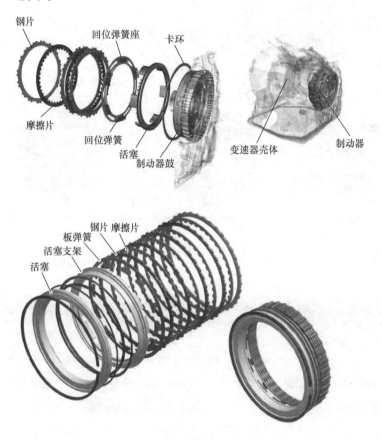

图 3-10　制动器结构

㊸ 自动变速器变速原理

发动机带动液力变矩器高速转动，液力变矩器内具有动能的 ATF 油液把动力传给变速器输入轴。变速器输入轴驱动行星齿轮机构为汽车提供前进档、空档及倒档。由于动力是通过由多片离合器、单向离合器和制动器控制的行星齿轮机构传递的，而当离合器或制动器被油压驱动时，行星齿轮机构的不同部件受到约束从而形成不同的传动比。在自动变速器的阀体中有许多液压阀，它们可以控制自动变速器油液的压力和流向。因此，自动变速器阀体可正确地施加在应被驱动的离合器或制动器上。自动变速器或变速驱动桥根据发动机的转速、负荷以及车速和其他一些工作条件来选择传动比。升档和降档都是自动进行的。但是自动变速器也可以用手动方式选择到低速前进档、倒档、空档或停车档。随前进档范围的选择，在汽车减速期间，变速器可以提供发动机制动。有的自动变速器有九个档位可供选择。驾驶人可以通过变速杆选择所希望的档位，这些档位是：P（停车档）、R（倒档）、N（空档）、D（前进档）、S（动力模式）。自动变速器自动选择传动比从而改变输出转矩，以便更好地适应汽车不同行驶阻力的需要。自动变速器动力传递原理如图 3-11 所示。

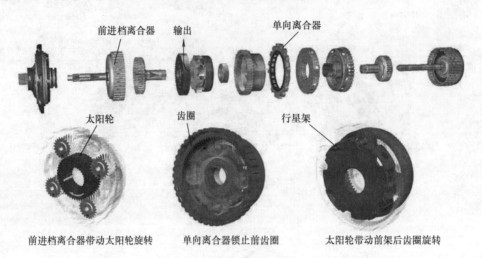

前进档离合器带动太阳轮旋转　　　　单向离合器锁止前齿圈　　　　太阳轮带动前架后齿圈旋转

图 3-11　自动变速器动力传递原理

㊹ 无级变速器变速原理

　　无级变速器（带式或链式）的速比连续变化，能够不间断地输出动力，没有像有级变速器在档位切换时的冲击振动。它主要是由两个锥轮和钢带组成。它采用传动带和工作直径可变的主、从动轮相配合传递动力，可以实现传动比的连续改变。该装置包括两个对置的锥轮和一条环绕在两个轮上的 V 形传动钢带。变速装置的动力通过中间轴传送到变速器内的差速器上，其中一边锥轮受液压控制。主、从动锥轮 V 形凹槽可变宽或变窄，将钢带升高或降低。从而改变钢带与主、从动锥轮接触的直径，相当于手动变速器切换不同直径的主、从动齿轮。

　　当车行驶慢时，主动锥轮的圆周半径小于从动锥轮的圆周半径，即小圆带大圆，此时传递大的转矩，当车速逐渐升高时，主动锥轮的一边轮盘向内靠拢，凹槽宽度变窄迫使钢带升起，直至升到最高。而从动锥轮的一边轮盘与其相反，向外移动拉大凹槽变宽迫使钢带下降，主动锥轮的圆周半径大于从动锥轮的圆周半径，变成大圆带小圆，这样才能保证汽车高速行驶。如图 3-12 ~ 图 3-15 所示。

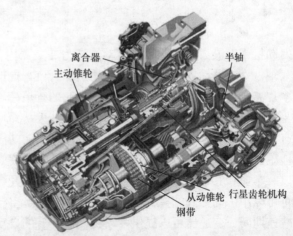

图 3-12　0AW 8 速无级变速器

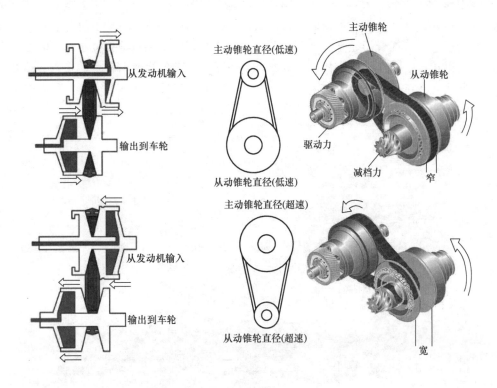

图 3-13　无级变速器原理

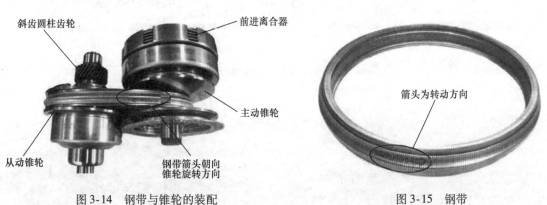

图 3-14　钢带与锥轮的装配

图 3-15　钢带

㊺ 双离合器自动变速器工作原理

　　汽车在挂上奇数档行驶时，离合器 1 接合，输入轴 1 工作，变速器在某一奇数档位工作，此时离合器 2 处于分离状态，输入轴 2 不工作，但有一偶数档位的同步器处于接合状态（预啮合）；当要进行换档时，将离合器 1 分离的同时让离合器 2 接合，实现平稳、快速地换档（换档时间通常只有 0.1 ~ 0.2s），有的升档仅需 0.008s；接着，某一奇数档位的同步器又处于接合状态（预啮合），即在双离合变速器的工作过程中总是有两个档位是接合的，一个正在工作，另一个则为下一步做好准备，这就使汽车在换档过程中大大减少或消除了动力的中断。另外，在手动模式下可以进行跳跃换档，若初始档位和目标档位属于同一离合器控制，则会通过另一离合器控制的档位转换一下；若初始档位和目标档位不属于同一离合器控制，则可以直接跳跃换至所定档位。双离合变速器可以想象为将两台手动变速器的功能合二为一，并建立在单一的系统内，内含两台自动控制的离合器。双离合变速器可由电子控制及液压推动，能同时控制两组离合器的运作，如图 3-16 ~ 图 3-19 所示。

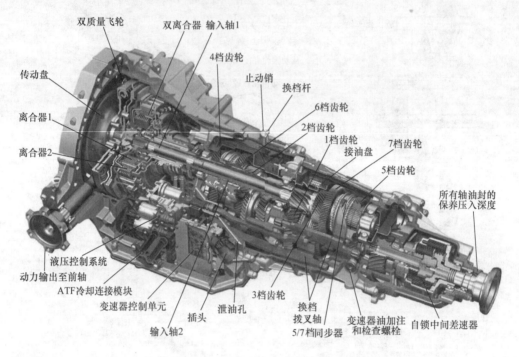

图 3-16 奥迪 Q5 0B5 双离合变速器

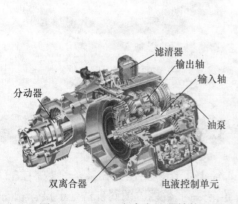

图 3-17 02E 双离合变速器结构

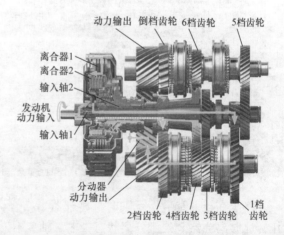

图 3-18 02E 双离合变速器 1 档传递路线

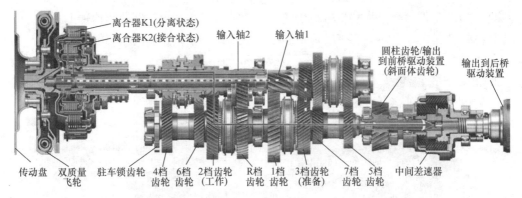

图 3-19 奥迪 Q5 0B5 双离合变速器 2 档传递路线

46 新款双离合变速器 DQ380 结构及动力分析

（1）双离合器结构　飞轮传输进来的动力经过从动盘，会同时带动 K1 和 K2 的外膜片体。到变速器内部的动力传输取决于离合器的接合，如图 3-20 ~ 图 3-22 所示。

图 3-20 离合器 K1、K2 分解图

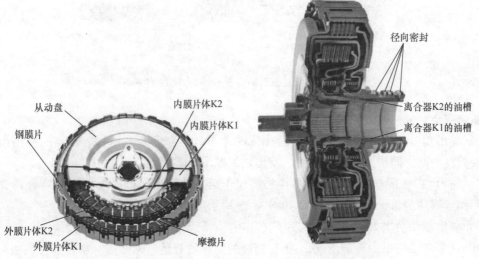

图 3-21 离合器 K1、K2 总成

离合器 K1 是外离合器，它将转矩传递给负责第 1、3、5 和 7 档的驱动轴 1。

离合器 K2 是内离合器，它将转矩传递给负责第 2、4、6 档和倒车档的驱动轴 2。

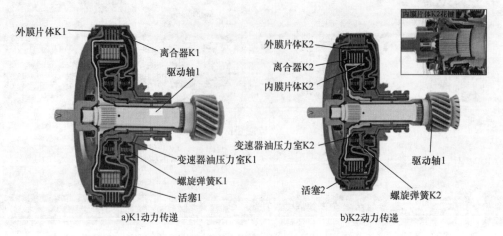

外膜片体K1　离合器K1　驱动轴1　变速器油压力室K1　螺旋弹簧K1　活塞1

a)K1动力传递

内膜片体K2花键　外膜片体K2　离合器K2　内膜片体K2　变速器油压力室K2　驱动轴1　活塞2　螺旋弹簧K2

b)K2动力传递

图 3-22　离合器 K1、K2 动力传递图

新款双离合变速器 DQ380 内部结构相比于 02E，新变速器取消了倒档轴，简化了结构，减轻了重量，如图 3-23 所示。

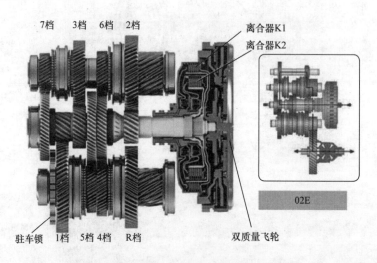

7档　3档　6档　2档　离合器K1　离合器K2

02E

驻车锁　1档　5档 4档　R档　双质量飞轮

图 3-23　新款双离合变速器 DQ380 结构

新款双离合变速器 DQ380 的结构：

1）输出轴 1。出于体积优化和重量优化的考虑，将位于第 1 档和第 2 档的换档齿轮啮合齿安置在内部，同步器均为单锥面。输出轴 1 如图 3-24 所示。

2）输出轴 2。同样，倒档同步器换档将位于第 1 档和第 2 档的换档齿轮啮合齿安置在内部，同步器均为单锥面。输出轴 2 如图 3-25 所示。

3）驱动轴如图 3-26 所示。

4）同步器结构如图 3-27 所示。所有档位的同步器都是单锥面的。啮合齿在换档齿轮内部，减轻了重量，优化了结构。

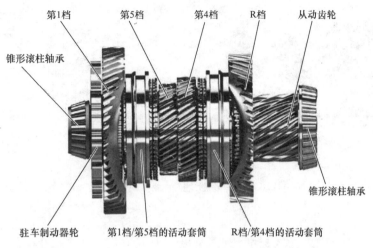

图 3-24 输出轴 1

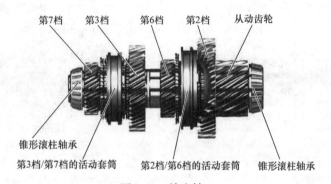

图 3-25 输出轴 2

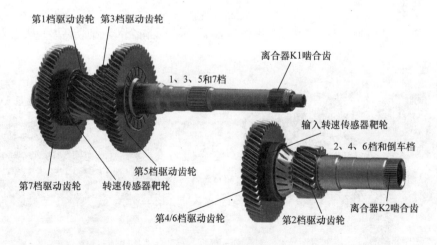

图 3-26 驱动轴

（2）新款双离合变速器 DQ380 动力分析

1）1 档时：离合器 K1→驱动轴 1→输出轴 1，第 1 档的滑动齿轮→差速器，如图 3-28 所示。

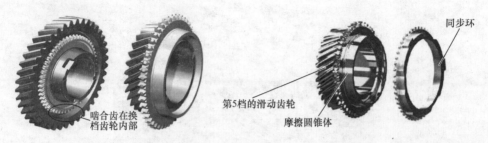

图 3-27　同步器结构

2）2 档时：离合器 K2→驱动轴 2→输出轴 2，第 2 档的滑动齿轮→差速器，如图 3-29 所示。

图 3-28　1 档动力传递

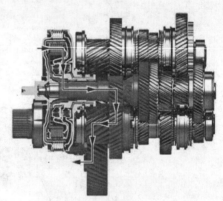

图 3-29　2 档动力传递

3）3 档时：离合器 K1→驱动轴 1→输出轴 1，第 3 档的滑动齿轮→差速器，如图 3-30 所示。

4）4 档时：离合器 K2→驱动轴 2→输出轴 2，第 4 档的滑动齿轮→差速器，如图 3-31 所示。

图 3-30　3 档动力传递

图 3-31　4 档动力传递

5）5 档时：离合器 K1→驱动轴 1→输出轴 1，第 5 档的滑动齿轮→差速器，如图 3-32 所示。

6）6 档时：离合器 K2→驱动轴 2→输出轴 2，第 6 档的滑动齿轮→差速器，如图 3-33 所示。

图 3-32　5 档动力传递

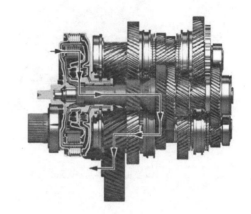

图 3-33　6 档动力传递

7）7 档时：离合器 K1→驱动轴 1→输出轴 1，第 7 档的滑动齿轮→差速器，如图 3-34 所示。

8）倒档时：离合器 K2→驱动轴 2→第 2 档的滑动齿轮→输出轴 1→倒档的滑动齿轮→差速器，如图 3-35 所示。

（3）机械电子控制单元及传感器

1）油泵。它通过传动齿轮直接由离合器驱动。根据发动机转速和发动机负载，它的工作压力为 5～20bar（1bar = 10^5Pa）（在全工作压力时，功率消耗最大为 3kW）。油泵结构如图 3-36 所示。

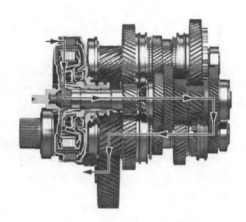

图 3-34　7 档动力传递

图 3-35　R 档动力传递

2）电气控制系统。电气控制系统通过驱动 CAN 总线和车辆其他系统通信，传输速率为 500kbit/s。电气控制系统如图 3-37 所示。

3）控制单元。控制单元通过电磁阀来调节变速器内的换档过程控制离合器，所有电磁阀、压力调节阀等均位于液压单元内。控制单元如图 3-38 所示。

图 3-36　油泵结构

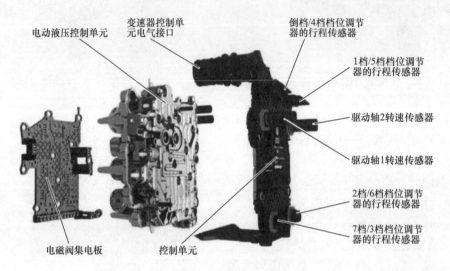

电动液压控制单元

变速器控制单元电气接口

倒档/4档档位调节器的行程传感器

1档/5档档位调节器的行程传感器

驱动轴2转速传感器

驱动轴1转速传感器

2档/6档档位调节器的行程传感器

7档/3档档位调节器的行程传感器

电磁阀集电板

控制单元

图 3-37　电气控制系统

图 3-38　控制单元

N433—1/5 档档位调节阀　　N434—7/3 档档位调节阀　　N435—离合器 K1 阀　　N436—分变速器 1 安全阀

N437—2/6 档档位调节阀　　N438—R/4 档档位调节阀　　N439—离合器 K2 阀　　N440—分变速器 2 安全阀

N471—冷却油阀　　N472—主压力阀

47 02E DSG 变速器的结构

大众 02E DSG 双离合变速器的结构主要由两个多片离合器、三轴式齿轮变速器以及电液换档控制机构组成，而其中两个多片离合器和三轴式齿轮变速器的结构与传统的变速器有较大的差异。如图 3-39 所示，双离合变速器有两个独立控制的离合器，即离合器 1 和离合器 2，离合器接合后动力分别传递给变速器的两根输入轴 1 和 2，输入轴 2 空心，输入轴 1 从其中穿出。输入轴 1 上装有 1 档、倒档、3 档、5 档齿轮，输入轴 2 上装有 2 档、4 档、6 档齿轮。另有两根输出轴 1、2，其中输出轴 1 上装有输出齿轮 1 以及 2 档、4 档、3 档、1 档齿轮，并装有 2/4 档同步器和 1/3 档同步器。输出轴 2 上装有输出齿轮 2 以及空套有倒档、6 档、5 档齿轮，并装有倒档/6 档同步器和 5 档同步器。还有一倒档轴，其上装有倒档双联齿轮，其中稍大的齿轮与输入轴 1 上的 1 档齿轮啮合传递倒档动力。输出轴 1、2 通过其轴上的齿轮 1 和齿轮 2 将动力传递给驱动桥输入齿轮。由图 3-39 可知，离合器 1 负责传递变速器的 1 档、3 档、5 档和倒档的动力，离合器 2 负责传递 2 档、4 档和 6 档的动力。

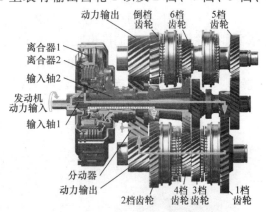

图 3-39　02E DSG 变速器内部结构

48 大众 DSG 0AM 七档变速器结构

0AM 还采用模块化设计（离合器、机械单元等）、独立循环双油路、电子驱动油泵，并且没有热交换器，只采用了 4 个拨叉杆。

双离合变速器主要由两个相互独立的变速器传动部分组成。每个变速器的传动部分的功能结构都与手动变速器相同。每个变速器的传动部分都有一个干式离合器。离合器由机械电子单元根据待挂档位进行控制、接合和分离。通过离合器 K1 以及变速器传动部分 1 和输出轴 1 换到 1、3、5 和 7 档。2、4、6 档和倒档由离合器 K2 以及变速器传动部分 2 和输出轴 2、3 控制。变速器的基本结构如图 3-40 所示。

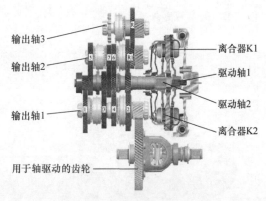

图 3-40　变速器的基本结构

49 大众 DSG 0AM 双离合器总成结构

0AM 双离合器总成如图 3-41 所示，分解后的 0AM 双离合器如图 3-42 所示。在离合器总成里面集成了两组离合器组件，包括离合器 K1 和 K2，双离合器总成正面和背面分别如图 3-43、图 3-44 所示。图 3-43 中为双离合器的正面（朝向飞轮的那面），图中左侧是小齿毂，该小齿毂外圈有齿，安装时直接将小齿毂嵌入双离合器内齿（图中蓝色圆圈部分），与传统的离合器片齿毂和离合器片是一个整体不同，该齿毂和离合器片由于安装的需要，因此设计上是可以分开的，小齿毂外齿方向和双离合器内齿有一对应标记，安装时必须对正，否则安装不上，该小齿毂的中间有内花键，该内花键连接驱动轴 1。而双离合器外壳也有外齿圈，在双质量飞轮上面有匹配的内齿圈，安装时直接将内外齿圈啮合到位即可。图 3-44 中有 K1 的分离爪（蓝色圆圈部位）和 K2 的分离爪（绿色的圆圈部位），还有 K2 的内花键，K2 的内花键则与驱动轴 2 相连接，传递驱动轴 2 输出的转矩。图 3-45 所示为双离合器的分离轴承及分离拨叉，K1 分离轴承和 K2 分离轴承同心，两个分离轴承都由各自的分离拨叉单独拨动而互不干涉，以实现相应的离合器的工作切换。

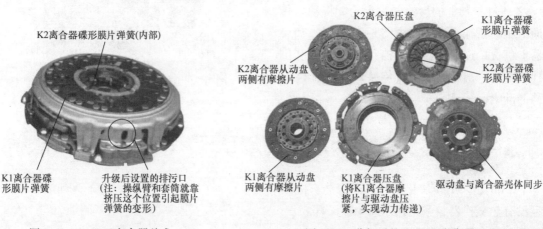

图 3-41 0AM 双离合器总成

图 3-42 分解后的 0AM 双离合器

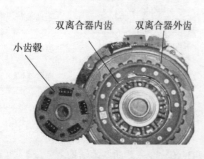

图 3-43 双离合器总成正面

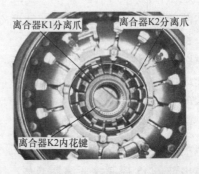

图 3-44 双离合器总成背面

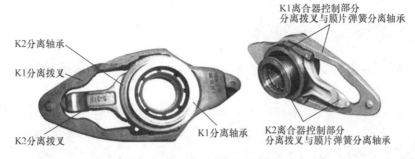

图 3-45　双离合器的分离轴承及分离拨叉

50　新款变速器 DQ380 双离合器拆装

（1）拆卸

1）将变速器垂直固定在发动机和变速器支架上。

2）拆下离合器端盖。

3）装入固定销 T10524，如图 3-46 所示。

4）将从动盘的卡环 2 用螺钉旋具 1 撬出，如图 3-47 中箭头所示。

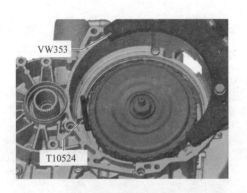

图 3-46　装入固定销

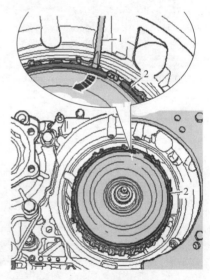

图 3-47　撬出卡环

1—螺钉旋具　2—卡环

5）注意从动盘的安装位置。检查从动盘上的标记箭头与外膜片支架上的标记是否对齐。如果没有标记，则按图 3-48 所示用耐水笔在外膜片支架的圆周上标记出从动盘的安装位置。安装时从动盘必须再次位于这个标记的位置上。

6）将拉拔器 T10525 及拉拔器 T10055 装到轮齿上，并小心地将从动盘从其座上拉出，如图 3-49 中箭头所示。

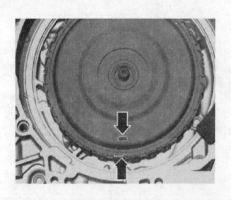

图 3-48　在外膜片架的圆周上标记安装位置

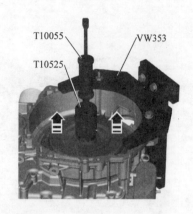

图 3-49　将从动盘从其座上拉出

7）拆卸卡环并暂时存放好，如图 3-50 中箭头所示。

8）取出调整垫片，如图 3-51 中箭头所示。

图 3-50　拆卸卡环

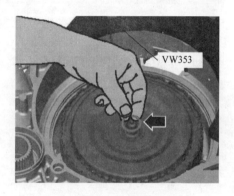

图 3-51　取出调整垫片

9）将钩子 3438 在对侧钩入到离合器中，如图 3-52 中箭头所示。

10）用钩子 3438 取出双离合器，如图 3-53 所示。

图 3-52　将钩子钩入到离合器中

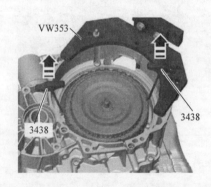

图 3-53　取出双离合器

（2）安装

1）在将双离合器从包装中取出时必须特别小心。

2）用手转动活塞环，活塞环转动必须轻巧，不得有卡滞。

3）注意活塞环1、2、3、4的位置是否正确。活塞环1和3的切口箭头必须对正，如图3-54所示。

4）活塞环2和4的切口箭头应该与活塞环1和3错开180°对齐。

5）注意从动盘的位置。在安装前检查在双离合器上是否标有标记箭头。如果没有标记，那么必须在从动盘和外膜片支架上用耐水笔标上色彩标记，如图3-55所示。

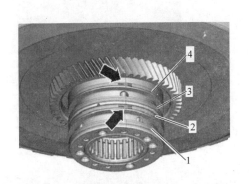

图3-54　活塞环1和3的切口箭头必须对正

1~4—活塞环

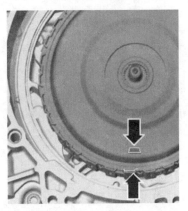

图3-55　在从动盘和外膜片支架上用
耐水笔标上色彩标记

6）装入固定销T10524，如图3-56所示。在装入双离合器时，应由另一个机械师固定住固定销T10524。小心地装入双离合器，不得让其掉入。

7）安装时如有必要可轻微旋转离合器。

8）如果固定销T10524几乎没有间隙，那么双离合器位于正确的安装位置，如图3-57所示。提示：固定销保持插入状态，直至装入离合器端盖。此时不得再转动双离合器，否则固定销T10524会在其位置上被拧转。

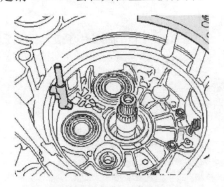

图3-56　装入固定销

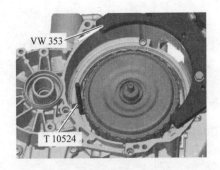

图3-57　双离合器位于正确的安装位置

9）撬出从动盘的卡环，将拉拔器T10525及拉拔器T10055装到轮齿上，并小心地将从动盘从其座上拉出，如图3-58中箭头所示。

10）小心地将从动盘从双离合器中取出并放到边上。当心！不得取出或抬起膜片支架，即使幅度很小也不得抬起，否则膜片会转动错位。

11）计算双离合器调整垫片厚度，将固定销 T10524 保留在安装位置上。

12）暂时装入"旧的"卡环，如图 3-59 中箭头所示。在再次拆卸卡环前，必须先进行两次测量。

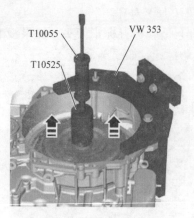

图 3-58　将从动盘从其座上拉出

图 3-59　再次拆卸卡环

13）首次测量（轴的轴向间隙）。

① 将通用千分表支架 VW 387 拧到变速器法兰上，如图 3-60 所示。

② 将千分表的测量顶尖贴到输入轴上。

③ 将千分表预调到 0 位。

④ 用钩子 3438 沿箭头方向（图 3-61）将双离合器向上用力抬起到止动位置，并记录测量结果。

⑤ 将该值称为"A"值。提示：因为在后面的检查测量时还需要该数值，所以"A"数值必须保存到下次测量。

14）第二次测量。将固定销 T10524 保留在安装位置上。

① 将千分表的测量顶尖置于大膜片支架的毂上，如图 3-62 所示。

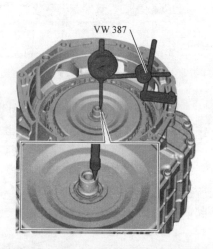

图 3-60　千分表支架拧到变速器法兰上

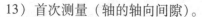

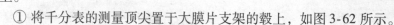

图 3-61　记录测量结果

图 3-62　将千分表的测量顶尖置于大膜片支架的毂上

② 提示：测量顶尖不得顶在卡环上。将千分表预调到 0 位，将双离合器用力向上抬到止动位置并记录测量结果。将该值称为"B"值。

15）现在计算待安装的调整垫片的厚度。请用以下公式：测量值"B" − 测量值"A" − 0.11 = 待安装的调整垫片厚度，记录测量结果。各调整垫片之间的差异为 0.05mm。测出调整垫片的厚度并选出与计算结果最接近的调整垫片的厚度，见表 3-1。

表 3-1 调整垫片的厚度

计算出来的调整垫片厚度	新调整垫片
1.28mm	1.3mm
1.26mm	1.3mm

16）拆卸旧的卡环，如图 3-63 中箭头所示。

17）根据测量厚度安装调整垫片。

18）检查测量。要核实调整垫片的厚度时，必须再次进行检查测量。将固定销 T10524 保留在安装位置上。

19）再次安装旧的卡环，如图 3-64 中箭头所示。

图 3-63 拆卸旧的卡环

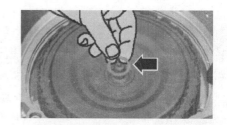

图 3-64 再次安装旧的卡环

20）将千分表的测量顶尖置于大膜片支架的毂上，如图 3-65 所示。提示：测量顶尖必须贴到调整垫片上。

21）将千分表预调到 0 位，将双离合器用力向上抬到止动位置并记录测量结果。将该值称为"C"值。

22）现在计算待安装的调整垫片的厚度。请用以下公式计算：测量值"C" − 测量值"A" = 规定值，该数值必须在 0.05 ~ 0.12mm 之间。

调整垫片

图 3-65 将千分表的测量顶尖置于大膜片支架的毂上

23）如果未达到规定值，那么通过安装一个厚的或薄的调整垫片使之达到规定值。

24）将从动盘装入双离合器中。在安装时注意：从动盘上的标记必须与外膜片支架上的标记对齐，使用补做的标记时也要满足这个要求。

25）安装离合器端盖。

⑤1 大众 02E 双离合器自动变速故障查询

（1）02E 变速器的故障查询 对于 02E 变速器进行故障维修前，必须要用大众专用诊断仪"引导型故障查询"功能快速准确地确定故障部位，如图 3-66 所示。故障查询前的了解，特别是变速器出现故障时，控制单元 J743 性能状态的表现极其重要。控制单元 J743 所使用的是研发成熟的软件，该软件可在毫秒内执行、监控和控制电气功能。最新变速器电子设备"必备的"所有功能都包含在该控制单元 J743 中。因此，在进行故障查询时必须注意到这一点。然而电子设备并非无所不能，如它无法通过电子方法识别到变速器壳体的液压渗漏部位或变速器液压油溢出部位，但它却可以通过电子监控功能识别到变速器润滑油容量不足所带来的影响。首先识别的就是"档位监控"故障并设置相应故障码，严重时控制单元甚至会做出切断两个离合器的工作而使车辆无法行驶。但有些时候也可能出现利用"引导型故障查询"功能也无法确定故障原因的情况。因此，电子控制系统会把故障类别进行细致划分，以方便什么样的故障对变速器工作的影响、情况、意义有所了解，并为下一步的维修提供方便条件。

（2）变速器发生故障时控制单元的表现 如果变速器中的部件发生故障，则控制单元使用替代功能作为响应。因为必须保护变速器，所以系统会做出 4 个级别的故障响应。

1）故障很小。以至于车辆用一个替代程序仍然能够行驶且行驶安全性也能确保，系统不会通过换档杆位置显示屏 Y6（故障指示灯）对驾驶人做出警示，显示屏正常地显示换档杆位置，但是驾驶人可能会察觉到行驶性能的改变。

2）换档杆位置显示屏 Y6 中的某个档位闪烁。提醒驾驶人此时不可能选择此档位。例如，在倒车过程中，换档杆在"R"位置且车辆正在向后行驶，如果此时选择了"D"档，换档杆位置显示屏 Y6 中的字母"D"就开始闪烁，如图 3-67a 所示。此时为了防止损坏变速器，控制单元阻止第 1 档的齿轮啮合，直到车辆停止运动之后，该档位才会啮合。如果还尝试着这样做，应当小心可能会导致变速器机械齿轮损坏的风险。

3）换档杆位置显示屏 Y6 全亮且闪烁，如图 3-67b 所示。被选择的换档杆位置已被识别且被高亮度显示。例如，齿轮油温太高，可能的原因是后部拖车中的负载太重或车辆前部后续加装的部件导致进入车辆的"冷却空气不足"等。

图 3-66　大众专用诊断仪 VAS5054 功能界面

a) 某个档位显示灯闪烁　　　b) 档位指示灯全部点亮且闪烁

图 3-67　故障显示

4）被选择的换档杆位置不能被识别，如图 3-68 所示。换档杆位置显示屏 Y6 闪烁，明显感觉到车辆行驶性能和换档行为的改变，车辆发生了严重故障，无法啮合入倒档，变速器的部分功能被关闭，此时必须立即对变速器进行维修。

（3）故障查询的特殊说明

1）选档杆显示，无倒档。选档杆位置显示所有部分同时全部亮起时，这表明此时变速器已经进入

图 3-68　无法识别档位显示

紧急运行模式无法再实现倒车功能，此时无倒档并不一定是倒档控制或执行部分出现故障了，而是一种保护模式。

2）Tiptronic 功能失效，无法正常换档。此时注意检查变速器上部选档杆拉索底座的防松垫片丢失或失去弹力。因为该垫片不可重复使用，如果再次使用可能由于"内应力"损失而容易脱落丢失。

3）"驱动力"不足，可能是因变速器润滑油缺少。在某些情况下可能会导致变速器润滑油溢出而缺少，此时不做添加即做其他项目往往都是徒劳的，因此必须按照标准流程进行变速器润滑油液位标准的检查及添加。

4）故障存储器未存储任何故障信息，但确实存在故障现象。在这种情况下确实需要有经验的维修技师的正确判断，经验表明，动力总成或其他部件引起的故障，经常归类为变速器系统故障。但系统与系统间的影响也不容忽视，如发动机动力问题（进气不足）引起的换档困难。此时各系统又没有记录相关故障信息，所以必须要把连带的系统故障查清楚再去考虑变速器。

5）故障存储器存储故障。首先了解故障存储器内存储的故障信息内容，然后结合实际故障现象进行综合性分析，同时可使用大众诊断系统中"引导型故障查询"功能查找到许多故障原因。

6）故障存储器存储"与变速器无关"的故障信息。例如，变速器控制系统存储"ABS信号缺失"而在其他系统也会出现"ABS信号缺失"的故障内容，此时不应再怀疑变速器系统存有故障。该记录仅表明，变速器控制系统（也可能还有其他控制系统）在等待通过总线传输的信号但未获得。在这种情况下，更有可能故障就是出在 ABS 系统，而不能过急地去拆卸变速器控制模块。

（4）基本设置和基本测量（匹配）　在进行 02E 变速器相关维修或更换相关部件时，必须要进行该变速器的"基本设置和基本测量"功能的实施，也相当于对该变速器进行匹配设置。当然这一功能必须要在利用良好的专用设备下完成，操作步骤如下：

① 步骤 1：进入"引导性功能"，选择相应的车型后单击"6 档直接换档变速器 02E"，便出现如图 3-69 显示的内容。接下来请务必根据屏幕所示要求进行操作。

② 步骤 2：单击"基础测量"，出现如图 3-70 所示界面。请举升车辆，车轮不能和地面有接触。

图 3-69　选择相应的车型

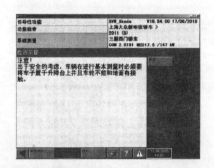

图 3-70　单击"基础测量"

③ 步骤 3：请检查一下条件是否满足，如果满足，则单击"是"，如图 3-71 所示。

④ 步骤4：完成上一步后如图3-72所示，依次有4组基本测量需要完成，首先单击"1"。

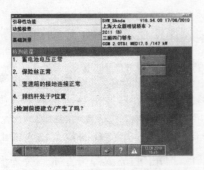

图 3-71　单击"是"

图 3-72　首先单击"1"

⑤ 步骤5：按照系统要求将档位放置在P档，拉紧驻车制动器，踩下制动踏板，起动发动机并保持发动机怠速运转，如图3-73所示。

⑥ 步骤6：接下来会在图3-74中显示基本测量的前提条件，如满足，请按"是"。

图 3-73　检测前提

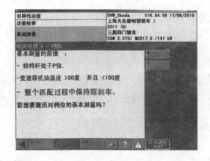

图 3-74　基本测量的前提条件

⑦ 步骤7：随后基础设定开始，如图3-75所示。请注意：在此过程中请务必踩住制动踏板，直到基本测量1结束。整个过程大约2min。

⑧ 步骤8：随后出现画面，基本测量成功，如图3-76所示。基本测量1结束，请按"是"。回到之前的界面，也就是匹配步骤4的界面。

⑨ 步骤9：接下来可根据屏幕提示要求进行其他3组基本测量，如图3-77所示，依次按顺序完成其他3项内容的匹配操作。请根据屏幕提示要求进行操作。

图 3-75　基础设定开始

图 3-76　基本测量成功

图 3-77　进行其他3组基本测量

52 0AM 变速器的匹配设置

针对大众/奥迪配备 DQ200（0AM）型干式双离合变速器的车辆，在完成相关系统备件的更换，包括变速器的修理后以及使用过程中出现的一些不良现象等，都要在专用设备下完成匹配设置功能，并在通过路试完成自适应学习环节后，车辆才有可能恢复到正常的运转状态中来。特别是在变速器系统作业中要十分留意，如在处理变速器的一个故障记录之后、在重新更换并安装一个变速器总成之后、在安装一个新的双离合器之后、或者是更换并安装一个机械电子单元 J743 之后等，都必须要完成变速器匹配设置功能。如大众 VAS5054 或 VAS6051 等匹配设置（基本测量或基本校准），具体操作步骤如下：

1）第一步：在双离合变速器液压油（阀体油）加注量满足的情况下（除了蓄压器内至少应该有 1L 的液压油量），且变速器电控系统中的故障存储器内无任何故障内容记录下请连接大众 VAS5054，并在发动机点火开关开通后进入 VAS5054 选项，并从"引导性功能"选项进入，如图 3-78 所示。

2）第二步：进入"引导性功能"后，首先显示出的是车辆信息选择页面，如图 3-79 所示。因为匹配 DQ200（0AM）型变速器的车型很多，如一汽大众、上海大众、进口大众、进口奥迪、斯柯达车型等，而在对应车型匹配当中，绝大多数都是小排量的 1.4T，也有少量的 1.6T 和 1.8T，那我们就按照实际车型信息选择即可。

图 3-78　引导性功能

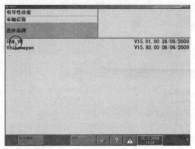

图 3-79　车辆信息选择页面

3）第三步：选择对应车型后又出现车辆年款信息的选择，目前是从 2009 年开始至当前，因为在国内只有在 2009 年之后的大众系列车型才选择搭载 DQ200（0AM）型干式双离合变速器，如图 3-80 所示。那么，我们就按照实际情况（通过车辆 VIN17 编码）选择年款信息。

4）第四步：车型年款选择完毕后，紧接着便是与变速器匹配的发动机代码及排放功率信息的选择，如 CFBA 发动机、1.4T 排量、输出功率 96kW 的迈腾轿车，如图 3-81 所示。

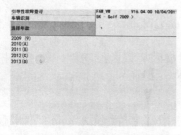

图 3-80　车辆年款信息的选择

图 3-81　发动机代码及排放功率信息的选择

5）第五步：当选择发动机信息后，接着出现的页面是该车所有系统的信息，如图 3-82 所示。既然要完成变速器的匹配设置功能，那么就直接选择"02-7 档双离合变速器 0AM"。

6）第六步：进入变速器系统后，首先页面给出 5 项内容，如图 3-83 所示，这里选择第四项"对 DSG 变速器的机械电子单元 J743 进行基本校准"。注意：操作诊断仪时可以双击选项内容，也可以单击后再单击图中右下方的三角箭头。

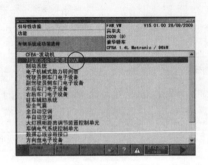

图 3-82　系统的信息

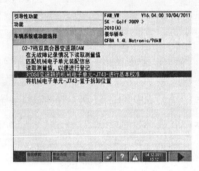

图 3-83　内容选项

7）第七步：当选择基本校准功能后，页面出现匹配条件的提醒信息，如图 3-84 所示。由于是在发动机未工作状态且点火开关打开的情况下进行该功能的实施，因此蓄电池电压一定要确保正常（可以临时找一备用电池），包括其他要求等。

8）第八步：此时做好匹配准备工作，连接诊断仪连线后才能将点火开关打开，如图 3-85 所示，同时使用制动踏板并再次确认选档杆位置是否在 P 档。注意：在整个匹配设置过程中不要松开制动踏板，同时不能移动选档杆。

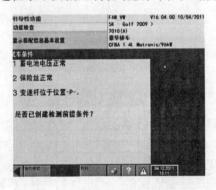

图 3-84　匹配条件的提醒信息

图 3-85　做好匹配准备工作

9）第九步：一切准备工作做好之后直接单击"完成"按钮，此时诊断仪便开始执行基本设置匹配功能，即基本测量，如图 3-86 所示。

10）第十步：诊断仪在进行基本校准过程中不要随意去破坏该匹配功能，如不要松开制动踏板，不能起动发动机，也不要随意改变选档杆位置等，否则会直接影响整个匹配过程的顺利进行，如图 3-87 所示。

11）第十一步：发动机点火开关打开状态的匹配时间一般都会持续 1~2min，如果顺利通过的话，诊断仪的页面会出现文字提示字样，如图 3-88 所示，即允许并要求起动发动机，但一定是怠速运转，此时我们依然保持不动状态并观察提醒内容。

图3-86　开始设置

图3-87　进行基本校准过程

12）第十二步：起动发动机怠速运转时，诊断仪重新进行一次有效的自检过程，因此诊断仪页面又会显示"请等待！正在进行变速器基本测量。"基本设置匹配成功后的提示如图3-89所示。

图3-88　发动机点火开关打开状态的匹配

图3-89　基本设置匹配成功后的提示

说明：针对2012年3月份以后生产的车辆，该变速器新增加了一个所谓"泄压功能"的软件，该软件的作用是为了防止车辆停止时间过长时，在高温、高湿、高压等条件下液压油中的"硼元素"容易形成硼结晶，从而影响变速器重新起动后的正常运转（结晶体会使油压调节阀发生黏滞）。所以在2012年3月份之后生产的车辆所匹配的0AM变速器中，电控系统会在车辆长时间停放中实施泄压过程。具体操作是这样的，控制单元通过2/4档同步器和5/7档同步器的连续动作，将变速器的两个子系统（奇数档和偶数档部分）主油压泄掉一部分，来保证变速器液压系统不存在高油压状态。但新的问题就有可能会时常出现，如果在泄压过程中某个同步器因压力问题而出现卡滞情况，那么结果就是当重新起动车辆后控制单元在确定两个预选档位时，结果出现了第三个档位的存在情况（如5/7档同步器卡在5档侧位置），此时如果立即挂档行驶，变速器则有可能会关闭双离合器，变速器进入故障模式。因此，在自检环节中带有泄压功能的车辆重新起动发动机后，不要急于挂档行车，第一，要留下充分的时间重新建立油压；第二，一旦油压满足，那么控制单元再去管理不应该出现的多余的"第三个预选档位"，将卡滞的同步器驱动至中间空档位置后，重新确认预选档位。

在执行 0AM 变速器匹配设置时，遇到中止代码，中止代码最通俗易懂的解释：出于安全考虑，计算机在执行自检时遇到的"困难"或遇到的"麻烦"，此时会以数字代码来显示，并做出分析，找出"困难"形成的基本原因。最常见的中止代码"8"如图 3-90 所示，接下来可以去中止代码解释库查找针对中止代码"8"的最合理解释及解决方案。通过中止代码库得知：代码解释是控制单元在基本测量中断系统准备 $P-$（油压）存储器超时，或在系统准备过程中未正确形成规定的泵压力或泵

图 3-90　常见的中止代码"8"

压力失真（$P > 5000kPa$）。在做基本设定前，由于油泵达不到预定的压力（至少 5000kPa 以上才行）而中止。可能原因是：蓄电池电压不足、连接线故障（虚接、接触不良）、控制油压不足等。除了这些可能原因之外，还有以下原因。

第一，由于更换完阀体后做基本设定时报出中止代码 8 的案例。经过研究发现，备件系统都有共同的特点：备件阀体的编码都是 7（7 代表机电总装线检测台的环境，17 代表变速器总装线检测台的环境，20 代表正常行车状态的环境。这些是正常行车的编码），而原车的编码都是 20，所以如果遇到这种情况，一般来说可以利用专用诊断仪直接把阀体的编码改成 20，然后再接着进行基本设定就可以了。

第二，有些时候由于蓄电池电量的问题（长时间处于点火打开状态，相当于始终在使用蓄电池而发电机又没有发电来补充），会需要用一块新的蓄电池来替换一下旧蓄电池来做基本设定才可以通过。所以，如果有更改过编码 20，然后做基本设定还有类似报错的，可以更换一块新的蓄电池试试（做完基本设定可以再换回来）。

第三，有可能是机电控制单元 J743 的安装问题。用 T10407 专用工具来调整（推杆安装没有调整到位，必要时左右掰动）一下即可，必要时重新安装机电。可以使用专用工具推压几次 K1 和 K2，确保双离合器从动缸推杆处于零点位置，再重新做设定，如图 3-91 所示。

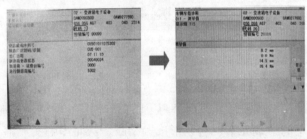

图 3-91　重新做设定

关于在维修中由于更换了全新的机电控制单元 J743 总成后，在匹配设置中出现"中止代码 8"的处理，其实很简单，可以通过大众专用诊断仪 5054 进入变速器系统直接进行编码改动即可，如图 3-92 所示。

注意：除了最常见的中止代码 8 之外，还有 100 和 101 也是比较常见的，两个中止代码的解释是：代码 100 是离合器行程斜率 14，离合器 K1 关闭超时。原因：在基本测量之前关闭离合器 K1

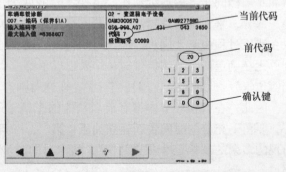

图 3-92　直接进行编码改动

当前代码

前代码

确认键

超时（10000ms），离合器行程 K1 小于极限值 20mm。代码 101 是离合器行程斜率 14，离合器 K2 关闭超时。原因：在基本测量之前关闭离合器 K2 超时（10000ms），离合器行程 K2 小于极限值 20mm。很显然，这两个中止代码都与离合器行程信息有关，所有可能的故障原因有离合器本身故障、离合器间隙不正确或机电控制单元故障等。

53 自动变速器、DSG 变速器故障检修

（1）迈腾在 D 档无法自动换档故障

1）故障现象：一辆 2015 款迈腾在 D 档行驶时无法自动换档，变速器只能以 2 档应急行驶。故障现象偶尔出现，出现故障后，如果关闭发动机再重新起动，则故障现象可以消失。读取故障码如图 3-93 所示。

2）故障诊断：自诊断故障码为 P173A，档位调节器的行程传感器信号不可靠。将故障点指向 1/3 档换档拨叉的位置传感器，该传感器的布置方式如图 3-94 所示。

图 3-93　变速器控制单元内存储的故障码　　　图 3-94　1/3 档换档拨叉位置传感器的布置

1/3 档换档拨叉位置传感器与机电控制单元（滑阀箱）制成一体，如图 3-95 所示。机电控制单元通过活塞推动换档拨叉移动，拨叉带动同步器齿毂进行档位选择。传感器 G488 负责将换档拨叉的实际位置传递给变速器控制单元，变速器控制单元依据此信号对换档拨叉进行闭环控制。

分析发生故障时变速器的状态参数，数据流的截图如图 3-96 所示。

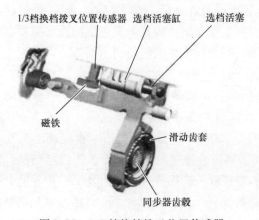

图 3-95　1/3 档换档拨叉位置传感器　　　　　图 3-96　数据流

发生故障时，系统供油压力为4850kPa，在正常值范围内。而1/3档换档执行器的实际位置值为4.5mm，这个数值是有问题的。正常情况下，当G488数值为8～9mm时换档拨叉处于1档位置；数值为－0.2mm左右时换档拨叉处于空档位置；数值为－9～8mm时换档拨叉处于3档位置。

G488显示4.5mm说明：1/3档换档拨叉处于1档和空档之间的某一位置。当出现此不可信位置信号后，为保护变速器机械部分，变速器控制单元关闭变速器传输部分1，K1离合器断开，1、3、5、7等奇数档无法接合。变速器在D档行驶时无法正常换档。

分析可能导致换档拨叉位置错误的原因有：

① 变速器机械部分故障，换档拨叉移动受阻。

② 选档活塞故障，无法正确移动拨叉。

③ 换档拨叉位置传感器故障，传递错误信息。

拆下滑阀箱总成，用手推动1/3档换档拨叉，未发现有卡滞现象。检查滑阀箱中1/3档换档拨叉控制活塞，O形圈、油封、导向套以及活塞杆等部位均未发现异常，如图3-97所示。

目测检查机电控制单元上的1/3档换档拨叉位置传感器G488，未发现异常。因其与机电控制单元制成一体，传感器与控制单元之间无线束连接，发生电路故障的可能性较低。

检查1/3档换档拨叉，发现传感器磁铁支架有轻微变形，如图3-98所示。

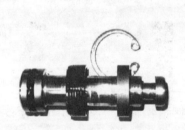

图3-97　1/3档换档拨叉控制活塞

图3-98　传感器磁铁支架轻微变形

该变速器曾因壳体撞裂进行过维修。磁铁支架变形可导致磁铁与传感器G488的相对位置发生变化。如同ABS传感器与靶轮间隙超差后会导致轮速信号异常一样，磁铁位置超差同样可能导致1/3档换档拨叉位置信号失常。参照正常车辆，调整1/3档换档拨叉磁铁支架后，试车故障未出现。频繁出现早晨起动车辆后，组合仪表中的档位指示闪烁，车辆无法行驶。关闭钥匙门再次起动车辆，又恢复正常。

自诊断检查，有偶发的故障码，如图3-99所示。本次故障码与第一次进厂维修时的故障码不同，内容都是档位无法挂接。检查发生故障时的变速器数据流截图，如图3-100所示。从数据中可以看出，在发生故障时系统压力是2800kPa，低于正常值。换档杆位于R档位置，1/3换档执行器实际位置是－9.0mm，同步器齿毂挂接在3档，而5/7档换档执行器实际位置是－8.0mm，同步器齿毂挂接在7档。变速器传输部分1有3档及7档齿轮同时挂接，机电控制单元由于压力低而无法控制各换档拨叉移动到正确位置，此时控制单元切断离合器防止发生机械损伤，所以车辆无法行驶。检查滑阀箱中的油液发现，与1L的标准油量相比较，油液缺少近1/4，如图3-101所示。该变速器的机电控制单元有泄压功能。所以长时间停车后再次起动车辆时需要重新建立油压。拆装机电控制单元过程中，造成了油液的缺失，压力建立速度变慢。变速器控制单元在自检过程中无法使各换档拨叉处于正确位置，进而设置了上述档位无法挂接的故障码并使车辆无法行驶。当关闭钥匙门再次起动车辆时，在前次建立压力基础上，油泵的继续运转使压力达到正常。控制单元有能力使各换档拨叉回到正确的位置，通过了自检，变速器恢复正常运转。正确添加滑阀箱油液后故障彻底排除。

地址列：02 系统名：02 - 7挡直接换挡变速器(DSG)0AM 协议改版：KWP2000/TP20		
硬件零件号:	0AM927769D	
软件零件号:	0AM300054B	
硬件版本号:	43	
软件版本号:	3642	
总成号:		
设码:	20	
可擦写性:	可擦写	
系统名称:	GSG DSG AG7 431	
事件存储器条目		
编号:	P072D00 (P072D): 2挡无法挂接	
故障类型 1:	不可信信号	
故障类型 2:	偶发	
标准环境条件:	日期:	2013-11-1
	时间:	上午6:59
	行驶里程:	18549
	优先等级:	0
	频率计数器:	2
	忘记计数器/驾驶周期:	27
事件存储器条目		
编号:	P073B00 (P073B): 6挡无法挂接	
故障类型 1:	不可信信号	
故障类型 2:	偶发	
标准环境条件:	日期:	2013-10-30
	时间:	上午7:37
	行驶里程:	18456
	优先等级:	0
	频率计数器:	1
	忘记计数器/驾驶周期:	21

图3-99 故障码

235_1快照1故障识别	296	235.1
235_2快照1里程数	18870 km	235.2
235_3快照1计数器	5	235.3
235_4快照1压力供给实际压力	28.0 bar	235.4
236_1快照1换挡杆位置	R	236.1
236_2快照1车辆离合器	0x0014	236.2
236_3快照1目标挡位	R	236.3
236_4快照1挡位	N	236.4
237_1快照1 RPM驱动	832.0 /min	237.1
237_1快照1 RPM驱动	0.0 /min	237.2
237_3快照1 RPM轴1	0.0 /min	237.3
237_4快照1 RPM轴2	0.0 /min	237.4
238_1快照1换挡执行器1-3实际位	-9.0 mm	238.1
238_2快照1换挡执行器2-4实际位	-0.2 mm	238.2
238_3快照1换挡执行器5-7实际位	-8.0 mm	238.3
238_4快照1换挡执行器6-R实际位	0.3 mm	238.4

图3-100 数据流

3）故障排除：排除0AM变速器故障时，应充分利用其自诊断功能。在关注故障码的同时，注意观察故障发生时变速器的参数，可为故障排除找到“捷径”。

（2）大众CC发动机不能起动和P档不能移出故障

1）故障现象：一辆2016年生产的大众CC轿车，装配CGMA 1.8TSI发动机，搭载0AM双离合变速器，并配一键起动系统，行驶2000km，据车主反映该车发动机不能起动，变速器换档杆不能从P档位移出。

图3-101 检查滑阀箱中的油液

2）故障诊断：按下起动开关，发动机不能起动时，起动机不转，但是组合仪表上的指示灯都正常亮起，换档杆不能从P档位移出。接下来使用车辆诊断仪VAS6150检查网关安装列表中的故障，发现发动机电子设备、制动器电子设备、驻车制动器、驻车辅助装置、仪表板、电子中央电气系统与数据总线诊断接口（网关）存在故障，如图3-102和图3-103所示。

检查发动机电子设备的故障码及含义，发现存在1个故障码49409，含义为：失去与TCM的通信（间歇式），如图3-104所示。检查制动器电子设备的故障码及含义，发现存在3个故障码。故障码01315含义为：变速器控制单元无信号/通信（间歇式）；故障码01325含义为：轮胎压力监控器控制单元无信号/通信（间歇式）；故障码01826含义为：转向角传感器G85，供电电压端子30（间歇式），如图3-105所示。检查驻车制动器的故障码及含义，发现存在1个故障码U111100，含义为：由于信息缺失而造成功能受限（被动/偶发），

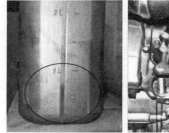

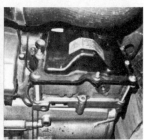

如图 3-106 所示。检查驻车辅助装置的故障码及含义，发现存在 1 个故障码 U112100，含义为：数据总线缺失信息（被动/偶发）。检查仪表板的故障码及含义，发现存在 1 个故障码 U111100，与驻车制动器的故障码相同。检查电子中央电气系统与数据总线诊断接口（网关）的故障码为 01315，含义为：变速器控制单元无通信（偶发）。

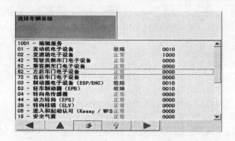

图 3-102　网关安装列表中的故障 1

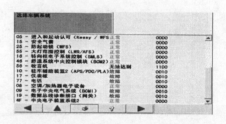

图 3-103　网关安装列表中的故障 2

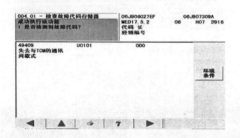

图 3-104　发动机电子设备的故障码及含义

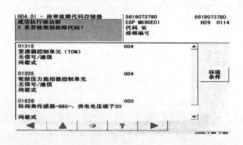

图 3-105　制动器电子设备的故障码及含义

由于该车现在没有出现故障，所以故障码的状态是间歇式。经检查故障码的含义，初步分析造成该故障的原因是变速器控制单元无通信。造成变速器控制单元无通信的原因可能是给变速器控制单元的供电存在断路或控制单元自身存在故障等。经过查看电路图（图 3-107），变速器的供电分为 30 号及 15 号，30 号供电线路是：蓄电池正极→发动机舱左侧熔丝支架上

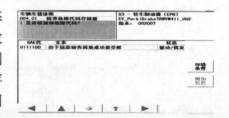

图 3-106　驻车制动器的故障码及含义

的熔丝座 A→发动机舱左侧熔丝支架上熔丝 SB6→变速器控制单元 T25/25。15 号供电线路是：总线端 15 供电继电器→仪表板左侧熔丝支架上的熔丝 SC21→变速器控制单元 T25/10。首先检查 15 号供电，拔下熔丝 SC21 检查没有断开，检查 SC21 的插脚，发现插脚的开口有些过大，检查对应插脚孔过大的对应的熔丝的插脚，插接时松动，表明接触不实。拔下 SC21 按下起动开关，发现组合仪表上的指示灯亮起，尝试起动发动机，发现起动机不转，换档杆不能从 P 档位移出，检查故障码的状态已变为静态，表明故障可能是熔丝的插脚开口过大导致。

3）故障排除：对变速器熔丝的插脚进行修复。

（3）迈腾突然失去动力故障

1）故障现象：一辆 2016 年产的一汽大众迈腾 2.0TSI 轿车，搭载 02E 型 6 档直接换档变速器，行驶里程 3 万 km。用户反映该车冷车行驶一切正常，但行驶 2km 后，车辆会突然

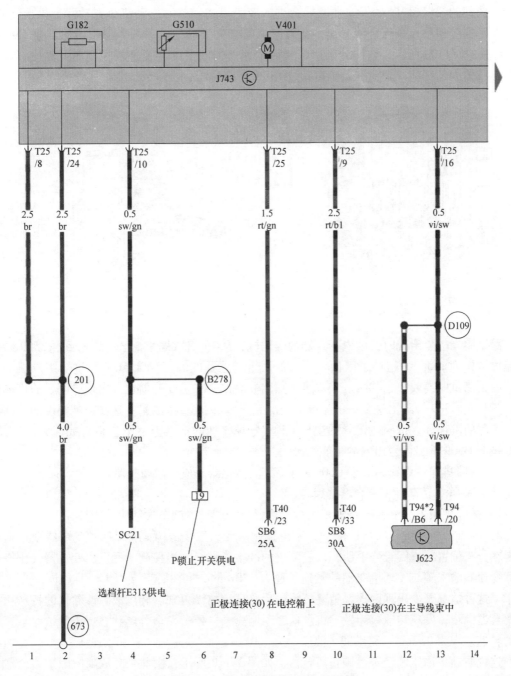

图 3-107 变速器控制单元供电电路

之间失去动力，同时仪表板上档位显示区变成红屏。

2) 故障诊断：维修人员用故障诊断仪读取故障码，故障码提示，变速器油温传感器 G509 监测到高温。02E 型变速器设有 3 个温度传感器。一个是多片湿式双离合器工作温度传感器 G509，它的作用是通过监测离合器外缘处变速器油液的温度，来防止离合器出现过热。它与变速器输入转速传感器 G182 集成在一起，如图 3-108 所示。

检测到的油温超过160℃，变速器会进入应急模式。这时发动机会自动降低输出转矩，同时变速器控制单元令离合器分离，此时车辆便会失去动力。另两个温度传感器是 G93 和 G510，如图 3-109 所示，它们分别用于检测变速器油液温度和变速器控制单元温度，如果两个传感器中的任何一个检测到温度超过 145℃，变速器也会进入应急模式。

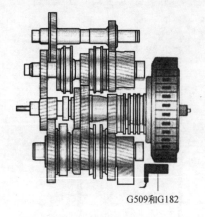

图 3-108　离合器温度传感器位置

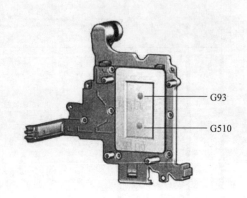

图 3-109　变速器油温传感器的位置

路试中当故障出现时，读取变速器的数据流，从 19 组数据第 3 区可以看到，G509 给出的温度数据为 165℃，超过了限值。而其他两个传感器的温度仅为 50℃。这一结果很不正常，一是路试距离较短，其间从未有过激烈驾驶动作，二是变速器也未出现过明显的打滑现象。为什么 G509 会给出这么高的温度呢？况且，G509 是直接测量变速器油液温度的，油液在变速器内部循环，按照热传导的规律 G509 与 G93 处的油液温度不应该有如此大的温差。由此推测 G509 输出信号出错的可能性较大。

3）故障排除：更换集成了 G509 和 G182 的传感器总成，故障排除。

（4）科鲁兹轿车锁止离合器烧毁

1）故障现象：一辆科鲁兹轿车，行驶里程 10 万 km。该车发动机故障灯亮。

2）检查分析：维修人员检测动力系统控制单元，发现故障码 P0741 - 变矩器锁止离合器卡在分离位置。查阅维修手册，该故障码的产生条件是，当控制单元发出变矩器锁止指令后，变速器输入轴与发动机曲轴的转速差超过 130r/min，并持续 5s 以上，且在同一点火循环中，这种情况至少出现两次。清除故障码后路试，故障再现。利用故障诊断仪的特殊功能使离合器锁止，发现转速差为发动机怠速，说明离合器处于完全分离状态。正常情况下，此时的转速差应为 0r/min。测量锁止油压，为 500kPa，正常。

这说明锁止油压已经送达锁止离合器，如图 3-110 所示，由此判断故障原因是离合器烧毁。解体变速器检查，发现油液很脏，说明有摩擦材料烧毁了。检查发现油泵的轴颈上有明显的烧蚀现象，如图 3-111 所示，说明变速器经历过高温。剖开变矩器检查，发现离合器已经完全烧毁。为了彻底查明故障的原因，又检查了锁止离合器的控制元件，发现相应的柱塞已经出现磨损，这是导致离合器烧蚀的直接原因。

3）故障排除：修复阀体后更换变矩器及散热器，故障彻底排除。

（5）变矩器单向离合器卡滞故障

1）故障现象：一辆雷诺纬度轿车，搭载 2.5L V6 发动机和 6 档自动变速器，行驶里程

5 万 km。该车将加速踏板踩到底，最高车速也就能达到 80km/h。

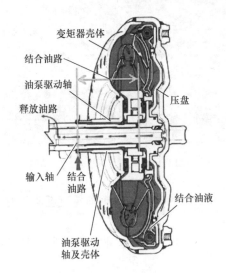

图 3-110　锁止离合器的油路

（标注：变矩器壳体、结合油路、油泵驱动轴、释放油路、输入轴、结合油路、压盘、结合油液、油泵驱动轴及壳体）

图 3-111　轴颈烧蚀的痕迹

2）检查分析：维修人员接车后带着雷诺专用诊断仪进行路试。最初，车辆在 50km/h 以下的低速行驶时一切正常，但当车速超过 50km/h 后，明显感觉车辆加速无力，无论是缓慢踩下加速踏板，还是直接将加速踏板踩到底，车速提升都非常缓慢。当发动机转速达到 3000r/min 左右，车速达到 80km/h 后，就再也加不上速了。通过强制降档使发动机转速达到 4000r/min，但车速依旧无法提升。使用诊断仪检测发动机控制单元和变速器控制单元，均无故障码存储。查看变速器控制单元数据流中的"变矩器"一项，随着车速可以正常显示"打开""滑移"和"关闭"，在车速为 50km/h 左右时显示为"关闭"，正常。

将车开回检查变速器油量和油温都满足失速试验条件，于是进行失速试验，发现 D 档的失速转速为 1750r/min，R 档的失速转速同样也是 1750r/min，而正常值应为 2290～2590r/min，转速相差超过 500r/min，试验结果明显低于标准值。

其中指出可能导致 D 档、R 档的失速转速均偏低的失效部位是变矩器单向离合器。但是，必须要明白的是，如果发动机动力不足，同样也会造成自动变速器的失速转速在 D 档和 R 档下均过低。因此，必须要首先排除发动机故障的干扰。至此感觉发动机方面应该不存在问题，故障的原因应该是变矩器的单向离合器存在卡滞。

3）故障排除：更换液力变矩器总成，如图 3-112 所示，车辆恢复正常使用。

（6）配备 AQ160 变速器的车辆组合仪表不显示档位信息

1）故障现象：配备 AQ160 变速器的车辆（新波罗、新桑塔纳、朗逸等）组合仪表不显示档位信息，如图 3-113 所示。

2）故障诊断：用 ODIS 检查，发现"02 变速器

图 3-112　液力变矩器总成

电子装置"中存储了故障码"P070900（00293）行驶档位传感器断路"。检查多功能开关F125的线路、装配位置及固定螺栓拧紧扭矩，均正常。更换F125后试车，故障依旧。

3）解决方法：按以下步骤调整换档杆拉索。

① 将换档杆切换至P档。

② 松开换档杆拉索的固定螺栓。

③ 将变速器上的换档轴拨杆置于P档（向后压拨杆）。

图3-113　组合仪表不显示档位信息

④ 为了确保变速器处于P档（驻车锁锁止），举升起车辆，转动两个前轮直至听到驻车锁啮合的声音。

⑤ 轻轻向前和向后推动换档杆（不要移出P档），然后以12N·m的扭矩拧紧换档杆拉索固定螺栓。

（7）汉兰达车挂倒档时R档与D档档位灯同时亮

1）故障现象：一辆2015年广汽丰田汉兰达车行驶里程约为5万km，该车在行驶过程中发动机故障灯点亮，挂倒档时R档与D档档位灯同时点亮。

2）故障诊断：首先验证故障现象，将换档杆挂入倒档，的确发现R档与D档档位灯同时亮，如图3-114所示，但挂D档时R档档位灯不亮，且仪表盘上的发动机故障灯点亮。用IT-Ⅱ读得的故障码为P0705，含义是变速器档位传感器电路故障。根据故障码分析可能的故障原因有档位开关位置错误、档位开关总成故障、自动变速器控制单元（TCM）故障或相关线路故障。

用IT-Ⅱ读取动态数据流如图3-115所示，发现在挂倒档时"Shift SW Status（R gear）"（档位开关状态-R档）和"Shift SW Status（D gear）"（档位开关状态-D档）同时显示"ON"，不正常。正常情况下应该是换档杆挂到哪个档位上哪个档位显示"ON"。松开档位开关导线插接器，接通点火开关（ON位），根据档位开关电路（图3-116）测量端子B5-1与车身搭铁之间的电压，为电源电压，正常；松开档位开关调整螺钉，把换档杆置于R档，慢慢左右移动档位开关，R档与D档档位灯常亮，无变化。拆下档位开关挂到R档位置，测量档位开关端子B5-1与端子B5-2之间的电阻，小于1Ω，正常；挂到D档位置上，测量档位开关端子B5-2与端子B5-7之间的电阻，小于1Ω，正常。更换档位开关后试车，故障没有排除。将点火开关置于ON位，断开TCM导线插接器，将档位开关挂到R档，测量端子B5-2、TCM15（R）与车身搭铁之间的电压，为电源电压，测量端子B5-2、TCM16（D）与车身搭铁之间的电压，为7V，不正常。将档位开关挂到D档，测量端子B5-2、TCM16（D）与车身搭铁之间的电压，为12V，测量端子B5-2、TCM15（R）与车身搭铁之间的电压，为0V，正常。为什么R档能导通而D档不能导通呢？挂到R档，用手摆动TCM导线插接器时D档位灯会闪烁，这说明TCM导线插接器有问题，将TCM导线插接器拆开后发现，端子B5-2与TCM16出现铜绿，正好与R档的端子B5-2与TCM15相通。

3）故障排除：将端子B52-16处的铜绿处理好并恢复所有线路连接后试车，故障排除。

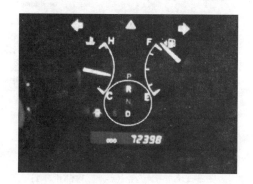

图 3-114　挂倒档时 R 档与 D 档档位灯同时亮

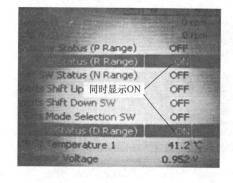

图 3-115　IT–Ⅱ读取的动态数据流

（8）名爵 MG6 车档位显示 EP 故障

1）故障现象：一辆名爵 MG6 车，车辆有时无法起动，仪表盘档位显示 EP，如图 3-117 所示。有时起动后自动变速器故障灯点亮，档位在 P 档时 W 档指示灯点亮，如图 3-118 所示，无法正常挂档行驶。

2）故障诊断：该车起动后一切正常。因客户反映自动变速器故障灯常点亮，故用 T5 故障检测仪进行诊断，发现自动变速器控制单元内无任何故障码存储。

起动车辆，档位显示 EP 故障再现，用故障检测仪读取自动变速器的故障码，显示通信异常，通过扫描整车，发现除自动变速器控制单元（TCM）通信异常外，其余均可通信，发动机控制单元（ECM）内存储有故障码 P0693、P0691 和 P0646，如图 3-119 所示。因通信异常，故根据电路图（图 3-120）用

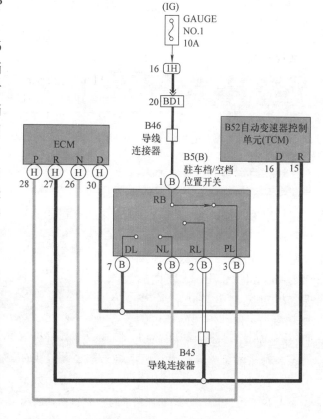

图 3-116　档位开关电路

万用表对相应熔丝及 TCM 的电源端子 EB052 – 6 及端子 EB05294 进行了检查，发现均有 12V 电压，搭铁也正常，但是，在测量线束端子结束后车辆却突然恢复正常，因当时触动了 TCM 的导线插接器，故怀疑 TCM 导线插接器接触不良，但多次晃动线束后故障并未再现。用 T5 故障检测仪进行检测，自动变速器控制单元内无任何故障码存储，之后对该车进行了整车清码。

图 3-117　仪表盘档位显示 EP

图 3-118　档位在 P 档时 W 档指示灯点亮

控制器名称：发动机管理模块1.8VCT
控制器版本信息：

硬件号	软件号	标定号	Voleano号
3000003401	1006892701	1006892901	1000198701

故障码

故障码	故障码描述	故障码状态
P0693	冷却风扇继电器控制电路对地短路(高速)	42
P0691	冷却风扇继电器控制电路对地短路(低速)	42
P0646	A/C压缩机继电器控制电路对地短路	42

图 3-119　发动机控制单元中存储的故障码

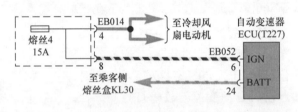

图 3-120　自动变速器控制单元（TCM）供电电路

反复起动车辆并试车，档位一切正常，过 30min 后再次起动车辆，故障再现，此时用 T5 故障检测仪再次进行了检测，发现 ECM 内的故障码再现，TCM 无法通信，此次用试灯测试，发现端子 EB052 - 6 无电源。因 ECM 内的故障码再现，故对风扇电路进行检查，发现 TCM 和冷却风扇共用的发动机熔丝盒内的 F4 熔丝如图 3-121 所示，晃动 F4 熔

图 3-121　F4 熔丝的位置

丝，自动变速器故障灯熄灭，档位显示正常。最终检查确认为 F4 熔丝接触不良。

3）故障排除：修复发动机室熔丝盒对应的插孔，确认与熔丝接触良好后试车，故障排除。

（9）名爵车 DCT 自动变速器一直处于 D1 档故障

1）故障现象：一辆装备 DCT 自动变速器的名爵轿车，仪表信息中心的自动变速器故障灯点亮，车辆行驶中，自动变速器档位一直处于 D1 档，最高车速为 20km/h。

2）故障诊断：用 VDS 检查，得到的故障码为 P1861 和 P1827，如图 3-122 所示。故障码 P1861 为历史故障，清除后未能重现，故障码 P1827 无法清除，查看该车自动变速器数据和故障数据帧发现，自动变速器换档杆位置在 P 档时 2/4 档拨叉位置显示处于 95.81%，如图 3-123 所示，故障数据帧中 2/4 档显示"故障"（图 3-124），而正常车辆的拨叉位置为

25.97%，如图 3-125 所示。查阅维修手册中的标准值，20% 左右时为 2 档，50% 左右时为空档，80% 左右时为 4 档，结合诊断手册可以判断该车数据 95.81% 已经超出实际 4 档位置。结合电路图（图 3-126）检查相关线路，断开蓄电池负极桩头、自动变速器控制单元的 EB071 导线插接器和阀体控制单元的 EB070 导线插接器，测量导线插接器 EB071 的端子 12 至导线插接器 EB070 的端子 8 之间的线路，没有断路、短路现象，测量两个端子之间的电阻，为 3.4Ω（正常值应小于 5Ω），正常。连接蓄电池负极后接通点火开关，根据电路图测量导线插接器 EB070 的端 6 与搭铁之间的电压，为 5V，正常，测量阀体的线束插接器 EB070 的端子 8（2/4 档位置传感器信号）与搭铁和电源之间的电阻，为 ∞，正常。

序号	故障码	故障类型	定义	状态	MIL 灯
1	P1861	92	换档拨叉的运动与目标档位不一致（多路阀1）	历史	
2	P1827	29	2/4 档位置传感器信号超出工作范围（电路故障）	当前	

图 3-122　VDS 读取的故障码

远中显示项		
项目	数值	单位
奇数离合器压力	0.875	巴
偶数离合器压力	0.875	巴
1/3 档拨叉位置	51.71	%
2/4 档拨叉位置	95.81	%

图 3-123　故障车自动变速器数据

故障码		定义	
P1827		2/4 档位置传感器信号超出工作范围（电路故障）	当前
序号	项目	数值	单位
1	蓄电池电压	12.0	伏
2	里程表读数	5	千米
3	全局点火状态-辅助	关闭	
4	全局点火状态-运行	打开	
5	全局点火状态-发动机运行中	关闭	
6	全局点火状态-点火	关闭	
7	发动机冷却液温度	18	摄氏度
8	2/4 档拨叉位置	95.79	%
9	2/4 档拨叉位置故障状态	故障	
10	离合器温度传感器输出电压	1	伏
11	阀体温度	17	摄氏度
12	电磁阀温度原始值	17.12	摄氏度

图 3-124　自动变速器故障数据帧

数据串显示		
项目	数值	
偶数档换档中	关闭	
奇数档换档中	关闭	
奇数离合器压力	0.875	巴
偶数离合器压力	0.875	巴
1/3 档拨叉位置	50.68	%
2/4 档拨叉位置	25.97	%

图 3-125　正常车自动变速器数据

准确地判断故障点，对该车 2/4 档位置传感器导线插接器 EB071 的端子 12（信号线）用示波器测量其信号波形（图 3-127），发现和正常车测出的波形（图 3-128）有明显差异。怀疑故障点为拨叉位置传感器（永磁式非接触线性位移传感器）相对应的在拨叉上安装的磁铁脱落，图 3-129 所示为正常车辆磁铁安装在 2/4 档拨叉上的位置，由于自动变速器不得拆卸，故无法进一步检查。

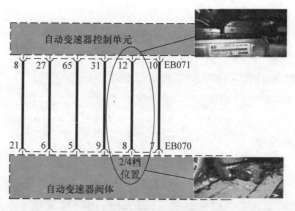

图 3-126　自动变速器阀体和自动变速器控制单元之间的连接电路

3）故障排除：对自动变速器进行拆解检查，果然发现自动变速器安装在 2/4 档拨叉上的磁铁有问题，正确安装后试车，故障排除。

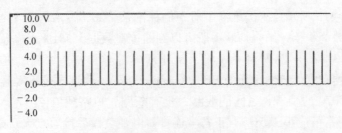

图 3-127　故障车 2/4 档位置传感器信号波形

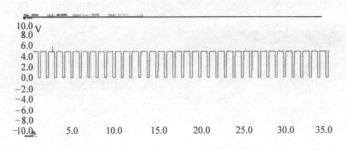

图 3-128　正常车 2/4 档位置传感器信号波形

（10）凌渡车更换 DQ380 变速器后发动机无法起动着机

1）故障现象：在更换 DQ380 变速器后，发动机将无法起动着机。

2）原因分析：更换 DQ380 变速器后，若不进行防盗锁止系统匹配，发动机将无法起动着机，且变速器电控系统中会存储故障码 P170100，含义为停用变速器控制单元。

3）解决方法：按照以下步骤进行防盗锁止系统匹配即可。

① 登录 ODIS 系统，启用诊断功能。

② 识别车辆 VIN 码和相关控制单元后，单击"特殊功能"选项卡，如图 3-130 所示。

③ 选择"0025 - 发动机防盗锁止系统功能→0025 匹配防起动锁"后单击左下角"进行检测"按钮即可。

（11）自动变速器离合器片打滑故障

1）故障现象：一辆科鲁兹轿车，搭载 GF6 型自动变速器，行驶里程 12 万 km。用户反映该车发动机制动滑行阶段，发动机转速在不停地波动。

2）检查分析：试车发现，该车在以 3 档滑行的阶段，由于离合器的打滑造成发动机的负荷变化，从而导致发动机转速的波动。怀疑变速器，因此决定对变速器进行解体检查。

图 3-129　正常车辆磁铁安装在 2/4 档拨叉上的位置

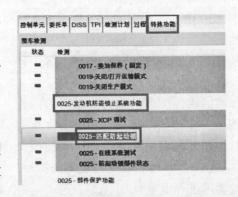

图 3-130　防盗锁止系统匹配界面

解体变速器后发现，该车离合器所用的摩擦片与原厂片差别明显，如图3-131所示。分析认为，由于离合器所提供的摩擦力不足，在发动机制动阶段，离合器出现了打滑现象，导致了用户所反映的故障现象。

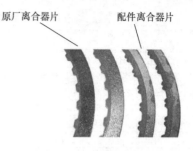

3）故障排除：更换原厂离合器片，试车确认故障排除。

（12）发动机与驱动车轮之间的传动无法切断故障

1）故障现象：换档杆位于 P 档位置或 N 档位置

图 3-131　离合器片的对比

时，发动机与驱动车轮之间的传动无法切断，发动机无法起动，行驶里程 3000km。

2）故障诊断：利用诊断仪未检测到变速器系统故障码。该车采用 0AM 型 7 速 DSG 变速器。变速器的两个离合器分别控制奇数档与偶数档及倒档的转矩输入，把变速器分成了变速器 1 和变速器 2 两个部分。车辆行驶过程中，变速器控制单元根据换档杆位置、制动压力、车速、发动机转速、加速踏板位置、发动机输出转矩等信息，控制变速器两个离合器及各档位拨叉。一个离合器接合，使相应的变速器处于当前档位传递动力，另一个离合器断开，使相应的变速器挂入临近档位。通过两个离合器的交替接合，变速器实现自动换档。

DSG 变速器中的传动齿轮、换档拨叉、同步器等部件，与传统的手动变速器相应部件的结构基本相同，如图 3-132 所示。

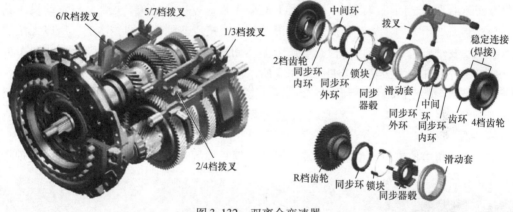

图 3-132　双离合变速器

正常情况下，变速杆位于 P 档及 N 档位置时，机电控制单元使两个离合器处于分离状态。换档杆位于 P 档时，机电控制单元控制变速器预先挂入 1 档及倒档。变速杆推入 N 档后，在发动机运转时变速器预先挂入 1 档，关闭发动机后，变速器预挂档位是 1 档及倒档。

该车的故障现象是换档杆位于 P 档或 N 档时动力传递无法切断，根据上述 0AM 变速器基本传动原理分析，可能的故障原因有：

① 离合器总成自身故障。离合器 K1 或离合器 K2 锁死，且变速器传动部分有预挂档位，处于非空档状态，故而动力传递无法中断。

② 机电控制单元故障。离合器操作从动缸使离合器处于接合状态。

0AM 变速器的机电控制单元有完善的自诊断功能，充分利用故障码及数据流可提高故障判断效率，但前提条件是要对控制系统的结构有一定了解。

故障车辆与正常车辆变速器控制单元数据流对比见表 3-2。

表 3-2　故障车辆与正常车辆变速器控制单元数据流对比

数据流定义	故障车辆数据	正常车辆数据
4_ 1E313 换档杆位置	P	P
91_ 2 离合器踏板位置（CPP）传感器 1 – G617	7.5mm	1.7mm
111_ 2 离合器踏板位置（CPP）传感器 2 – G618	2.0mm	2.0mm
130_ 1 档位距离传感器 1 – G487 1/3（目标位置）	12.8mm	12.8mm
130_ 2 档位距离传感器 1 – G487 1/3（实际位置）	8.6mm	8.6mm
140_ 1 档位距离传感器 2 – G488 2/4（目标位置）	−0.2mm	−0.1mm
140_ 2 档位距离传感器 2 – G488 2/4（实际位置）	−0.2mm	−0.1mm
150_ 1 档位距离传感器 3 – G489 5/7（目标位置）	−0.2mm	−0.3mm
150_ 2 档位距离传感器 3 – G489 5/7（实际位置）	−0.2mm	−0.3mm
160_ 1 档位距离传感器 4 – G490 6/R（目标位置）	12.8mm	12.8mm
160_ 2 档位距离传感器 4 – G490 6/R（实际位置）	8.3mm	8.3mm

通过数据流可得到以下两点信息：

① 故障车辆换档杆位于 P 档位置时，1/3 档换档拨叉位置传感器 G487 的实际位置数值是 8.6mm，说明变速器 1 挂入了 1 档。

② "91_2 离合器踏板位置（CPP）传感器 1 – G617" 数值为 7.5mm，正常车辆该组数据是 1.7mm，说明为变速器 1 输入转矩的离合器 K1，处于接合位置。

通过上述数据可以分析出变速器机械部分的状态是：换档杆位于 P 档位置，变速器的输出轴与变速器壳体之间机械锁止。变速器 1 的输入轴通过接合的离合器 K1 与发动机飞轮连接，变速器 1 处于 1 档。从发动机飞轮输出的转矩直接传递到变速器壳体上，所以无法通过起动机起动发动机。举升车辆，检查双离合器驱动从动缸的推杆状态，发现离合器 K1 的接合杆被一钢片卡住，无法复位，如图 3-133 所示。

离合器驱动从动缸推杆是利用接合杆压力复位的，推杆一直处于伸出状态。移动推杆，无卡滞现象，推杆复位后，"111_2 离合器踏板位置（CPP）传感器 2 – G618" 数值为 2.0mm 左右。

初步分析机电控制单元正常，故障点是离合器总成故障。拆解双离合器总成，发现钢片的来源，如图 3-134 所示。

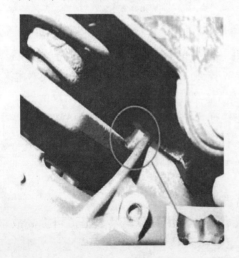

图 3-133　钢片位置

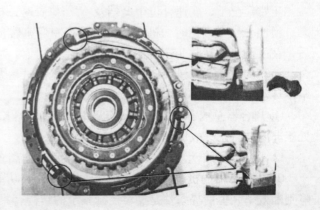

图 3-134　离合器

双离合器主动盘与离合器 K1 压盘之间，在圆周方向均布三个弹性连接钢片，其中一个折断脱落，卡在了离合器 K1 的接合杆与壳体之间。更换离合器总成，升级机电控制单元软件后故障排除。

54 09G 自动变速器阀体、油泵结构

离合器和制动器等换档元件由阀体通过液压阀控制。这些液压阀由电磁阀激活，电磁阀由变速器控制模块 TCM J217 激活，如图 3-135 所示。

除了控制换档元件之外，阀体还控制变矩器锁止离合器和变速器油（ATF）压力。例如，主油压、控制油压、变矩器油压、润滑油压。阀体包含以下组成元件：

1）机械操作的手动阀。

2）液压控制电磁阀。

3）六个电控压力控制阀。

4）变速器油温传感器 G93。

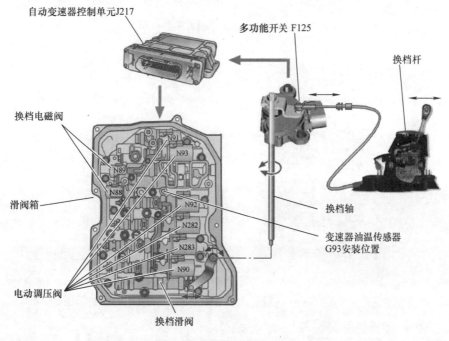

图 3-135　阀体及相关元件

大众 09G 自动变速器电磁阀与阀杆弹簧位置、变速器油孔与蓄压器位置、变速器阀杆和弹簧位置分别如图 3-136 ~ 图 3-139 所示。

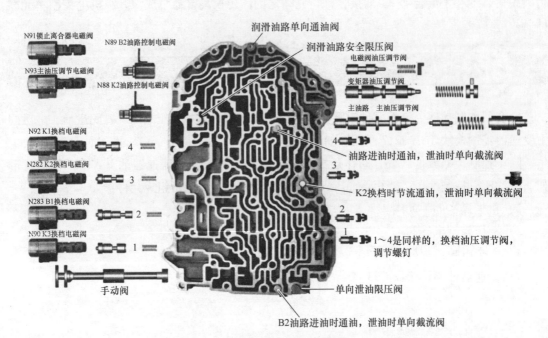

图 3-136　电磁阀与阀杆弹簧位置

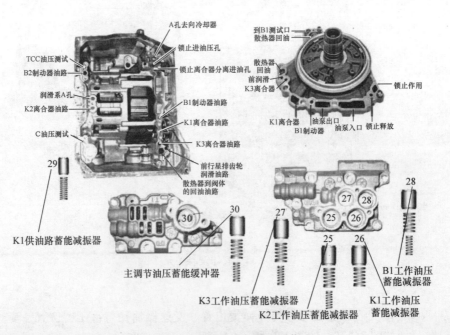

图 3-137　变速器油孔与蓄压器位置

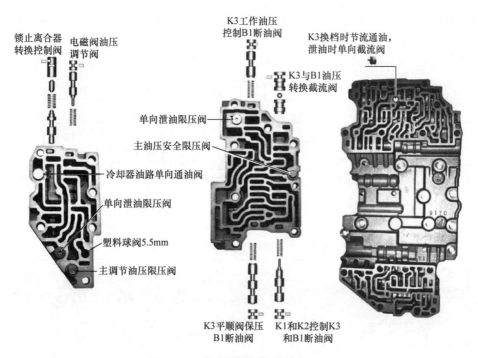

图 3-138　变速器阀杆和弹簧位置一

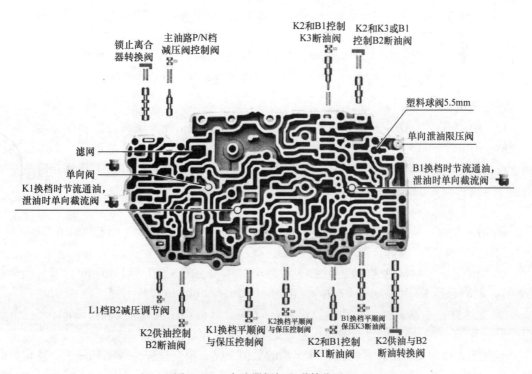

图 3-139　变速器阀杆和弹簧位置二

55 大众09G自动变速器油压测试及动力传递路线

大众09G自动变速器动力传递路线如图3-140所示，多片离合器和制动器换档表见表3-3。

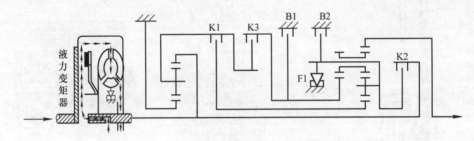

图3-140　大众09G自动变速器动力传递路线

表3-3　多片离合器和制动器换档表

档位	元件					
	K1	K2	K3	B1	B2	F1
1档	×				*	×
2档	×			×		
3档	×		×			
4档	×	×				
5档		×	×			
6档		×		×		
R档			×		×	

注："*"表示发动机制动，×表示工作元件。

油压测试：

1）油压测试点。09G自动变速器的电磁阀和阀体必须正确控制离合器和制动器。变速器壳体上有几个旋塞用于检查油压。换档开关下的旋塞检查离合器K3的油压，变速器油加油管下的旋塞检查制动器B1的油压，如图3-141所示。变速器背面有几个旋塞，但最重要的两个是离合器K2和制动器B2，如图3-142所示。

2）标准油压。

①前进档时，发动机怠速时离合器的典型油压是28～90lbf/in^2（1lbf/in^2=6.894kPa）；节气门全开（WOT）时离合器的典型油压是125～199lbf/in^2。

②倒档时，发动机怠速时离合器K3和制动器B2的油压是57～115lbf/in^2；节气门全开（WOT）时离合器K3和制动器B2的倒档油压是150～270lbf/in^2。

③变速杆在手动1档，发动机怠速时，K2离合器的油压应该是85～151lbf/in^2；节气门全开（WOT）时，K2离合器的油压应该是140～199lbf/in^2。

这些压力读数是基于计算机反映该车辆的负荷工况。根据适应性策略和测试时特定负荷的不同，油压可能有所不同。

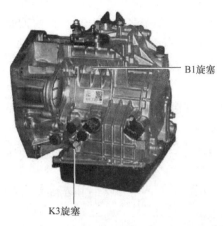

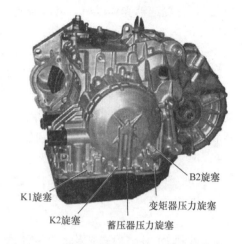

图 3-141 油压测试旋塞位置（变速器壳体上）　　图 3-142 油压测试旋塞位置（变速器背面）

3）压缩空气检查离合器和制动器。离合器的下一项测试是拆卸阀体，用压缩空气检查离合器和制动器。为了做到这一点，需要断开许多电线。如图 3-143 所示电线插头，支架和传感器的位置，以便于重新连接电磁阀。

阀体拆卸以后，通过外壳的供油孔，用压缩空气检查离合器和制动器的工作情况，如图 3-144 所示。这些离合器和制动器经压缩空气检查必须真正良好。如果发现离合器和制动器泄漏，就需要分解离合器和制动器，检查密封圈、支承、活塞和鼓。这实际上非常简单，只有 5 个离合器和制动器组件，并没有隐藏的卡片或螺栓。

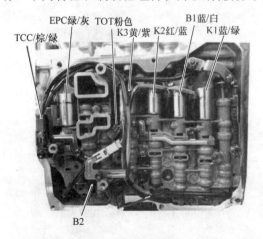

图 3-143 电线插头

图 3-144 检测位置

56 09G 自动变速器行星齿轮机构和换档元件的拆卸

（1）行星齿轮机构和换档元件的拆装

1）首先拆卸外部的传感器、开关和变速器油冷却器。在拆卸阀体之前，要给电线插头和电磁阀做好标记。采用这种方法，一定会便于重新安装。

2）打开变速器壳体以后，可以看到差速器和前面的泵总成。其他主要零部件仍然安装在变速器的内部。要看到这些元件，必须首先拆卸油泵。拆卸油泵之后，一定要注意前行星轮的定子用花键固牢太阳轮。这个单元是典型的莱派特 Leppeletier 行星齿轮机构设计。

3）油泵的右后是前行星齿轮装置和三个离合器及制动器组件。K3 在顶部，它用于 3档、5 档和倒档，如图 3-145 所示，接下来是离合器 K1，它用于 1 档和 4 档。第三个元件是制动器 B1，它用于 2 档和 6 档。包括离合器鼓、B1 回位弹簧保持架和行星轮在内的这些离合器和制动器组件必须保持差速器齿轮自由转动。

4）B1 制动器鼓固定在中间支架上。没有用花键与壳体连接，使用一个简单的卡簧把几个凸耳锁进止推挡块，挡块加工成斜楔支承。

5）拆卸卡簧以后，倾斜 B1 制动器总成，取出制动器片。现在可以拆卸差速器和中间齿轮。

6）拆卸 B1 外壳以后，螺栓上的锁止凸耳向后弯曲，这些螺栓保持壳体的中间支承。伸手抓住中间支承，把斜楔和中间支承一起取出。

7）取出拉维娜式行星齿轮总成。通常太阳轮装在后面，可以看到太阳轮安装在 K2 离合器鼓上。握住输出轴，拆卸 K2 离合器鼓总成与太阳轮。K2 离合器用于 4 档和 6 档。

8）左侧唯一的制动器是 B2，在手动 1 档时，B2 作用于倒档和发动机制动。B2 制动器的工作活塞是可以拆卸的最后一个元件，从阀体一侧通空气压力时，一定要谨慎。

9）观察离合器制动器组件和行星齿轮装置，发现所有离合器制动器组件都很普通。离合器制动器和齿轮装置的分解图有助于组装散装的变速器，如图 3-146 ~ 图 3-149 所示。

图 3-145　离合器 K1 分解图

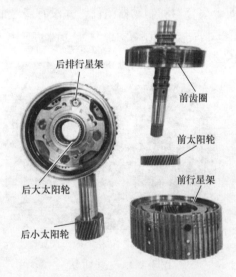

图 3-146　行星齿轮装置分解图

（2）行星齿轮机构和换档元件的组装

1）把制动器 B2 活塞和回位弹簧总成装入壳体。

2）安装制动器 B2 和离合器 K2 以及离合器和制动器鼓总成，如图 3-150 所示。

3）安装太阳轮轴。

4）安装不带斜楔的拉维娜式行星齿轮装置总成。摇动拉维娜式行星齿轮装置，有助于给所有摩擦片定位。

5）安装带塑料垫圈的左右斜楔，注意塑料垫圈双排油槽面应朝上，如图 3-151 所示。注意：安装时，行星齿轮装置必须沿逆时针方向旋转。

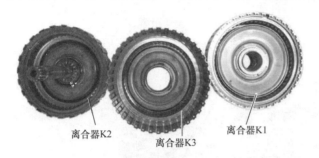

图 3-147　离合器组件

图 3-148　输入轴和齿环

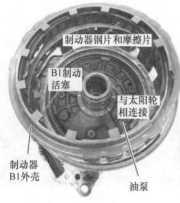

图 3-149　B1、B2 制动器总成

6）安装中间支承和紧固螺栓，如图 3-152 和图 3-153 所示。

图 3-150　安装 B2、K2

图 3-151　安装斜楔总成

安装中间支承和
行星排齿圈

图 3-152　安装中间支承

7）中间齿轮和差速器作为一个
总成安装，接着把 B1 制动器和鼓总
成安装到斜楔支承上，并用卡簧固
定，如图 3-154 所示。

8）把离合器 K1 和面朝下的弹
性钢片安装到离合器组件的顶部，
如图 3-155 所示。

B1离合器外壳凸耳位
于中间支承上

紧固螺栓

图 3-153　安装紧固螺栓

B1制动器总成

中间齿轮

卡簧

图 3-154　安装 B1 制动器

9）安装驱动毂。

10）安装 K3 离合器组件，包括三个摩擦片和三个钢片。

11）摇动单行星齿轮装置，并安装到离合器，直到没有更多的间隙，如图 3-156 所示。

12）安装制动器 B1 工作/回位弹簧总成，如图 3-157 所示。

13）安装油泵总成，如图 3-158 所示。

图 3-155　安装离合器 K1

图 3-156　安装单行星齿轮装置

图 3-157　安装制动器 B1 工作/回位弹簧总成

14）用压缩空气检查离合器，如图 3-159 所示。

图 3-158　安装油泵总成

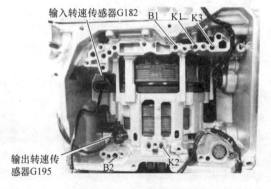

图 3-159　检查离合器

（3）测量间隙　K1：5 个摩擦片/5 个钢片间隙为 1.27mm；K2：3 个摩擦片/3 个钢片间隙为 0.50mm；K3：3 个摩擦片/3 个钢片间隙为 0.38～0.45mm；B1：4 个摩擦片/4 个钢片间隙为 0.50mm，加 4mm 弹性垫片；B2：6 个摩擦片/6 个钢片间隙为 1.77mm；输入轴间隙为 0.08～0.25mm。

（4）ATF 检查油面

1）检查油面条件。

① 变速器不得进入故障应急状态。

② 油温不许超过 30℃。

③ 变速器处于 P 档位。

2）检查油面方法。

① 连接 VAS 6150，进入地址 02、功能 08、数据组 06，观察第一区，即为 ATF 油温。

② 发动机怠速运行。

③ 水平举升汽车并试挂所有档位，拧下变速器油底壳放油螺钉。

④ 当油温达到 35～45℃时，溢流管刚好有油滴出，油面高度符合标准。如果没有油滴出，则要加以补充，如图 3-160 所示。

⑤ 用 15N·m 的力矩拧紧放油螺塞。

3）更换 ATF 油方法。

① 拆下变速器油底壳，放掉 ATF 油。

② 更换滤清器。

③ 装上油底壳，加注 ATF 油，添加孔如图 3-161 所示。

④ 检查油面。

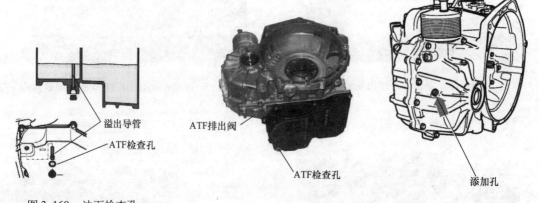

图 3-160　油面检查孔

图 3-161　添加 ATF 油

57 奥迪轿车的变速器油加注

1）读取变速器油温，如果油温超过 50℃，需先等其冷却，其加注装置如图 3-162 所示。

2）拧下放油螺栓，先将溢出的旧变速器油放出，如图 3-163 所示。

3）使用 8mm 的内六角扳手拧下放油孔内的溢流管，将剩余的变速器油放尽，如图 3-164 所示。

4）用 3N·m 的力矩紧固溢流管，然后安装与该车变速器的放油孔所匹配的加注适配器，如图 3-165 所示。

图 3-162 自动变速器油加注装置

图 3-163 拧下放油螺栓

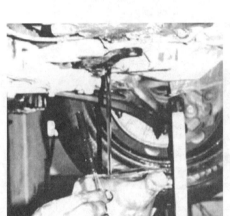

图 3-164 拧下溢流管

图 3-165 安装加注适配器

5）将新的变速器油倒入加注装置的储液罐中。

6）将 H. C. B – A2235 的加注软管接头与加注适配器相连接，并旋紧紧固螺母，如图 3-166 所示。

7）推拉手动气泵的手柄，将变速器中加满齿轮油（加到溢出为止）。

8）将溢出的变速器油释放到其他容器中。

9）起动发动机，踩下制动踏板，然后将选档杆依次挂入各档位并在每个档位停留 3s，最后再重新换入 P 档。

10）发动机保持运转，检测变速器油的油温，不得超过 45℃。

图 3-166 安装加注软管接头

11）再次检查变速器油的油位，如果缺少，则继续进行补加。

自动变速器油加注装置是更换自动变速器油的必备工具，它通过更换不同的适配器可以适用于不同的车型，给自动变速器的维修及日常维护带来很大便利。

58 奔驰九档自动变速器 725.0 结构及动力传递

奔驰九档自动变速器（9G – TRONIC）725.0 为全新款电控式自动变速器，由九个前进档和一个倒档组成。各档位级的速比通过行星齿轮组实现。该自动变速器的所有变速功能及控制组件在一个总成模块中相互结合。完全集成式变速器控制单元位于自动变速器中，从而使车辆线束接口的数量减少。变速器结构如图 3-167 所示。

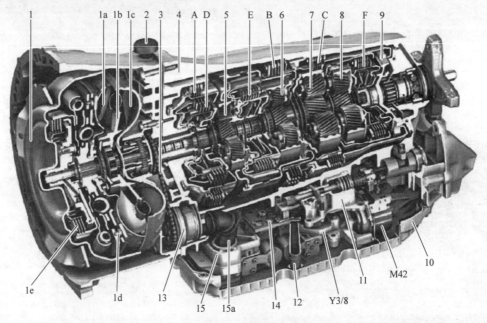

图 3-167　变速器结构

1—变矩器壳体　1a—涡轮　1b—导轮　1c—叶轮　1d—离心摆　1e—变矩器锁止离合器　2—变速器外壳通风装置
3—油泵传动链　4—变速器外壳　5—行星齿轮组 1　6—行星齿轮组 2　7—行星齿轮组 3　8—行星齿轮组 4
9—驻车止动爪齿轮　10—油底壳　11—电液驻车止动爪齿轮活塞外壳　12—导向管　13—油泵
14—全集成式变速器控制系统（VGS）的支承体　15—护盖/换档油阀壳　15a—压力和进气管
A—多片式制动器 B08　B—多片式制动器 B05　C—多片式制动器 B06　D—多片离合器 K81
E—多片离合器 K38　F—多片离合器 K27　M42—变速器油泵　Y3/8—变速器控制单元

集成式变速器控制系统的控制单元总成：液压组件、电动液压组件、全集成式变速器控制系统的控制单元、传感器、驻车止动爪、电动变速器油泵，如图 3-168 所示。

三个转速传感器：变速器输入端转速、变速器输出端转速、内部转速；外置的铡制护套在转速传感器上方运转，如图 3-169 所示。

控制单元确定：切换入的档位、换档时的打滑、换档元件损坏时可能存在的打滑；控制单元在紧急运行时避免挂入使用损坏换档元件的档位。

驻车止动爪位置传感器：挂入 P 档，驻车止动爪和解锁霍尔传感器活塞杆上的永久磁铁

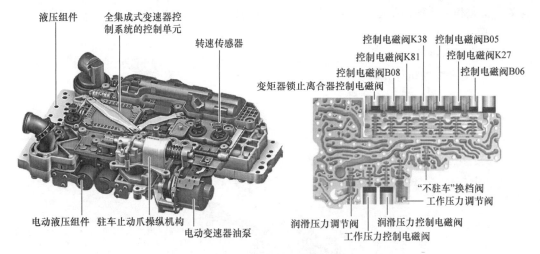

图 3-168　控制单元及阀体总成

通过传感器侧面错开，如图 3-170 所示。

图 3-169　转速传感器

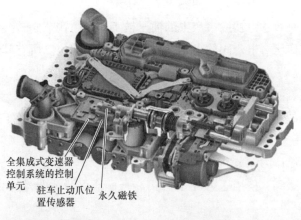

图 3-170　驻车止动爪位置传感器

紧急锁止（提升电磁阀故障时）：

1）变速器油泵提高左侧活塞室内的压力。

2）压力和象牙塔力将止动杆从槽中推出（斜边）。

3）正在挂入驻车止动爪。

4）在内燃机停止时同样如此。

应急解锁（内燃机停止时）：

1）提升电磁阀，提升止动杆。

2）电动变速器油泵产生机油压力。

3）其他流程与前面一样。

4）提升电磁阀故障时，不能退出驻车止动爪，如图3-171所示。

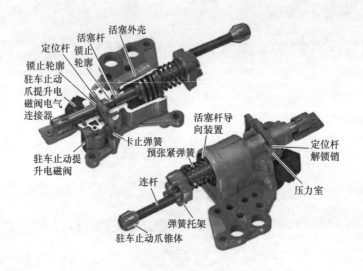

图3-171　提升电磁阀

自动变速器有九个控制电磁阀，如图3-172所示。

工作压力控制电磁阀：由初级泵产生的油压被工作压力调节阀转换为工作压力。工作压力调节阀的位置受工作压力电磁阀的影响，以匹配载荷和档位。所有其他用于变速器控制的油压都来自工作压力。

润滑压力控制电磁阀：工作压力调节阀处多余的变速器油被转移至润滑压力调节阀处，并在此调节后用于机械变速器部件和变矩器的润滑和冷却。此外，变矩器中的油压通过调节润滑压力进行限制。

控制电磁阀：无级压力调节。

换档压力调节电磁阀：换档压力（多盘式离合器或多片式制动器中的油压）来自工作压力。

各电磁阀影响与其相关的调节阀的位置。调节阀的位置反过来又影响多盘式离合器中的油压。因此，换档压力取决于各调节阀的几何形状。

九档自动变速器动力传递路线如图3-173所示。换档执行元件见表3-4。

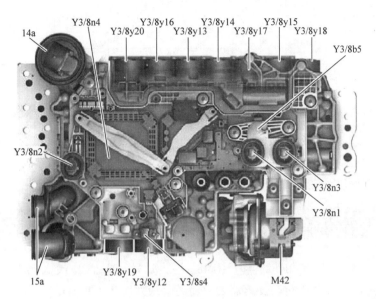

图 3-172　阀体总成

14a—变速器插接器　15a—压力和进气管　M42—变速器油泵　Y3/8b5—压力传感器　Y3/8n1—涡轮转速传感器

Y3/8n2—内部变速器转速传感器　Y3/8n3—输出轴转速传感器　Y3/8n4—全集成式变速器控制单元

Y3/8s4—驻车止动爪位置传感器　Y3/8y12—润滑压力电磁阀．Y3/8y13—离合器控制电磁阀 K81

Y3/8y14—离合器控制电磁阀 K38　Y3/8y15—离合器控制电磁阀 K27　Y3/8y16—多片式制动器控制电磁阀 B08

Y3/8y17—多片式制动器控制电磁阀 B05　Y3/8y18—多片式制动器控制电磁阀 B06　Y3/8y19—工作压力电磁阀

Y3/8y20—变矩器锁止离合器电磁阀

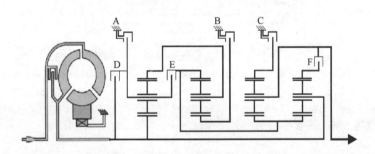

图 3-173　九档自动变速器动力传递路线

A—制动器 B08　B—制动器 B05　C—制动器 B06　D—离合器 K81　E—离合器 K38　F—离合器 K27

表 3-4　换档执行元件

变速器传动比		A（B08）[①]	B（B05）[②]	C（B06）[③]	D（K81）[④]	E（K38）[⑤]	F（K27）[⑥]
1 档	5.503		●	●		●	
2 档	3.333			●	●	●	
3 档	2.315		●	●	●		
4 档	1.661		●	●			●
5 档	1.211		●		●		●
6 档	1.000				●	●	●
7 档	0.865		●			●	●
8 档	0.717	●				●	●

（续）

变速器传动比		A(B08)①	B(B05)②	C(B06)③	D(K81)④	E(K38)⑤	F(K27)⑥
9 档	0.601	●	●				●
空档 N	—						
倒档 R	4.932						

① 多片式制动器 B08。

② 多片式制动器 B05。

③ 多片式制动器 B06。

④ 多盘式离合器 K81。

⑤ 多盘式离合器 K38。

⑥ 多盘式离合器 K27。

59 九档自动变速器 9HP48 结构

首次推出的变速器有 9HP28 和 9HP48 两个型号，它们的最大转矩传递值分别为 280N·m 和 480N·m，九档自动变速器动力传递路线如图 3-174 所示。

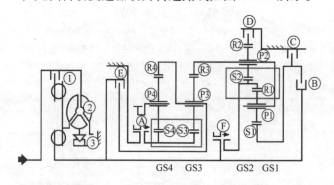

图 3-174　九档自动变速器动力传递路线

1—变矩器锁止离合器　2—变矩器　3—变矩器单向离合器　E—多片离合器　F—爪形离合器　P4—行星轮
R4—环形齿轮　R3—环形齿轮　P3—行星轮　S4—太阳轮　S3—太阳轮　A—爪形离合器
S1—太阳轮　P1—行星轮　R1—环形齿轮　S2—太阳轮　P2—行星轮　R2—环形齿轮　D—多层制动器
C—多层制动器　B—多片离合器　GS1—齿轮组　GS2—齿轮组　GS3—齿轮组　GS4—齿轮组

（1）换档元件和齿轮组　该变速器主要由 6 个换档元件和 4 个行星齿轮组构成，如图 3-175 所示。换档元件中有 2 个普通离合器、2 个爪形离合器和 2 个制动器。所有的行星齿轮组均为简单的单排结构，其中有 2 个行星齿轮组被做成了镶套式，即一个齿轮组的太阳轮同时为另一个齿轮组的齿圈，这样可以充分节省空间。

（2）变速器控制单元　考虑到可靠性及可维修性的因素，该款变速器一改

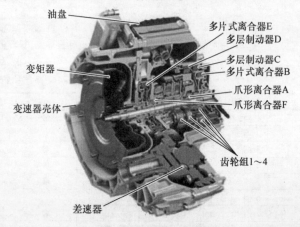

图 3-175　变速器的内部结构

原来的油浸式设计，将变速器控制单元置于了紧靠液压控制单元的变速器外部的上方位置，如图 3-176 所示。

齿轮组4
齿轮组3
齿轮组2
齿轮组1

图 3-176　变速器控制单元位置的改变

（3）液压控制单元　液压控制单元被布置在变速器的侧面，如图 3-177 所示，拆检极为方便。而以往底部安装的液压控制单元，当遇到就车拆检时，油液将会顺着维修人员的手臂流下，十分不便。

（4）油路及电路接口　对液压控制单元来说，其油路及电路接口的可靠性是非常重要的。该款变速器将油路、电路的接口置于同一平面中，如图 3-178 所示，用液压控制单元整体的压紧力来保证它们与变速器其他部分的可靠连接。

TCM(变速器控制模块)

液压阀体

图 3-177　液压控制单元的布置方案

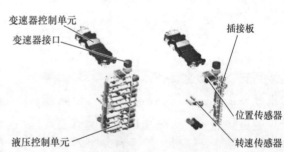

变速器控制单元
变速器接口
插接板
液压控制单元
位置传感器
转速传感器

图 3-178　接口部分的结构特点

（5）爪形离合器　对换档过程中动作不频繁的离合器，采用了爪形结构，如图 3-179 所示，这样便降低了变速器的热量损耗，提高了离合器的使用寿命，同时使换档过程更加平顺。

（6）传感器　变速器的输入、输出轴齿轮靠得很近，同样，两个爪形离合器的拨叉也很靠近。这样输入、输出轴转速传感器和爪形离合器拨叉位置传感器都可做成集合形式。

（7）油泵　油泵通过链条传动，如图 3-180 所示，这样可将其置于变速器的油底壳中。这一措施既节省了轴向空间，又避免了车辆起动时油泵先要排气的问题。

与输出轴啮合　拨叉

爪形离合器F　爪形离合器A

多片式离合器　多层制动器　爪形离合器

齿轮选择器　变速齿轮

图 3-179　爪形离合器结构

叶片式机油泵

包括机油滤清器的供油总成

图 3-180　油泵的驱动方式

60 爪形离合器工作原理

（1）爪形离合器 F　在变速器上使用两个爪形离合器。爪形离合器 F 将输入轴连接到太阳轮和齿圈，而爪形离合器 F 将太阳轮连接到安装在变速器壳体上的定心板。两个爪形离合器在操作方面类似。每个离合器都通过作用于一个双重作用活塞的 ATF 压力进行操作，以将爪形离合器移入和移出接合。

如图 3-181 所示，爪形离合器 F 位于输入轴的末端，并由位于输入轴内的一个双重作用活塞进行控制。一个双重作用活塞位于输入轴内部，当 ATF 压力施加到活塞的任意一侧时，可在轴内移动。活塞通过一个端子连接到爪形离合器 F，而端子可在输入轴的插槽中移动。爪形离合器 F 是带有内部和外部花键的套筒，通过内部

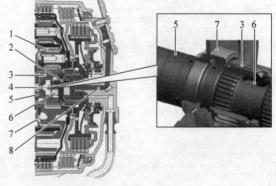

图 3-181　爪形离合器 F
1—行星齿轮组 1　2—感测活塞　3—爪形离合器 F
4—用于爪形离合器 F 释放的 ATF 压力供应　5—输入轴
6—活塞　7—行星支架
8—用于爪形离合器 F 接合的 ATF 压力供应

花键永久与输入轴接合。当活塞沿着输入轴将爪形离合器 F 移至关闭位置时，爪形离合器 F 与齿轮组 1 和 2 上的行星支架接合，从而将来自输入轴的驱动传输到齿轮组 2 上。当爪形离合器 F 分离到打开位置时，向活塞的另一侧施加 ATF 压力，而爪形离合器 F 沿着输入轴移动，并从行星托架上分离。爪形离合器 F 在档位 1~7 中处于关闭位置（接合状态）。

　　爪形离合器 F 有两个状态：打开和关闭。活塞不能确定爪形离合器 F 是否已完成全行程距离，是否完成了与齿环壳体的接合，或者是否保持在中间位置。活塞安装了感测活塞，通过感测活塞的 ATF 压力泄漏可以由传感器单元内的压力传感器进行测量。如图 3-182 所示，感测活塞为空心并在活塞内轴向移动。如果对活塞右侧施加 ATF 压力，活塞和感测活塞会被推向左侧。在活塞运动期间，少量 ATF 压力已流过感测活塞。此泄漏压力由压力传感器在活塞的左侧处测得。当活塞完全移动到左侧，并达到其端部位置时，通过感测活塞的泄漏被阻塞。检测到在活塞的左侧的压力下降且 TCM 可以确定爪形离合器 F 与齿环壳体完全分离。

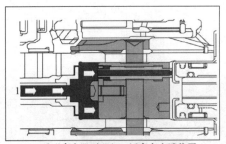

a) 爪形离合器F打开 — 活塞在末端位置　　　　b) 爪形离合器F关闭 — 活塞在中间位置

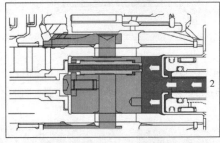

c) 爪形离合器F关闭 — 活塞在末端位置

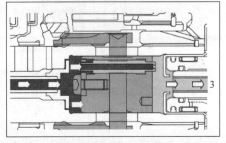

d) 爪形离合器F打开 — 活塞在中间位置

图 3-182　爪形离合器 F 活塞到位监测

1—ATF 施力压力—爪形离合器 F 打开　2—ATF 施加压力—爪形离合器 F 关闭　3—通过感测活塞的泄漏进行压力感测

　　如果活塞的左侧上的压力在指定的换档时间内并未下降，则 TCM 可确定爪形离合器 F 已停止在中间位置。

　　爪形离合器 F 具有四种可能状态的操作，如下所述：

　　1）爪形离合器 F 打开。对来自左侧腔室的活塞施加 ATF 压力，且爪形离合器 F 打开。右侧腔室中的 ATF 压力几乎为零，因为感测活塞已被推至其运动极限，且通过感测活塞的泄漏被阻止。

　　2）爪形离合器 F 关闭。施加的 ATF 压力来自右侧腔室，它起动活塞向左移动，与齿环壳体形成接合。活塞现在处于中间位置，泄漏压力从感测活塞穿过，进入左侧腔室。左侧腔室中的压力可测量，约为 200kPa。

3）爪形离合器 F 关闭。对来自右侧腔室的活塞施加 ATF 压力，爪形离合器 F 关闭，与齿环壳体完全接合。左侧腔室中的 ATF 压力几乎为零，因为感测活塞已被推至其运动极限，且通过感测活塞的泄漏被阻止。

4）爪形离合器 F 打开。对来自左侧腔室的活塞施加 ATF 压力，压力起动活塞向右移动，与齿环壳体完全分离。活塞现在处于中间位置，泄漏压力从感测活塞穿过，进入右侧腔室。右侧腔室中的压力可测量，约为 200kPa。

（2）爪形离合器 A 如图 3-183 所示，爪形离合器 A 位于多片离合器 E 和行星齿轮组之间。爪形离合器由位于轴承支承壳体内的双重作用活塞控制。爪形离合器 A 是带有内部和外部花键的套筒。爪形离合器 A 利用轴承支承壳体一直接合在花键上，而轴承支承壳体反过来静态固定在变速器壳体内。当爪形离合器 A 移至关闭位置时，它给行星齿轮组中太阳轮 3 和 4 的制动。

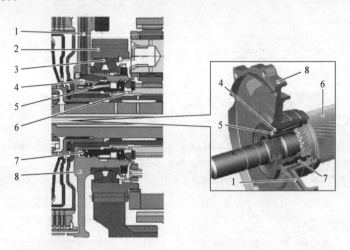

图 3-183 爪形离合器 A

1—ATF 压力供应—打开 2—支线小齿轮 3—角接触滚珠轴承滚道 4—ATF 压力供应—关闭
5—压力感测泄漏孔 6—太阳轮 3 和 4 7—爪形离合器 A 8—轴承支承壳体

爪形离合器 A 有两个状态：打开和关闭。爪形离合器 A 采用比爪形离合器 A 更简单的感测系统。即利用爪形离合器 A 即活塞本身，且不使用一个感测活塞。爪形离合器 A 的活塞有一个泄漏感测孔，用于通过压力感测来检测当前位置。如图 3-184 所示，如果将 ATF 压力施加到活塞右侧，活塞将被推至左侧。在活塞运动期间，少量 ATF 压力已流过泄漏感测孔。此泄漏压力由传感器单元中的压力传感器在活塞的左侧处测得。当活塞完全移动到左侧，并达到其端部位置时，通过泄漏感测孔的泄漏被阻塞。检测到活塞左侧的压力下降，且TCM 可以确定爪形离合器 A 已完全与太阳轮 3 和 4 接合。如果活塞左侧的压力在指定的换档时间内并未下降，TCM 可确定爪形离合器 A 已停止在中间位置。

爪形离合器 A 具有四种可能状态的操作，如下所述：

1）爪形离合器 A 打开。对来自右侧腔室的活塞施加 ATF 压力，且爪形离合器 F 已打开。左侧腔室中的 ATF 压力几乎为零，因为活塞已被推至其运动极限，且通过泄漏感测孔的泄漏被阻止。

2）爪形离合器 A 关闭。施加的 ATF 压力来自左侧腔室，其起动活塞移到右侧与太阳轮

3 和 4 进行接合。活塞现在处于中间位置，泄漏压力从泄漏感测孔穿过，进入右侧腔室。右侧腔室中的压力可测量，约为 200kPa。

3）爪形离合器 A 关闭。对来自左侧腔室的活塞施加 ATF 压力，爪形离合器 F 关闭，并与太阳轮 3 和 4 完全接合。右侧腔室中的 ATF 压力几乎为零，因为活塞已被推至其运动极限，且通过泄漏感测孔的泄漏被阻止。

4）爪形离合器 A 打开。对来自右侧腔室的活塞施加 ATF 压力，其起动活塞向左移动，以与太阳轮 3 和 4 分离。活塞现在处于中间位置，泄漏压力从泄漏感测孔穿过，进入左侧腔室。左侧腔室中的压力可测量，约为 200kPa。

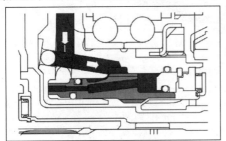
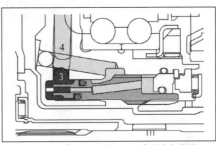

a) 爪形离合器A打开—活塞在末端位置　　　　b) 爪形离合器A关闭—活塞在中间位置

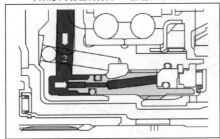
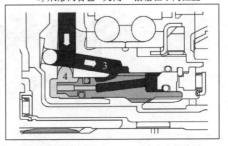

c) 爪形离合器A关闭—活塞在末端位置　　　　d) 爪形离合器A打开—活塞在中间位置

图3-184　爪形离合器 A 活塞到位监测

1—ATF 施加压力—爪形离合器 A 打开　2—ATF 施加压力—爪形离合器 A 关闭

3—ATF 施加压力—爪形离合器 A 在中间位置　4—通过泄漏感测孔的泄漏来感测压力

61 九档自动变速器 9HP48 阀体总成及传感器

（1）阀块总成

变速器的操作由控制模块（TCM）控制，它以电气方式启动阀块中的各种电磁阀，借以控制变速器档位选择。电磁阀启动顺序基于 TCM 存储器中的编程信息和变速器的实际工作条件，如车速、节气门的位置、发动机负荷和电子旋转式换档手柄 TCS（变速器控制开关 Transmisson Conrtol Switch）位置。换档部件（离合器和制动器）由液压驱动。应用到所需离合器和/或制动器的油液压力将离合器片按压在一起，从而通过这些盘传送驱动力。

阀块位于盖密封件后侧的变速器主要套管前方垂直位置。阀块配有许多电磁阀和滑阀，可控制变速器运行状况。TCM 控制电磁阀，以实现速度切换期间的档位变换和平稳过渡。如果 TCM 或阀块被更换，需要使用 SDD 进行常规诊断以校准 TCM。阀体总成如图 3-185 所示，阀体部件分解图如图 3-186 所示。

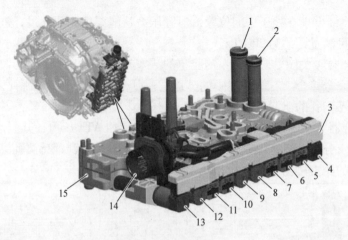

图 3-185　阀体总成

1—自动变速器油 ATF 油泵进口　2—ATF 泵的压力出口　3—传感器单元　4—系统压力控制阀 PCV
5—变矩器锁止离合器 PCV　6—多片离合器 BPCV　7—多片离合器 EPCV　8—爪形离合器 A 电磁阀
9—爪形离合器 F 电磁阀　10—多片离合器 DPCV　11—多片离合器 CPCV　12—驻车锁止电磁阀
13—电磁阀控制电磁阀—驻车锁执行器　14—电子插接器　15—阀块

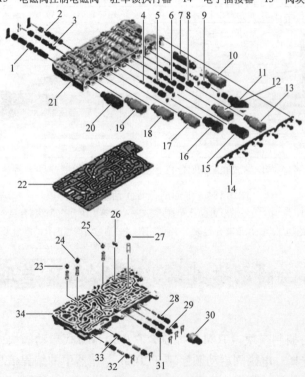

图 3-186　阀体部件分解图

1—系统压力滑阀　2—变矩器压力滑阀　3—润滑滑阀　4—爪形离合器 A 滑阀　5—爪形离合器 F 滑阀
6、29—多片离合器 D 滑阀　7—磁保持阀门活塞　8、28—多片离合器 C 滑阀　9—驻车锁定滑阀
10—电磁阀控制电磁阀—驻车锁执行器　11—驻车锁止电磁阀　12—多片离合器 D 压力控制阀 PCV
13—多片离合器 C 压力控制阀 PCV　14—定位器　15—爪形离合器 F 电磁阀　16—爪形离合器 A 电磁阀
17—多片离合器 E 压力控制阀 PCV　18—多片离合器 B 压力控制阀 PCV　19—变矩器锁止离合器 PCV
20—系统 PCV　21—阀壳体　22—中间板　23、24、25、27—阀和弹簧　26—球摇臂　30—压力传感器
31—变矩器锁止离合器滑阀　32—换档系统压力滑阀　33—压力下降滑阀　34—阀板

（2）电磁阀说明

1）压力控制电磁阀。在阀块内有 6 个压力控制阀 PCV。TCM 以脉宽调制 PWM 的方式操作 PCV 电磁阀。电磁阀将电信号转换为与信号成比例的液压控制压力，借以启动滑阀和离合器来实施精确的变速器操作。

用于多片离合器和变矩器锁止离合器的 5 个 PCV 电磁阀随信号电流的增大提供较大控制压力，因此可通过橙色插头盖来辨认。TCM 使用 PWM 信号来操纵电磁阀。TCM 监测发动机负荷和离合器打滑，借以变更电磁阀占空比。电磁阀的工作电压为 12V，压力范围为 0～470kPa。

一个提供系统压力控制的 PCV 电磁阀随着信号电流值增大而提供一个下部控制压力，因此可通过灰色插头盖来辨认。TCM 监测发动机负荷和离合器打滑，借以变更电磁阀占空比。电磁阀的工作电压为 12V，压力范围为 0～470kPa。

在 20℃时，用于所有 PCV 电磁阀的电磁阀线圈的阻抗为 5.05Ω。

2）电磁阀。3 个普通电磁阀位于阀块中。电磁阀由 TCM 控制，它将电信号转换为液压控制信号，以控制爪形离合器应用程序。这 3 个普通电磁阀是一种开/闭（通/断）型的电磁阀。TCM 按照编程设置的顺序给电磁阀通电，以启动离合器应用程序，实现传动比变更和换档控制。

在 20℃时，电磁阀线圈的阻抗为 10～11Ω。

3）驻车锁执行器电磁阀（控制电磁阀）。此控制电磁阀位于阀块内，由 TCM 控制，它将电信号转换为液压控制信号，以控制电子驻车锁止功能。此控制阀是一种开/闭型电磁阀，由 TCM 将电磁阀切换到接地线来控制。如图 3-187a 所示，当驻车锁释放时，驻车锁止电磁阀发送 ATF 压力到滑阀，并且移动使其与电磁阀的棘爪接触。滑阀的移动将移动驻车档杆，并释放来自驻车联锁齿轮的驻车止动爪。控制电磁阀由 TCM 供电，棘爪关闭将滑阀保持在解锁位置。梭形滑阀保持滑阀上的 ATF 压力，防止在电气故障中的意外驻车锁定，直到发动机停止操作。如图 3-187b 所示，当驻车锁定将要接合时，ATF 压力从滑阀释放并且 TCM 将控制电磁阀断电。棘爪被释放，滑阀在弹簧的压力下返回到驻车锁止位置，驻车锁接合。

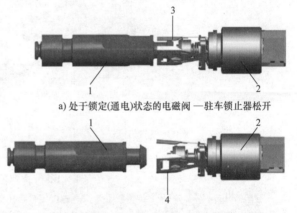

a) 处于锁定(通电)状态的电磁阀 —驻车锁止器松开

b) 处于解锁(断电)状态的电磁阀 —驻车锁止器接合

图 3-187　驻车锁止电磁阀
1—驻车锁定滑阀　2—控制电磁阀
3—棘爪锁定　4—棘爪解锁

如果出现电气故障或发动机未运转，必须执行一个维修驻车释放 SPR 程序，以此来手动松开驻车锁止器。为了使车辆在清洗时可以滚动，发动机停止且 TCS 位于空档时，控制电磁阀将保持通电。这使变速器可在 10min 无液压压力的情况下退出驻车档。在此时间之后，控制电磁阀断电，松开棘爪，并使滑阀返回到驻车位置。

在 20℃时，电磁阀线圈的阻抗为 20Ω。

（3）传感器单元　如图3-188所示，传感器单元安装在阀体上，并用3个螺钉固定。传感器单元包括1个26端子电气插头、1个"驻车"传感器、1个压力传感器插头、两个速度传感器、10个电磁阀插头和1个ATF温度传感器。电气插头通过变速器主壳体上的1个孔来安装密封件，并用1个弹簧夹固定。

驻车档P传感器位于主壳体内，靠近电气插头。该传感器用一个螺钉固定到主壳体中的一个凸台。驻车档传感器包括一个滑动开关，当驻车锁执行器移动它时将由变速杆轴操作。

两个速度传感器用于变速器，且位于变速器壳体内，并连接到传感器单元。传感器从多片离合器E的离合器筐格和支线小齿轮的齿轮齿中的插槽读取速度。传感器将输入和输出速度信号提供给TCM。TCM接收这两个速度信号，并用它们来计算发动机转矩输出、换档正时以及变矩器锁止。

油液温度传感器集成到变速器传感器单元内的内部接线线束中。它将检测变速器中的ATF温度，并将与温度相关的信号传输到TCM。TCM将监控温度，并调整离合器和制动应用程序，以提供在较大的温度和ATF黏度范围内进行平稳换档。每个电磁阀均通过与插头板整合在一起的两个端子进行连接。每个电磁阀销均通过一个连接到电气插头的线束进行连接。

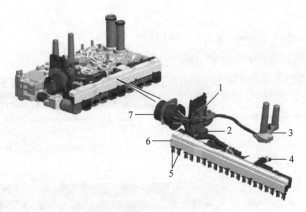

图3-188　传感器单元

1—驻车档P传感器　2—压力传感器插头　3—速度传感器（变矩器涡轮和输出轴）　4—自动变速器油（ATF）温度传感器　5—用于压力控制阀、电磁阀和驻车锁止控制电磁阀的插头端子　6—插头板　7—变速器电气插头

62　大众途锐八档0C8型自动变速器结构及动力分析

大众途锐装备了八档0C8型自动变速器，该款自动变速器在09D型自动变速器的基础上变化并不是很大，只是把前面原来的单级单排齿轮机构换成了双级单排齿轮机构，同时多了1个K4离合器，这样通过重新组合可多实现两个档（4档和6档）。大众途锐0C8型自动变速器的内部结构如图3-189所示。

1档：当自动变速器执行1档动力传递时，K1离合器和B2制动器作用，K1离合器将前排（单排双级齿轮机构）齿圈减速输出的动力传递至拉维娜式行星齿轮机构中的后太阳轮上（也是单排双级齿轮机构），B2制动器将行星架固定住，从而使后齿圈又一次减速输

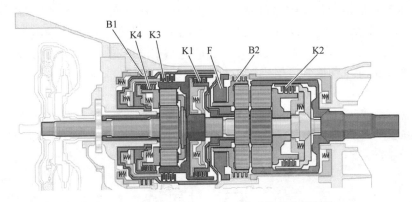

图3-189 大众途锐0C8型自动变速器的内部结构

出，得到1档传动比，如图3-190所示。

2档：当自动变速器满足换2档的条件时，B2制动器停止工作，B1制动器参与工作并将拉维娜式行星齿轮机构中的前太阳轮固定住，此时行星架上的行星轮不再像1档那样以自转方式旋转而是围绕太阳轮带动行星架做公转，这样由于行星架的旋转就又给输出齿圈实现一个加速度，得到2档传动比，如图3-191所示。

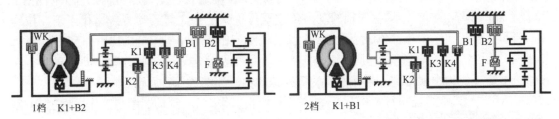

1档　K1+B2	2档　K1+B1
图3-190 1档动力传递路线	图3-191 2档动力传递路线

3档：当自动变速器进入3档后，B1制动器停止工作，K3离合器和K1离合器共同将前排减速输出的动力传递至后面的拉维娜式行星齿轮机构中，由于K3离合器的工作，因此整个后行星齿轮机构形成一个整体，得到3档传动比（只是一次减速过程），如图3-192所示。

4档：当自动变速器执行4档时，K3离合器停止工作，而K4离合器参与工作。K4离合器的工作就会直接将输入轴（速度也是输入轴转速）的动力传递至拉维娜式行星齿轮机构中的前太阳轮上，这样在拉维娜式行星齿轮机构中就形成两种速度的同时输入（K1离合器减速输入、K4离合器以高于K1离合器的速度直接输入）的结果，单纯的独立分析每一条动力传输路线都得不到超速动力传递，因此仍旧是4档的减速档，如图3-193所示。

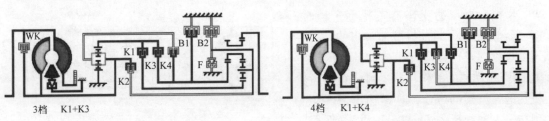

3档　K1+K3	4档　K1+K4
图3-192 3档动力传递路线	图3-193 4档动力传递路线

5 档：当自动变速器进入 5 档后，K4 离合器停止工作，而 K2 离合器参与工作，不同的是，K2 离合器的工作是将输入轴的动力直接传递至拉维娜式行星齿轮机构的行星架上（K4 离合器工作时虽然与 K2 离合器速度相等，但是它们驱动的是两个不同的元件），这样在 4 档的基础上速度又有一点提升，但仍旧不是超速过程，所以得到的还是 5 档减速档的传动比，如图 3-194 所示。

6 档：当自动变速器执行 6 档时，K1 离合器停止工作，K4 离合器再次参与工作，这样就使得拉维娜式行星齿轮机构形成一个整体进行动力传递，得到的是 1:1 的 6 档直接档传动比，如图 3-195 所示。

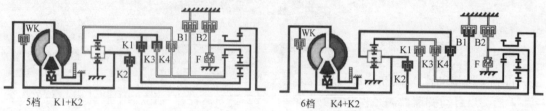

图 3-194　5 档动力传递路线　　　　　　　　图 3-195　6 档动力传递路线

7 档：当自动变速器执行 7 档时，K4 离合器停止工作，而 K3 离合器再次参与工作，K3 离合器参与工作后，是将前排减速输出的动力传递至拉维娜式行星齿轮机构的前太阳轮上，K2 离合器的继续工作直接将输入轴的动力传递至行星架上，此时的动力传递相当于在拉维娜式行星齿轮机构中的单排单级齿轮组里完成（把拉维娜式行星齿轮机构看作两个行星齿轮机构），由于 K3 离合器驱动前太阳轮的速度低（视为固定），K2 离合器驱动行星架，在单排行星齿轮机构中就得到了超速传递的 7 档传动比，如图 3-196 所示。

8 档：当自动变速器执行 8 档时，K3 离合器停止工作而 B1 制动器参与工作，由于 B1 制动器的工作，拉维娜式行星齿轮机构的太阳轮彻底停转，这样动力传递相当于在拉维娜式行星齿轮机构的单排单级齿轮组里完成，以高于 7 档的速度传动，得到 8 档传动比，如图 3-197 所示。

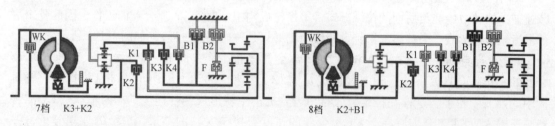

图 3-196　7 档动力传递路线　　　　　　　　图 3-197　8 档动力传递路线

R 档：当自动变速器实现倒车档时，K3 离合器工作，将前排减速输出的动力传递至拉维娜式行星齿轮机构的前排太阳轮上，B2 制动器的工作将拉维娜式行星齿轮机构的行星架固定住，这样输出齿圈便实现与输入轴相反的方向旋转，得到倒档减速输出传动比，如图 3-198 所示。

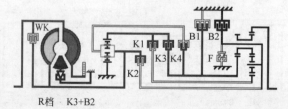

图 3-198　R 档动力传递路线

63 等速万向节、三销式万向节结构

等速万向节结构如图4-1所示，三销式万向节结构如图4-2所示。

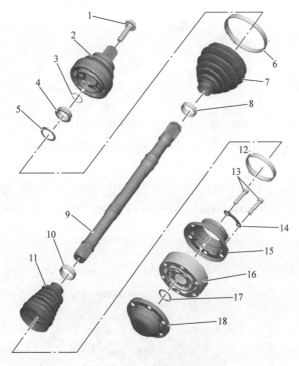

图4-1　等速万向节结构

1—十二角螺栓（200N·m +180°）　2—外等速万向节　3、17—卡环　4—隔环
5—碟形弹簧　6、8、10、12—卡箍　7—万向节保护套　9—万向轴
11—等速万向节的万向节保护套　13—圆头内梅花螺栓（M8：40N·m、M10：70N·m）
14—垫板　15—盖罩　16—内等速万向节　18—盖板

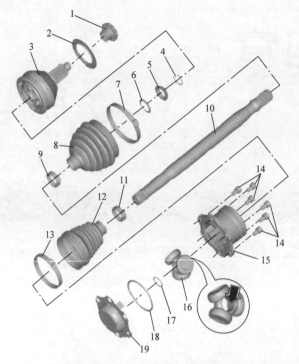

图4-2 三销式万向节结构

1—十二角螺母（50N·m +45°） 2—离心盘（安装万向轴前检查离心盘的正确位置） 3—外等速万向节
4、17—卡环 5—隔环 6—碟形弹簧 7、9、11、13—卡箍 8—等速万向节的万向节保护套 10—万向轴
12—三销式万向节的万向节保护套 14—圆头内梅花螺栓（以交叉方式用70N·m的力矩拧紧）
15—万向节体（外径：108mm） 16—带三个滚轮的万向节 18—密封环 19—盖板

64 十字轴万向节结构

　　十字轴式刚性万向节的构造如图4-3所示。它主要由万向节叉、十字轴、卡簧和十字轴盖等组成。万向节十字轴分解图如图4-4所示。

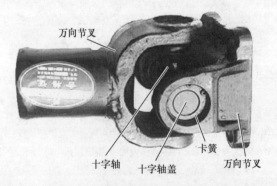

万向节叉

卡簧

万向节叉

十字轴 十字轴盖

图4-3 十字轴式刚性万向节的构造

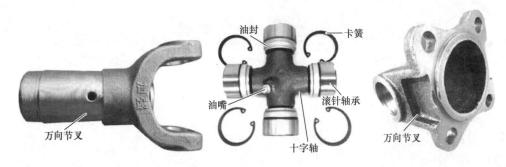

图 4-4 万向节十字轴分解图

⑥⑤ 传动轴结构

通常用来连接变速器（分动器）和驱动桥，在转向驱动桥和断开驱动桥中，则用来连接差速器和驱动轮。当传动距离远时，传动轴过长而使自振频率降低，易产生共振，故常将其分成两段并加中间支承。前段称为中间传动轴，后段称为主传动轴，都是用薄钢板卷焊而成。中间传动轴的两端用止口定位，分别焊有万向节叉和带花键的轴头，花键轴头与凸缘连接，并用螺母紧固。主传动轴前端花键轴头与万向节滑动叉套合形成滑动花键连接，使主传动轴可以轴向伸缩，如图 4-5 所示。

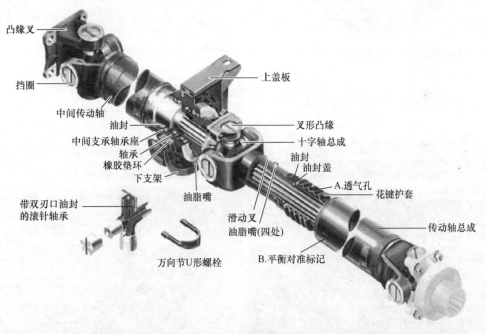

图 4-5 传动轴结构

66 拆卸和安装等速万向传动轴

（1）拆卸

1）拧松传动轴螺栓，如图4-6所示。

2）松开车轮螺栓。

3）升高车辆。

4）拆卸车轮。

5）拆卸隔音垫。

6）拧下右侧的连接杆3和左侧的六角螺母1，如图4-7所示。

图4-6　拧松传动轴螺栓

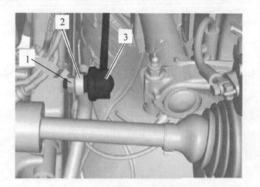

图4-7　拧下连接杆和六角螺母

1—六角螺母　2—稳定杆　3—连接杆

7）从稳定杆2上拔出连接杆3。

8）带有车辆高度传感器的车辆：①拧出螺母1；②将左前车辆高度传感器G78或右前车辆高度传感器G289的支架2从摆臂3中拔出，如图4-8所示。

9）拧出主销上的螺母，如图4-9中箭头所示。

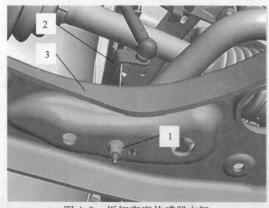

图4-8　拆卸高度传感器支架

1—螺母　2—支架　3—摆臂

图4-9　拧出主销上的螺母

10）将摆臂从主销上松开。

11）将传动轴从法兰轴/变速器上拧下，如图4-10中箭头所示。

12）向左转动车轮轴承罩。

13）从轮毂上拉出传动轴。注意：如果无法从车轮轴承中拉出传动轴，则可以用压出器 T10520（图4-11）将传动轴从车轮轴承中压出。

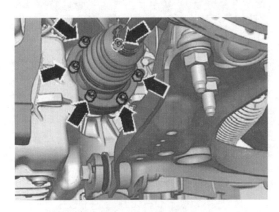

图 4-10　将传动轴从法兰轴上拧下

图 4-11　压出器 T10520

14）将压出器 T10520（1）用三个车轮螺栓2固定在轮毂上，目的是压出传动轴3，如图 4-12 所示。注意：压出器 T10520 必须遵守规定的顺序。①用手拧紧滚花螺母1；②只能用扳手转动螺栓2，用压出器 T10520 压出传动轴，如图4-13 所示。

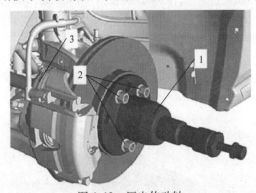

图 4-12　压出传动轴

1—压出器 T10520　2—车轮螺栓　3—传动轴

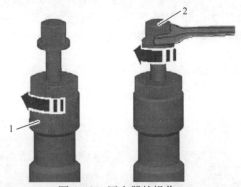

图 4-13　压出器的操作

1—滚花螺母　2—螺栓

15）取出传动轴。

（2）安装　安装以相反顺序进行，安装过程中必须注意以下事项：在将外侧万向节装入轮毂之前，为外侧万向节的花键涂抹一次薄薄的装配膏。

67 拆卸和安装三销式万向节

（1）拆卸

1）拧松传动轴螺栓，如图4-14 所示。

2）松开车轮螺栓。

3）升高车辆。

4）拆卸车轮。

5）拧下右侧的连接杆3和左侧的六角螺母1，如图4-15所示。

图4-14 拧松传动轴螺栓

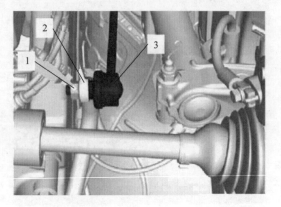

图4-15 拧下连接杆和六角螺母

1—六角螺母 2—稳定杆 3—连接杆

6）从稳定杆2上拔出连接杆3。

7）拧下螺母，如图4-16中箭头所示。

8）将带转向节主销的车轮轴承罩从摆臂上拉出。

9）将传动轴从轮毂中拉出并固定在车身上。如果无法从车轮轴承中拉出传动轴，则可以用压出器T10520将传动轴从车轮轴承中压出。在使用压出器T10520之前，要注意放入压块，如图4-17所示。

图4-16 拧下螺母

压块

图4-17 压出器T10520的压块

10）将压出器 T10520（1）用三个车轮螺栓 2 固定在轮毂上，目的是压出传动轴 3，如图 4-18 所示。压出器 T10520 必须遵守规定的顺序：①用手拧紧滚花螺母 1；②只能用扳手转动螺栓 2，用压出器 T10520 压出传动轴，如图 4-19 所示。提示：在操作结束或调整时，必须重新将丝杠安装到其初始位置，以便可以使用液压功能。

图 4-18 压出传动轴

1—压出器 T10520 2—车轮螺栓 3—传动轴

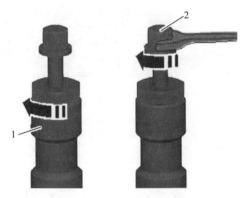

图 4-19 压出器的操作

1—滚花螺母 2—螺栓

11）将楔子 T10161 装入到变速器壳体和三销式万向节之间，如图 4-20 所示。

12）用橡胶锤敲击楔子 T10161，将内侧万向节从变速器中敲出。

13）取出传动轴。

（2）安装 安装按拆卸的倒序进行，安装时应注意下列事项：

1）将新的卡环装入铰接件轴颈的槽中。

2）将铰接件和变速器的外、内花键啮合。

3）用手抓住传动轴并将其推到铰接件中，直至极限位置。

4）现在将铰接件猛推入变速器中。注意：可以利用铰接件中的推拉路径执行猛推操作。同时，不要将万向轴拉离铰接件太远。

5）克服卡环的阻力，拉动铰接件，检查万向轴在变速器中的安装是否牢固。

6）将外侧万向节尽可能插入至轮毂花键中。

（3）将卡箍固定在三销式万向节和外万向节上

1）用弹簧钳 V. A. G 1682 A 夹紧不锈钢卡箍 2，如图 4-21 所示。安装弹簧钳时，钳子的钳口必须紧贴卡箍 2 的中间位置（图 4-21 中箭头）。提示：螺杆 1 的螺纹必须能轻松拧入，必要时用 MoS 2 润滑脂进行润滑。活动困难时，如螺纹有污物，则在规定的拧紧力矩下无法达到卡箍所需的夹紧力。

2）用扭力扳手旋转螺杆 1 来张紧卡箍 2，这时弹簧钳不能歪斜，拧紧力矩为 20N·m。

3）为了能在安装万向轴时更好地将内多齿螺栓装上，必须将卡箍接口 2 置于万向节体的固定法兰 1 之间，如图 4-22 所示。

4）用手将卡箍挂在第一个凸缘上。

5）用转向器夹钳 VAS6199 夹紧卡箍，如图 4-23 所示。

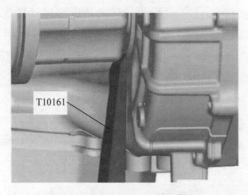

图 4-20 将楔子装入到变速器壳体和三销式万向节之间

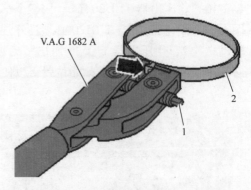

图 4-21 弹簧钳
1—螺杆 2—卡箍

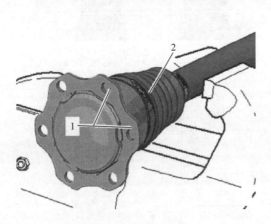

图 4-22 将卡箍夹紧
1—固定法兰 2—卡箍接口

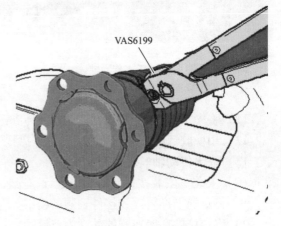

图 4-23 夹紧卡箍

⑥⑧ 分解和组装等速万向节

（1）分解

1）使用保护板将万向轴夹在台虎钳中。

2）将橡胶防尘套翻回。

3）安装起拔工装 T10382，使起拔板 T10382/1 的光滑侧朝向丝杠 T10382/2，如图 4-24 所示。

4）将起拔工装 T10382 完全与多用途工具 VW 771 组装在一起。

5）将等速万向节用起拔工装 T10382 和多用途工具 VW 771 从万向轴上拔下。或用轻合金锤通过用力敲击把等速万向节从万向轴中敲出，如图 4-25 所示。

6）拆卸卡环，如图 4-26 所示。

7）用黄铜芯轴或铜芯轴将万向节保护套的盖罩推下，如图 4-27 所示。

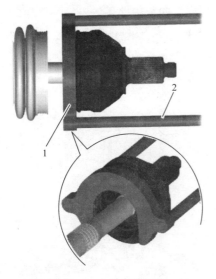

图 4-24　安装起拔工装

1—起拔板 T10382/1　2—丝杠 T10382/2

图 4-25　敲下等速万向节

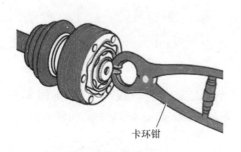

图 4-26　拆卸卡环

卡环钳

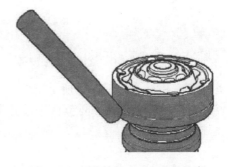

图 4-27　用芯轴敲出万向节保护套

8）压出内侧等速万向节，如图 4-28 所示。

（2）组装

1）碟形弹簧和止推环在外万向节上的安装位置，如图 4-29 所示。

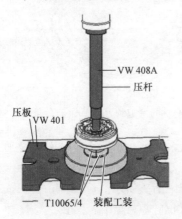

VW 408A

压杆

压板

VW 401

T10065/4　装配工装

图 4-28　压出内侧等速万向节

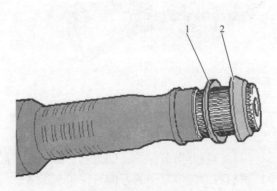

图 4-29　碟形弹簧和止推环在外万向节上的安装位置

1—碟形弹簧　2—止推环

2）在装配万向节体前，必须在花键上薄薄地涂一层万向节中使用的油。

3）如图4-30所示将旧螺栓旋入万向节体。将万向节用塑料锤敲到轴上，直到卡环卡入。

4）压入内侧等速万向节，将万向节压紧至极限位置，如图4-31所示。卡紧卡环，球形毂（花键）内径上的倒角必须指向万向轴的接触凸肩。

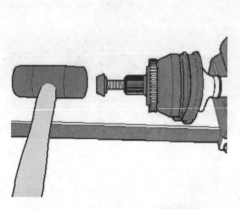

图4-30　将万向节用塑料锤敲到轴上

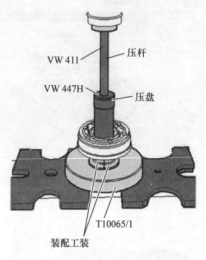

图4-31　将万向节压紧至极限位置

5）安装卡环，如图4-32所示。

6）将密封剂涂敷到万向节保护套盖罩内侧干净的区域（阴影线部分），如图4-33所示。密封剂条不中断，直径为2~3mm，涂在孔区域的内侧，如图4-33中箭头所示。

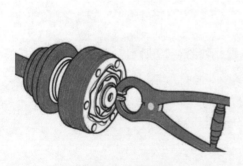

图4-32　安装卡环

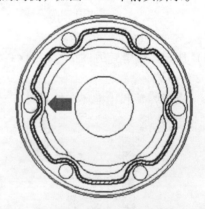

图4-33　将密封剂涂敷到万向节保护套盖罩内侧

7）把万向轴保护套套到轴上。注意：万向轴、万向节保护套和盖罩的接触面上必须无油脂。

8）用螺栓将万向节保护套的盖罩对准螺孔，如图4-34中箭头所示。

9）用塑料锤把带罩子的万向节保护套敲入。流出的密封剂应立即清除干净。

10）安装弹簧钳 V.A.G 1682 A 如图4-35所示。此时应注意，钳子的刃应紧贴卡箍的箭头 B。

11）用扭力扳手旋转螺杆 A 来夹紧卡箍（同时钳子不能歪斜），拧紧力矩为 20N·m。

图 4-34　用螺栓将万向节保护套的盖罩对准螺孔

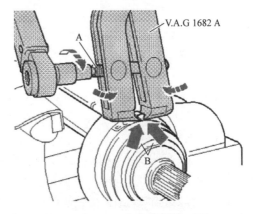

图 4-35　安装弹簧钳

69　检查外等速万向节

为在污物较多时更换油脂，或者在检查钢球摩擦面的磨损和损坏情况时，必须分解万向节。

（1）分解

1）分解前，用电刻笔或磨石标出球形毂相对于钢球保持架和壳体的位置，如图 4-36 所示。

2）转动球形毂和钢球保持架。

3）逐个取出钢球。

4）转动保持架，直至两个矩形窗口贴在万向节体上，如图 4-37 中箭头所示。

5）取出保持架和球形毂。

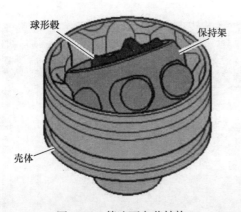

图 4-36　等速万向节结构

图 4-37　转动保持架

6）将带较短轴颈的球形毂的扇形面转入保持架的矩形窗口中。

7）将球形毂从保持架中松开。

（2）检查 每个万向节的钢球属于一个公差级别。检查轴颈、毂、保持架和钢球有无小凹痕（麻点形状）和腐蚀迹象。如果通过变荷冲击发现万向节转动间隙过大，那么应更换万向节。不能根据钢球的光亮度和摩擦痕迹来更换万向节。

（3）组装

1）将保持架及球形毂装入万向节体，如图4-38所示。提示：必须将保持架的两侧正确地放入。

2）压入两个相对的球体，必须重新形成球形毂相对于钢球保持架和万向节体的旧位置。

3）将需要的油脂量压入万向节体。

图4-38　将保持架及球形毂装入万向节体

70　十字轴式万向传动装置拆卸

1）传动轴的拆卸。在万向节凸缘叉与主减速器凸缘相连接处做记号，以便装配，如图4-39所示。

装配标记

做装配记号

图4-39　传动轴后端拆卸

2）拆下主传动轴与主减速器主动轴凸缘相连接的紧固螺母和螺栓，使传动轴与主减速器分离。

3）在松开万向节盘和法兰之前，必须在一个平面上将万向轴前的万向轴盘螺栓连接1、2、3标识出来，如图4-40所示。

4）从变速器上拉出连接轴叉，插入专用柱塞，以防变速器油从油封处渗出，如图4-41所示。

5）在连接凸缘上做装配记号，拆下连接螺母和螺栓，将传动轴与中

图4-40　将万向轴前的万向轴盘螺栓连接标识出来

间轴分离，如图 4-42 所示。注意：在安装三孔法兰时，必须在同样的位置将其与万向节盘组装起来。

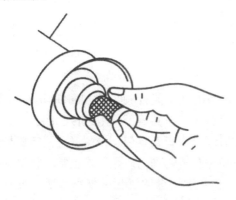

图 4-41　插入专用柱塞

图 4-42　在凸缘上做记号
1—万向节盘　2—法兰

6）对于中间接头轴叉型，在连接轴叉和中间轴处做出装配记号。拆下万向节十字轴承，使传动轴与中间轴分离，如图 4-43 所示。

7）安装时更新螺栓和自锁螺母，如图 4-44 所示。

传动轴护套管与传动轴轴管上标记的箭头要对齐

图 4-43　在轴叉上做记号

图 4-44　固定住万向节盘固定螺栓的螺母

71 万向传动装置故障检修

（1）明锐 1.8T 自动变速器车型起步等工况异响

1）故障现象：主要出现在车辆急加速、制动或原地起步时。

2）故障原因：由于外球笼的花键与轮毂存在配合间隙。车辆急加速、制动或原地起步时，球笼花键齿与轮毂内花键齿瞬间撞击产生异响。目前已经增大外球笼花键的尺寸，减小与轮毂内花键的配合间隙，可以消除异响现象。

（2）球笼橡胶护套漏油

1）故障现象：护套破损漏油或护套卡箍处漏油（护套本身无损坏）。

2）故障原因：护套破损导致漏油的原因有两种，包括异物割破护套导致漏油和护套老化龟裂导致漏油。对于异物割破护套导致漏油的情况，护套外观可以看到清晰的裂痕，且裂痕破损处较平整光滑；对于护套老化龟裂导致漏油的情况，可以看到破损断口处有大量毛边，形状不规则，且护套周围表面有龟裂现象。对于护套卡箍处漏油的情况，表现在护套与内球笼或外球笼连接的位置处有少量油脂渗出，通常是卡箍失去紧固作用，此时更换卡箍即可。

（3）迈腾2.0T轿车左前传动轴异响

1）故障现象：一辆迈腾B7L轿车，平路行驶时左前轮附近时有时无地发出"咔嗒、咔嗒"的异响。

2）故障检测：正常路面上试车，开始并没有异响出现，但行驶了约6km时异响出现，在驾驶室内感觉异响是从左前轮、左前传动轴、变速器、差速器等部件附近传出的；举升车辆，检查两前轮轮胎，无异物；检查底盘，无碰撞痕迹；检查副车架、控制臂等固定螺栓的力矩，无松动；对比检查左右前轮的车轮轴承间隙和左右传动轴的间隙，均正常；将自动变速器挂入N档，用手转动左前轮，在反复多次转动左前轮检查的过程中仔细倾听，发现左侧传动轴会发出异响，经过对异响进一步确认，该响声是从传动轴与变速器连接侧的内球笼发出的，传动轴与车轮连接的外球笼无异响；转动右前轮检查，没有发现异响，正常。

拆下左侧传动轴，转动和摇动内、外球笼，外球笼正常，内球笼内部有响声发出，感觉就像球笼内部没有润滑脂一样，但是检查其防尘套，密封良好，无泄漏，如图4-45所示。于是只能解体确认故障，拆开传动轴内球笼上盖，如图4-46所示，发现内球笼内部确实没有润滑脂。

3）故障排除：更换左传动轴总成。

图4-45　内球笼无泄漏

图4-46　传动轴内球笼中无润滑脂

（4）传动系严重嗡鸣声响故障

1）故障现象：根据驾驶人自述，当车辆在行驶中，车速达到60km/h后，传动系就出现严重的嗡鸣声，其声响特别噪耳。更换传动轴后，声响消失，但行驶里程不长又再次出现同样异响。

① 静态检查，传动系各部分无松旷现象，前后传动轴凸缘均在同一平面，用百分表测试，传动轴无明显偏摆。

② 动态检查，顶起后轮起动挂档运转时，发现其响声部位来自中间过桥轴承，解体传动轴过桥轴承检查，其过桥轴承有严重异常磨损现象。

③ 根据观察，过桥轴承润滑良好，新车同样轴承检查，其轴承运转正常，无加工及其他明显异常。

④ 对该车传动系结构进行检查，发现该车传动系是由两根传动轴及一个中间支承固定组成的，在传动轴装配时，前面一根传动轴是前低后高，后面是前高后低。在第一根传动轴与第二根传动轴之间形成了一个较大的夹角。

2）故障分析：如图 4-47 所示，过大的夹角会导致过桥支承（中间支承支架）轴承承受一个较大的纵向的振力，从而导致过桥轴承出现异常磨损现象。

3）故障排除：对传动轴过桥支架部分进行改装，在过桥支架吊耳之间加装一块厚约 2cm 的钢板，如图 4-48 所示，用以改变前后两根传动轴的夹角，消除传动轴对过桥轴承的振力。

图 4-47　过大的夹角

图 4-48　加装一块厚约 2cm 的钢板

（5）宇通客车车厢内产生振动，并产生噪声故障

1）故障现象：一辆宇通客车，行驶里程约为 6 万 km，驾驶人反映该车行驶速度为 70～90km/h 时，车厢内产生振动现象，并产生噪声。

2）故障诊断及排除：首先试车，发现车速达到 50km/h 时开始有振动和噪声出现，随着车速的增大噪声也逐渐加大，而且振动和噪声在车辆的中、后部乘客区要强烈一点。车速超过 90km/h 时振动和噪声减弱。

该车已经维修过多次，一直未能解决问题，比较困惑。根据驾驶人的描述和路试时所感受到的情况对该车的悬架系统、传动系统仔细进行检查。未发现松动、磨损、老化或润滑不到位的现象，发现前、后两段传动轴上都有新焊接的平衡块，是对传动轴做动平衡时焊接的，做完传动轴动平衡后噪声和振动稍好一点，但仍然明显。仔细分析试车时的故障现象，认为噪声和振动确实像某个运动部件失去平衡导致，认为有可能是传动轴损坏。

综合以上分析决定对该车传动轴重新进行校正，为了保证校正质量，拆下传动轴后送到生产厂家，按出厂检验标准来进行校正。将校正后的传动轴装车进行路试，发现故障依旧，此时故障维修陷入困境。路试中无法对传动轴运转情况进行直接观察，决定将车停在地沟上，用三角木塞住两个前轮，防止车辆测试中移动，用举升设备将两个后轮顶起到离开地面，安排驾驶人模拟车辆正常行驶状态，并将车速控制在噪声和振动产生最大值的范围内。

在车底对传动轴进行观察，发现传动轴达到一定转速时开始抖动，慢慢产生了噪声和振动，说明维修思路和查找到的故障点没有问题。传动轴的本身平衡已经由厂家按出厂标准进行校正过，再次对传动轴及前后相关连接部位进行仔细检查，检查中发现后段传动轴的两个十字轴角度偏大，那么传动轴夹角偏大会不会引起噪声和振动呢？查阅相关资料得知，汽车用十字轴刚性万向节类型的传动轴夹角越小运转越平稳。

与同类型车辆进行对比发现，该车传动轴夹角过大，如图4-49所示。决定改变传动轴夹角进行试验，将传动轴中间支承的固定螺栓拆下，更换加长的螺栓，在传动轴中间支承与横梁之间加装调整垫片，让中间支承向下移动，减小后传动轴夹角。但注意，此时要考虑前段传动轴十字轴夹角，取一个较合理的位置，可以通过加减垫片后进行试车来决定调整垫片的加减量。当调整垫片加减到厚度为2cm时试车，如图4-50所示，发现传动轴不再抖动，也无噪声出现。

图4-49 传动轴

图4-50 传动轴中间支承与横梁之间加装调整垫片后

第五章 Chapter 5

驱 动 桥

⑦② 驱动桥的结构

一般汽车的驱动桥如图 5-1、图 5-2 所示，由主减速器、差速器、半轴、桥壳和轮毂等组成。

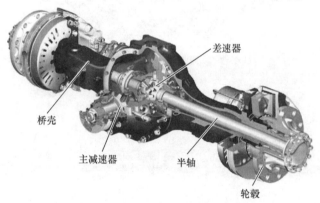

图 5-1　整体式驱动桥一

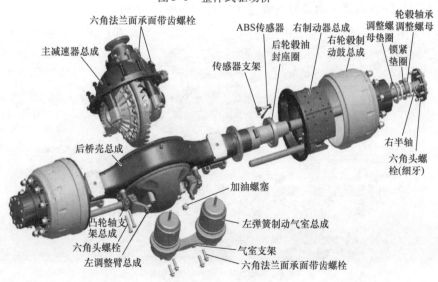

图 5-2　整体式驱动桥二

按悬架结构不同，驱动桥可分为非断开式驱动桥（又称为整体式驱动桥）和断开式驱动桥。非断开式驱动桥通过弹性悬架与车架连接，由于半轴套管与主减速器壳是刚性连成一体的，因而两侧的半轴和驱动轮不可能在横向平面内做相对运动。有些轿车和越野车为了提高行驶平顺性和通过性，车的全部或部分驱动轮采用独立悬架，将两侧的驱动轮分别用弹性悬架与车架相联系，两轮可彼此独立地相对于车架上下跳动。与此相应，主减速器壳固定在车架上，驱动桥壳应制成分段并通过铰链连接，这种驱动桥称为断开式驱动桥，如图 5-3 所示。主减速器与驱动轮之间通过摆臂铰链连接，半轴分段并用万向节连接。

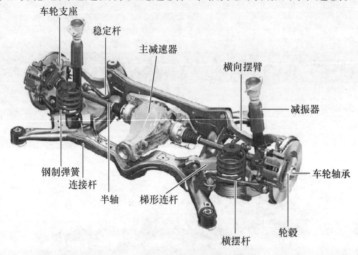

图 5-3　奥迪断开式后驱动桥

(73) 双联驱动桥的结构

双联驱动桥由中桥和后桥组成，传动轴将动力输入中桥，中桥设置有桥间（或称为轴间）差速器，桥间差速器把动力分别传递给中桥和后桥。

在双联驱动桥的结构中，后驱动桥由中央一级减速器和差速器组成，如图 5-4 所示。相

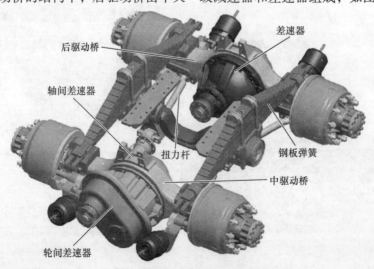

图 5-4　双联驱动桥

比之下，中驱动桥的结构就比较复杂，中桥有两个差速器，一个是轮间差速器（图 5-5a），它使汽车在拐弯时左、右车轮自动起差速作用，减少车轮的滑动磨损；另一个是轴间差速器（图 5-5b），它使汽车在高、低不平路面上行驶时中桥和后桥之间自动起差速作用。汽车在高、低不平路面上行驶时，往往需要中桥与后桥的瞬间转速不同（某一瞬间中桥比后桥车轮要多转一点，而另一瞬间中桥比后桥车轮又要少转一点），以适应路面对车轮转动的需要，如果中桥与后桥是一个完全刚性传动的连接，那么任何瞬间中桥与后桥车轮转速都是绝对一致的，就会产生憋劲的现象，不仅消耗功率，而且轻则产生磨轮胎的故障，严重时会造成机件的损坏。

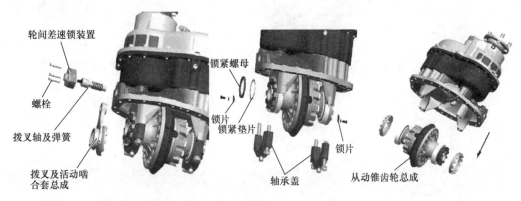

a) 轮间差速器

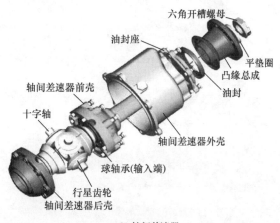

b) 轴间差速器

图 5-5 轮间、轴间差速器

74 差速器的结构

（1）行星锥齿轮差速器 图 5-6 所示为行星锥齿轮差速器。它由行星锥齿轮、一个十字形行星轮轴（简称十字轴）、两个半轴锥齿轮、差速器壳及垫片组成。

对称式锥齿轮轮间差速器由十字轴、行星轮、从动锥齿轮、半轴齿轮和差速器壳等组成，如图 5-7 所示。

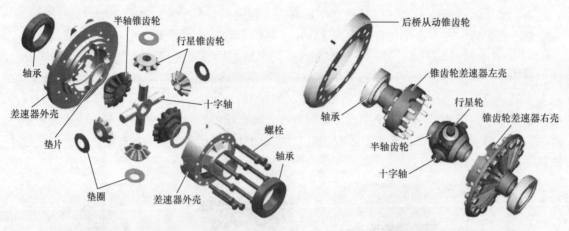

图 5-6 行星锥齿轮差速器　　　　　　图 5-7 对称式锥齿轮轮间差速器

（2）贯通式双级主减速器　图 5-8 所示为贯通式双级主减速器。中桥也是由减速器总成、桥壳总成、制动总成、轮毂制动鼓总成组成的。中桥与后桥不同的是，中桥不仅有一个输入端而且有一个输出端——贯通轴总成。中桥主减速器是两级传动，一般是一对圆柱齿轮和一对锥齿轮。

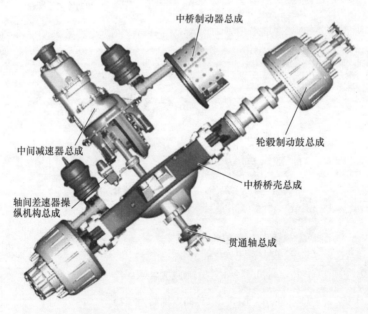

图 5-8 贯通式双级主减速器

（3）运动型差速器　奥迪 A7 上的运动差速器都由环形齿轮、侧齿轮和行星齿轮机构组成，如图 5-9 所示，与普通差速器核心机构相差无几。它不同于普通差速器的是，在两端各加了一组多片离合器，并由控制单元和液压泵电动机控制两端多片离合器动作。当需要增在一侧的驱动力时，液压泵电动机工作，向这一侧施加油压，多片离合器接合，而另一侧多片离合器仍分离，这样从传动轴传递来的驱动力就会更多地向一侧传递。与 ESP 电子稳定机构相比，运动差速器反应更快、控制最精确。

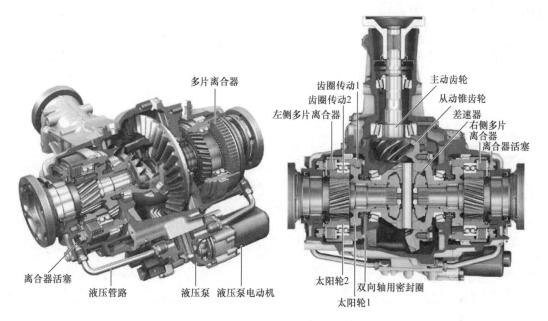

图 5-9　运动差速器结构图

75 半轴、桥壳结构

（1）半轴　半轴是在差速器与驱动轮之间传递动力的实心轴，其内端与差速器的半轴齿轮连接，外端则与驱动轮的轮毂相连，如图5-10所示。

全浮式半轴支承和半浮式半轴支承是现代汽车采用的两种基本形式。

全浮式半轴支承（图5-11）广泛应用于各型货车上。半轴外端锻出凸缘，借螺栓和轮毂连接。轮毂通过两个相距较远的圆锥滚子轴承支承在半轴套管上。半轴套与空心梁配成一体，组成驱动桥壳。

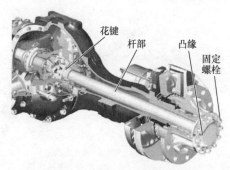

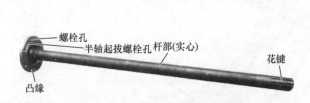

图 5-10　半轴的结构

图 5-11　全浮式半轴支承

半浮式半轴支承形式如图5-12所示，双龙轿车半浮式驱动桥如图5-13所示。半轴外端的锥形锥面上切有纵向键槽，最外端有螺纹。半轴内端的支承方法与全浮式半轴支承相同，半轴内端不受力及弯矩。轮毂上有相应的锥形孔与半轴配合，用键连接，并用螺母拧紧。一般来讲，半浮式半轴支承中，半轴与桥壳间的轴承只用一个。为使半轴和车轮不致被向外的侧向力拉出，该轴承必须能承受向外的轴向力。另外，在差速器行星轮轴的中部浮套着止推块，半轴内端正好能顶靠在止推块的平面上，因而不致在朝内的侧向力作用下向内窜动。

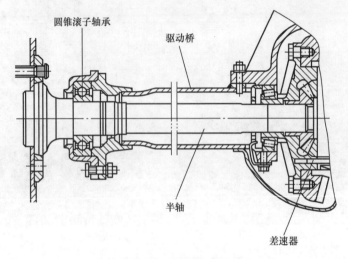

图 5-12　半浮式半轴支承形式

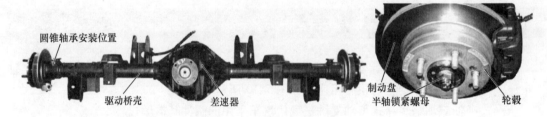

图 5-13　双龙轿车半浮式驱动桥

（2）桥壳　车的整体式桥壳如图 5-14 所示。它由中部的空心梁、半轴套管、主减速器壳和后盖等组成。

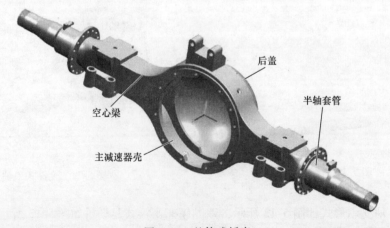

图 5-14　整体式桥壳

76 电子分动器

分动器可以在 2H 和 4H 之间转换，如图 5-15 所示。分动器由分动器内密封链条、控制单元、分动箱、电动机等部件组成，如图 5-16 所示。

电子分动器安装位置如图 5-17 所示。选择 2H 和 4H 内的一个位置时，TOD 控制单元通过检测来自监测电动机位置编码器的电子信号准确地把电动机位置变换到 2H 和 4H。其控制单元插头如图 5-18 所示。控制单元插头端子含义见表 5-1。

后速度传感器应用霍尔效应原理，它根据随分动器后输出轴轮齿转动的齿轮的转速产生 0~5V 的数字方波。来自后传动轴的速度信号被输入到控制单元，当控制单元确定 4WD HIGH 操作有效时，电流流入离合线圈内。被此电流磁化的线圈进入工作并锁止轮毂，使其啮合动力输出到花键。因此，动力被传输到前轮。后速度传感器插头如图 5-19 所示，其端子含义见表 5-2。

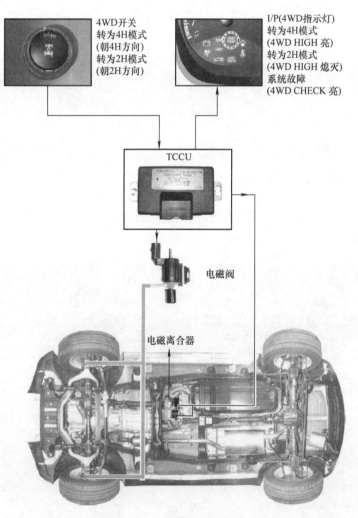

4WD开关
转为4H模式
（朝4H方向）
转为2H模式
（朝2H方向）

I/P(4WD指示灯)
转为4H模式
(4WD HIGH 亮)
转为2H模式
(4WD HIGH 熄灭)
系统故障
(4WD CHECK 亮)

TCCU

电磁阀

电磁离合器

图 5-15　分动器的操作显示

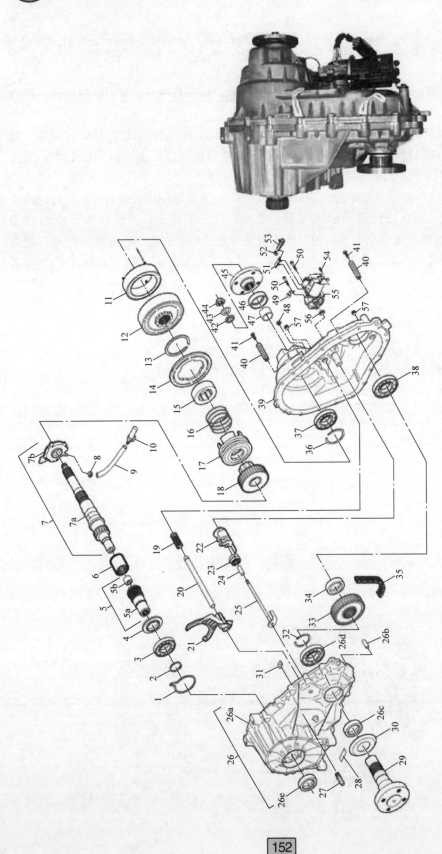

图 5-16　分动器的结构

1、2、13、32、36—卡环　3、37、38—轴承　4—轮毂　5—输入轴总成　5a—输入轴　5b—轴承　6—轴环　7—主轴总成　7a—主轴　7b—油泵　8—软管　9—软管

10—滤清器　11—电气线圈总成　12—凸轮/电气线圈壳体总成　14—电极　15—锁止轮毂　16—衬套回位弹簧　17—锁止轴环　18—驱动链轮　19—回位弹簧　20—换挡导机

21—换挡拨叉　22—电控换挡凸轮　23—扭力弹簧　24、34、47—隔圈　25—换挡轴　26—分动器总成　26a—分动器盖　26b—端盖定位销　26c—油封　26d—球轴承

26e—输入轴油封　27—通气管　28—标签　29—输出轴　30—防尘导流板　31—磁铁　33—下链轮　35—链条　39—盖　40—弯曲片

41、50、54—螺栓　42、46、56—油封　43—垫圈　44、48—螺母　45—连接凸缘　49—夹子　51—继电器装配支架　52—锁止夹　53—插接器　55—电动机总成　57—螺塞

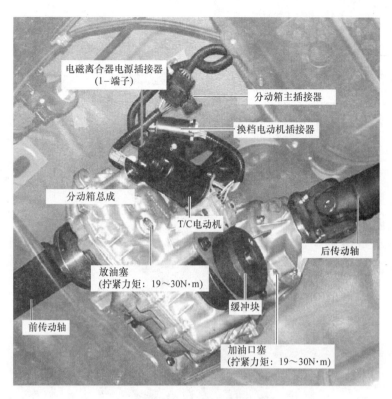

图 5-17　电子分动器安装位置

图 5-18　控制单元插头　　　　　　　　　　　图 5-19　后速度传感器插头

表 5-1　控制单元插头端子含义

端子	功能
1	位置 A
2	位置 B
3	位置 C
4	位置 D
5	位置搭铁
6	控制（4H－2H）
7	控制（2H－4H）

表 5-2　后速度传感器插头端子含义

端子	功能
A	离合器线圈
B	传感器电源（5V）
C	传感器信号
D	传感器搭铁

77 主减速器与差速器拆装调整

　　主减速器总成主要结构分解如图 5-20 所示。主动锥齿轮总成主要结构分解如图 5-21 所示。差速器结构分解图如图 5-22 所示，差速器分解结构图如图 5-23 所示。

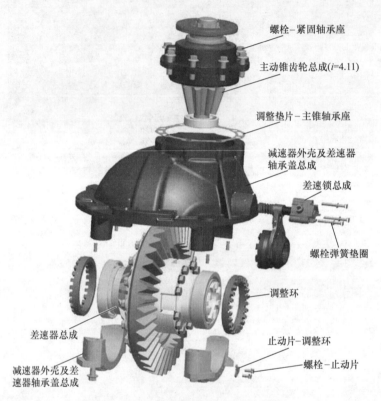

图 5-20　主减速器总成主要结构分解

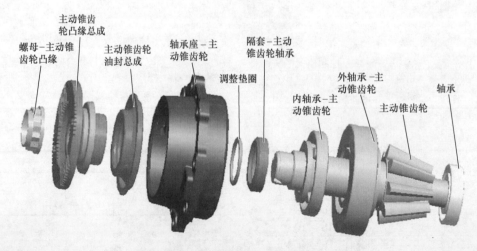

图 5-21　主动锥齿轮总成主要结构分解

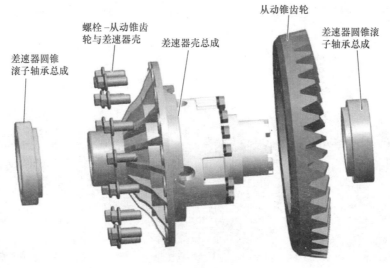

从动锥齿轮

螺栓–从动锥齿
轮与差速器壳

差速器壳总成

差速器圆锥滚
子轴承总成

差速器圆锥
滚子轴承总成

图 5-22　差速器结构分解图

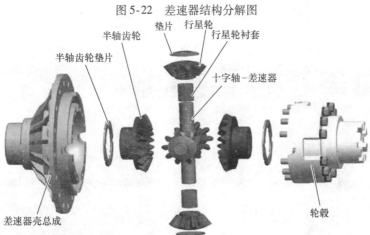

垫片　行星轮

半轴齿轮　　行星轮衬套

半轴齿轮垫片

十字轴–差速器

差速器壳总成

轮毂

图 5-23　差速器分解结构图

（1）组装主动锥齿轮及轴承座总成

1）用专用工具把内、外轴承的外圈压入轴承座，如图 5-24 所示。

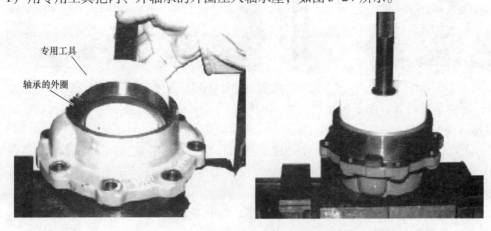

专用工具

轴承的外圈

图 5-24　用专用工具把内、外轴承的外圈压入轴承座

2）把内圆锥滚子轴承的内圈加热到 120～150℃，然后把它放在锥齿轮上，待冷却后，把轴承座扣装到齿轮轴上，如图 5-25 所示。

图 5-25　安装内圆锥滚子轴承

3）把主动锥齿轮调整垫片放入齿轮轴颈部位，一边慢慢转动轴承座，一边给外轴承座涂抹润滑油，把冷却下来的外圆锥滚子轴承内圈推进去，把凸缘和螺母安装在合适位置，调整轴承预紧力如图 5-26 所示。注意：在装油封之前测摩擦因数。

图 5-26　调整轴承预紧力

4）将轴承座夹紧，如图 5-27 所示。用扭力扳手在凸缘螺母处测一下摩擦因数，其拧紧力矩为 8～16N·m。

5）若摩擦因数达到要求，则拆下凸缘螺母和凸缘总成。将油封压入油封座内并在油封空腔内涂抹润滑脂，在油封环外圈上涂抹密封胶，用专用工具将其压入油封座，最后将油封座连同油封压入轴承座，如图 5-28 所示。

6）装入凸缘总成及凸缘锁紧螺母，并锁紧，防止松动，螺纹处涂抹螺纹锁固胶，如图 5-29 所示。凸缘螺母锁紧力矩为（950±100）N·m。

图 5-27　将轴承座夹紧

图 5-28　压入油封

图 5-29　装入凸缘总成及凸缘锁紧螺母

（2）组装差速器总成　组装差速器总成前，将所需的各零部件清理干净，并检查是否合格，合格后将进行下面的操作。

1）把半轴齿轮垫片放在差速器壳体上，并将半轴齿轮放入差速器左壳中，右壳也放入半轴齿轮垫片及半轴齿轮，如图5-30所示。注意：差速器壳体球面内腔、安装端面、垫子两面和半轴轮需涂抹润滑油。

2）将行星轮和十字轴及行星轮垫片一起装入差速器左壳中，调整齿侧间隙为0.25～0.50mm，如图5-31所示。注意：球垫两面、行星轮安装面和内孔、十字轴圆柱面需涂抹润滑油。

图 5-30　把半轴齿轮垫片放在差速器壳体上

3）检查行星轮是否可以来回转动，然后将差速器右壳合上，用螺栓拧紧，拧紧力矩为250～330N·m。将轴承内圈加热到120～150℃，安装到差速锁侧，放上从动齿轮，拧紧从动齿轮连接螺栓，拧紧力矩为（570±40）N·m，另外一边轴承装配方法一样，如图5-32所示。注意：锁紧时各螺栓涂抹螺纹锁固胶，需要检查两端轴承是否安装正确。

图5-31　将行星轮和十字轴及行星轮垫片一起装入差速器左壳中

图5-32　检查行星轮是否可以来回转动

（3）调整差速器总成

1）将轴承外圈放在圆锥滚子上，并与差速器一同放入主减速器壳中，如图5-33所示。

2）将调整螺母放入螺纹中，对着轴承用手轻轻地转动，将轴承盖按配对标记装配，如图5-34所示。注意：如果轴承盖不能正确装配，调整螺母的螺纹有可能相交。

3）放入轴承盖连接螺栓，并预拧紧，但调整螺母将仍能转动自如。

图5-33　将差速器放入主减速器壳中

图5-34　将轴承盖按配对标记装配

（4）安装轴承座总成

1）将垫片放在主减速器壳上如图5-35所示，放到位，并涂抹一层密封胶（垫片依据调整间隙加减，最终确认正确调整间隙后再涂抹密封胶），确保回油口通畅。如有必要则可放入一个导向螺栓（取决于个人）。注意：至少使用三个垫片，在两侧使用薄垫片以达到最佳密封效果。

2）将圆柱滚子轴承内圈装到主动圆锥齿轮上，外圈装到主减速器轴承孔中，如图5-36所示。

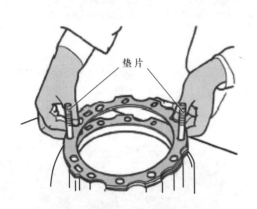

图5-35　将垫片放在主减速器壳上

图5-36　外圈装到主减速器轴承孔中

3）将轴承座总成放入主减速器壳，确保回油口相对应和确保圆柱滚子轴承正确对中和接合，如图5-37所示。

4）按规定的拧紧力矩拧紧固定螺栓。注意：在主从动齿轮的啮合间隙调整正确后，螺栓涂抹螺纹锁固胶锁紧，锁紧力矩为(425 ± 50)N·m。

5）差速器轴承及主从动锥齿轮齿侧间隙调整。

①拧入两个调整螺母直到圆锥滚子轴承轻轻被预紧，如图5-38所示。注意：当拧入

图5-37　将轴承座总成放入主减速器壳

调整螺母时，用铜棒对着轴承盖轻敲几次，同时转动从动齿轮，这样才能确保轴承定位。

②将百分表及支架放置在主减速器壳上，这样百分表的指针才能按正确的角度定位在从动锥齿轮齿廓上，如图5-39所示。当均匀地和交替地转动调整螺母时（向左侧和右侧），将差速器滑向主动齿轮，直到齿侧间隙达到0.25～0.35mm。检查圆锥滚子轴承的预紧力，调整螺母的锁紧力矩为20～50N·m。如果有必要，则重新调整百分表。测量点=3×120°。注意：不转动主动齿轮，在两个方向上转动从动齿轮，齿侧间隙均可以读出。

③啮合印记调整如图5-40所示。首先在从动齿轮上用红丹粉均匀涂抹3～5个齿，在旋转90°的情况下再涂抹3～5个齿，然后转动齿轮至少两周，观察齿轮啮合的印记，从动齿轮凸面啮合痕迹在齿的中央附近呈椭圆形或者矩形，接触印痕占齿长的40%～60%，占

图 5-38　拧入两个调整螺母

齿高的 60% ~ 80%，凹面啮合区在齿的中部可略偏大端。如果不符合要求，则需重新调整轴承座垫片和齿侧间隙。注意：齿面的接触印记不能接触到任何齿的外边缘。

图 5-39　将百分表及支架放置在主减速器壳上

图 5-40　啮合印记调整

④ 齿侧间隙达到要求和齿轮啮合印记符合要求后，就按规定的拧紧力矩拧紧轴承盖螺栓。拧紧力矩为（530 ± 50）N·m。

⑤ 在主减速器轴承盖上装配锁紧丝圈的止动锁片，六角头螺栓涂抹螺纹锁固胶锁紧，拧紧力矩为 22 ~ 27N·m。注意：主减速器总成转动力矩为 10 ~ 30N·m。

⑥ 主减速器装配完毕后加注齿轮油。

a. 加油量：后桥主减速器总成加油量为 14L，桥总成轮边加油量为 1.1L/只。

b. 润滑油重负荷车辆齿轮油：

黏度等级：取决于环境温度。

热带地区、常温地区：85W – 140 – GB 13895—1992、85W – 90 – GB 13895—1992。

寒冷地区：80W – 90 – GB 13895—1992。

高寒地区：75W – GB 13895—1992。

78 驱动桥的常见故障诊断

驱动桥的主减速器、差速器、半轴等，不仅承受很大的径向力和轴向力，而且要承受巨大的扭力，且经常受到剧烈的冲击载荷，加剧其零部件磨损。相对位置发生变化，配合间隙变大，齿轮啮合不良，破坏了原先完好的技术状况，将使其在工作中产生异响及功能性的故障。

（1）驱动桥漏油

1）现象。齿轮润滑油从后桥减速器和半轴油封或其他衬垫处向外渗漏。

2）原因。

① 壳盖各部螺孔螺纹多次拆装，螺纹间隙增大，润滑油从螺纹处渗油。

② 长期使用，尘土、油污、泥水黏附，使通气孔堵塞，空气流通不畅。

③ 油封座老化变质、磨损松旷或装配不当。

④ 衬垫损坏或紧固螺栓松动，导致接合面不严密。

⑤ 油封配合的轴颈磨损或表面有沟槽。

⑥ 润滑油加注过多，运转中壳体内压增高，润滑油渗出。

⑦ 放油螺栓松动或壳体有裂纹。

（2）驱动桥发响

1）现象。

① 行驶时驱动桥有异响，脱档滑行时异响减弱或消失。

② 行驶时驱动桥有异响，脱档滑行时也有异响。

③ 汽车直线行驶时无异响，当汽车转弯时驱动桥处有异响。

④ 汽车上坡或下坡时后桥有异响，或上、下坡时驱动桥都有异响。

⑤ 车轮有运转噪声或沉重的异响。

2）原因。

① 圆锥和圆柱主从动齿轮、行星轮、半轴齿轮啮合间隙过大；半轴齿轮花键槽与半轴的配合松旷；主、从动锥齿轮啮合不良；圆锥和圆柱主从动锥齿轮啮合间隙不均；齿轮齿面损伤或轮齿折断。

② 主动锥齿轮轴承松旷；主动圆柱齿轮轴承松旷；差速器圆锥滚子轴承松旷；后桥中某个轴承由于预紧力过大，导致间隙过小；主、从动锥齿轮调整不当，间隙过小。

③ 差速器行星轮、半轴齿轮不匹配，使其啮合不良；行星轮、半轴齿轮磨损或折断；差速器十字轴轴颈磨损；行星轮支承垫圈磨薄；行星轮与差速器十字轴卡滞或装配不当（如行星轮支承垫圈过厚），使行星轮转动困难；减速器从动齿轮与差速器壳的紧固铆钉松动。

④ 驱动桥某一部位的齿轮啮合间隙过小，导致汽车上坡时发响；后桥某一部位的齿轮啮合间隙过大，导致汽车下坡时发响；后桥某一部位的齿轮啮合印痕不当或齿轮轴支承轴承松旷，导致汽车上、下坡时都发响。

⑤ 车轮轮毂轴承损坏，轴承外圈松动；制动鼓内有异物；车轮轮辋破碎；车轮轮辋轮胎螺栓孔磨损过大，使轮辋固定不牢。

（3）驱动桥发热

1）现象。汽车行驶一定里程后，用手触摸后桥，感觉非常烫手。

2）原因。

① 驱动桥主、从动齿轮啮合间隙过小。

② 驱动桥轴承装配过紧。

③ 润滑油变质、量少或型号规格不符。

（4）差速器异响的故障

1）故障现象。低速大角度转向，车辆底盘发出咕咕的异响。

2）故障诊断过程。

① 确认故障车辆以 20km/h 转弯时，其前部有异响。

② 把车辆举升后，任意一侧的驱动轮制动，异响仍然存在，排除车轮轴承和制动系统异响。

③ 更换驱动半轴，异响仍然存在，排除半轴故障可能。因只有车辆转弯时存在异响，故判断为差速器响声。

④ 分解变速器，测量差速器行星轮的齿轮间隙和啮合印痕，发现啮合印痕在齿根部位。判断是差速器不正常啮合，产生异响。

3）故障原因分析。由于差速器球形衬套的不正常磨损，造成差速器的行星轮啮合部位达到齿轮根部（正常应为齿轮中部啮合）。因为差速器行星轮只是在转弯时才发生转动，所以这种异响会在转弯的时候出现，故障表现为低速转弯时整车的噪声比较小，异响明显。故障部位如图 5-41 所示。

啮合印痕靠近齿根

图 5-41　故障部位

4）故障处理方法。根据最新的信息通报，可以更换手动变速器油，行使 500km 后再判断是否有减轻的迹象，若故障仍然存在，只能够通过更换球形衬套，再检查啮合印痕和齿隙。对于有异响的差速器拆下后要检查啮合印痕和齿隙。根据实际测量新装配的差速器行星轮的齿隙在 0.4mm 左右，而发生异响故障的差速器的

有红色印泥的部位，说明没有啮合

无印泥的齿根部位有啮合痕迹，并且有表面异常剥落痕迹

图 5-42　故障差速器啮合印痕所在部位

实际测量数据为 0.6mm 左右，差速器啮合印痕所在部位为齿轮根部。故障差速器啮合印痕所在部位如图 5-42 所示。

5）案例点评及建议。在判断是否为差速器异响的过程中，要求能够大角度（转向盘转角大于 180°）转弯，并且伴随不同的加减速，如果异响能够随着车速改变，一般是差速器故障的概率高。

第六章 Chapter 6

车 桥

79 转向桥的结构

汽车的转向桥能使安装在两端的车轮偏转一定的角度，以实现汽车转向的目的；同时也承受车架与车轮之间的作用力及其所产生的弯矩和转矩。

各种类型汽车的转向桥结构基本相同，主要由前轴、转向节、主销和轮毂等四部分组成，如图6-1所示。

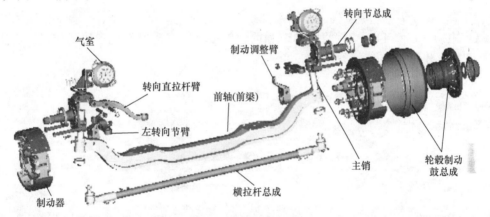

图6-1 转向桥结构

（1）前轴（图6-2） 前轴（前梁）主要起承载作用，锻造成形。中间断面为工字形

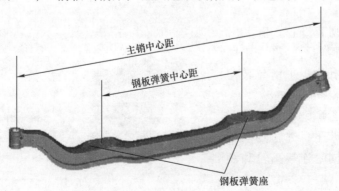

图6-2 前轴

（因此常称为工字梁），这样可保证其质量最小而在垂向平面内的刚度大、强度高；两头略呈方形可提高抗扭刚度。中部向下弯曲，可降低发动机位置，从而降低汽车重心，同时还可减小变速器输出轴与传动轴之间的夹角。

其主要设计参数有板簧中心距、主销中心距、落差及板簧座截面尺寸及主销倾角。

（2）转向节（图6-3）　俗称羊角，为锻件，其颈部需经淬火。它绕主销相对前轴转动，实现转向。轴径处安装轴承，轮毂绕其转动，实现前进/后退。

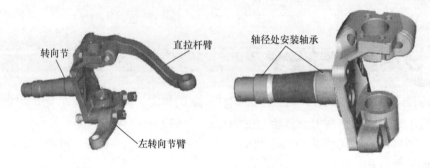

图6-3　转向节

（3）主销（图6-4）　主销将转向节和前轴铰接在一起，以实现车轮的转动。有实心、空心、圆柱形和阶梯形几种形式。

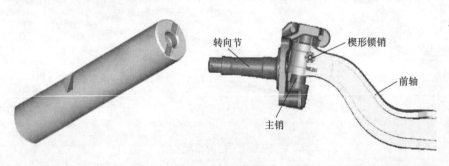

图6-4　主销

主销的中部切有凹槽，安装时用楔形锁销与凹槽配合，将主销固定在前轴的拳形孔中。主销与转向节上的销孔是间隙配合。

（4）轮毂（图6-5）　通过轮毂轴承支承在转向节上，并在其上转动。十个螺栓孔同时连接车轮和制动鼓。

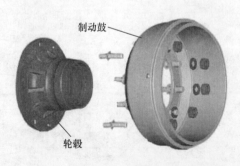

图6-5　轮毂

80 转向驱动桥的结构

同时实现车轮转向和驱动功能的车桥称为转向驱动桥,其组成如图 6-6 和图 6-7 所示。转向驱动桥广泛地应用于全轴驱动的越野汽车上和部分轿车上。转向驱动桥有一般驱动桥所具有的主减速器、差速器;也有一般转向桥所具有的转向节壳体、主销和轮毂等。

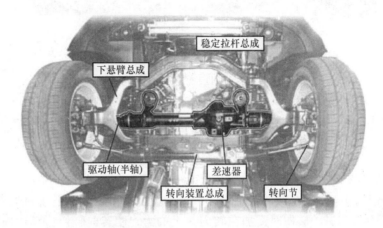

图 6-6 转向驱动桥总成

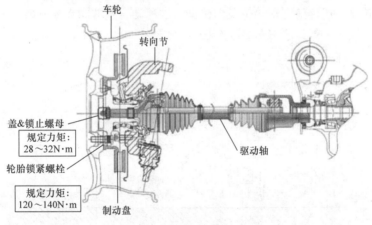

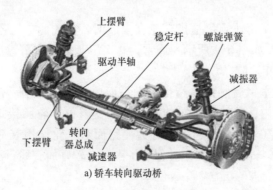

a) 轿车转向驱动桥

图 6-7 转向驱动桥示意图

165

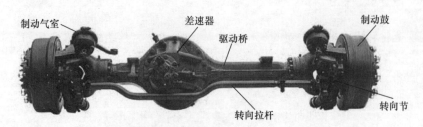

b) 货车转向驱动桥

图 6-7 转向驱动桥示意图（续）

81 车轮定位参数

（1）主销内倾角 主销内倾角是指在横向平面内主销上部向内倾斜的一个角度 y，如图 6-8 所示。一般为 $5°\sim8°$，它使主销轴线与路面的交点至车轮中心平面的距离 e（即主销偏移距）减小，从而可减小转向时需加在转向盘上的力，使转向轻便；它还使车轮转向时不仅有绕主销的转动，还伴随有车轮轴及前轴向上的移动，当转向盘松开时，所储存的上升位能使转向轮自动回正，保证了汽车直线行驶的稳定性。

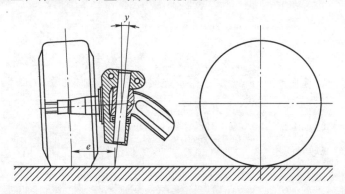

图 6-8 主销内倾角

（2）车轮外倾角 车轮外倾角是指车轮在安装时，其轮胎中心不是垂直于水平面，而是向外倾斜一个角度 α，如图 6-9 所示。通常为 $0.5°\sim1.5°$，它可避免汽车重载时车轮产生内倾，同时和拱形路面相适应。

（3）主销后倾角 主销后倾角是指在纵向平面内主销上部向后倾斜一个角度 β，如图 6-10 所示。通常在 $3°$ 以内，它使主销轴线与路面的交点位于轮胎接地中心之前，该距离 K 称为后倾拖距。这时，汽车转向引起的离心力使路面对车轮作用着一阻碍其侧滑的侧向反力，使车轮产生绕主销旋转的回正力矩，保证了汽车有较好的直线行驶稳定性。

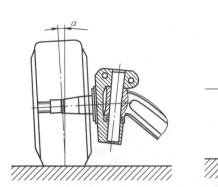

图 6-9　车轮外倾角

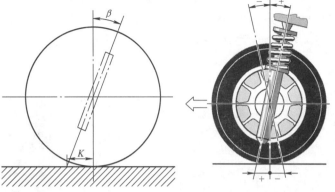

图 6-10　主销后倾角

82 车轮定位调整

（1）设备组成　X－631＋四轮定位仪由主机、探杆、轮夹、轮夹挂架、转角盘、转向盘固定架以及制动踏板固定架等组成，如图 6-11 所示。

1）主机。X－631＋四轮定位仪主机是用户的一个操作控制平台。由机柜、计算机、接口电路和电源等部分构成。

2）探杆。X－631＋四轮定位仪配有四个探杆，如图 6-12 所示，分别为左前探杆 FL、左后探杆 RL、右前探杆 FR 和右后探杆 RR。前后探杆可以交叉互换，也可更换探杆。如果需要更换任意一个探杆，则只需标定该探杆，而其他三个探杆无须重新标定。

每个探杆的端部和中部各装一个 CCD 传感器，中部装有一个射频发射接收器。CCD 传感器把获取

图 6-11　X－631＋四轮定位仪

的光点坐标无线传输给计算机系统，由计算机系统进行处理。每个探杆的中部有一操作面板，如图 6-13 所示，它分为 LCD 显示区域和按键操作区域。

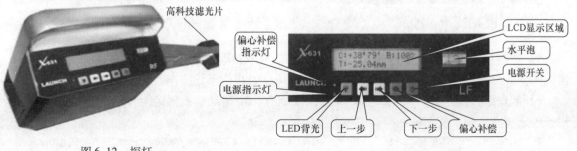

图 6-12　探杆

图 6-13　探杆的操作面板

3）轮夹。X－631＋四轮定位仪配有四个轮夹。使用时，首先需通过调节旋钮将轮爪的间距调整合适，再与汽车轮辋相连，如图 6-14 所示。通过调节旋钮使轮夹与汽车轮辋紧密相连，为了安全起见，必须采用轮夹绑带把轮夹与轮辋连接起来。

图 6-14　安装轮夹

4）轮夹挂架。X－631＋四轮定位仪配有四个轮夹挂架，这四个轮夹挂架安装在机柜的左右两侧面板上，如图 6-15 所示。

5）转角盘。X－631＋四轮定位仪配有两个机械转角盘，如图 6-16 所示。转角盘放置于举升机的汽车前轮位置处。在测试中，要尽量使车辆前轮处于转角盘中心位置。

图 6-15　轮夹挂架　　　　　　　　　　图 6-16　转角盘

6）转向盘固定架。X－631＋四轮定位仪配有一个转向盘固定架，如图 6-17 所示。在测试中，需根据提示放置转向盘固定架，以保证测试过程中车轮方向不会发生变化。

7）制动踏板固定架。X－631＋四轮定位仪配有一个制动踏板固定架，如图 6-18 所示，用于固定制动踏板，使车辆在测试中不会发生前后移动。

8）标定架与标定架转接套（选配）。用于 X－631＋探杆系统的标定，如图 6-19 所示。

图 6-17　转向盘固定架　　　　　　图 6-18　制动踏板固定架

图 6-19　标定架

（2）设备测试

1）测试前准备工作。

① 将车辆行驶到举升机上，使前轮正好位于转角盘中心。车辆停稳后，拉紧驻车制动以确保车辆不移动。车辆驶入前，用锁紧销将转角盘锁紧，防止其转动；车辆驶入后，松开锁紧销。

② 了解有关被测车辆行驶方面的问题和出现的现象，过去四轮定位的检测情况（实际工作中通过询问车主获得信息），并了解车辆的产地、生产厂家、车型及出厂年代等有关信息。

③ 检查底盘各零部件，包括胶套、轴承、摆臂、三脚架球头、减振器、拉杆球头和转向盘是否有松动及磨损，检查轮胎气压和轮胎规格以及两前轮花纹是否相同，两后轮花纹深浅是否一致。

④ 将轮夹安装在四个车轮上，并旋转手柄以锁紧轮夹。根据实际情况将卡爪固定在轮辋外圈或内圈，卡爪深浅应一致，并尽量避免卡在变形比较大的区域。

⑤ 将探杆安装在轮夹的轴套内，如图 6-20 所示。

⑥ 调节探杆，使水平仪气泡处于中间位置，以保证传感器探杆处于水平状态。

⑦ 将四轮定位仪的电源插头插入标准的三相电源插座中，并打开机柜电源，启动计算机。

⑧ 将转向盘固定架放在驾驶人侧座椅上，压下手柄使之顶住转向盘以将其锁定。将制动踏板固定架下端顶在制动踏板上，上端卡在座椅上撑紧，以使车辆固定，如图 6-21 所示。

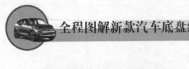

图 6-20　探杆

图 6-21　锁定转向盘和制动踏板

2）程序操作流程。启动计算机后，直接进入测量程序主界面。主界面显示八项功能：常规检测、快速检测、附加检测、系统管理、报表打印、3D 界面和 2D 界面、帮助系统和退出系统，如图 6-22 所示。

常规检测包括车型选择、特殊测量、偏心补偿、推车补偿、主销测量、后轴测量、前轴测量和报表打印几个步骤。一般情况下，常规检测的过程按照系统的默认顺序（即车型选择→偏心补偿→主销测量→后轴测量→前轴测量→报表打印）进行操作，而通过"导航栏"按键，可不按照系统的默认顺序进行操作，直接进入要测试的项目。

a) 2D界面　　　　　　　　　　b) 3D界面

图 6-22　测量程序主界面

① 车型选择。在"常用数据列表"内选择与被测车型相符的车型条目，然后单击"下一步"开始按默认顺序进行操作。如果标准数据库中没有需要测试的车型，可在"系统管理"中"标准数据管理"界面内手工添加车型数据，如图 6-23 所示。

② 特殊测量。根据选择车型数据的不同，可能会出现一些特殊的测量方法及操作步骤，如下所示：

a. 本系统针对部分奔驰车型的检测，提供使用坡度计来测量标准数据的操作。当选择数据为某些奔驰车型时，系统会弹出对话框，如图 6-24 所示。

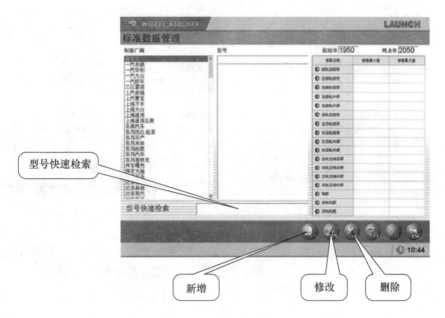

图 6-23 标准数据管理界面

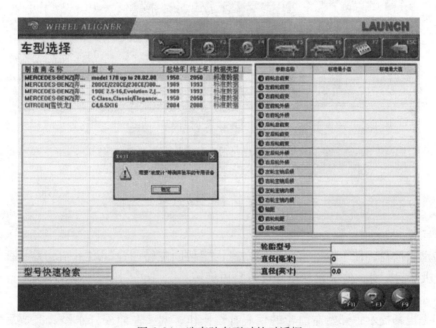

图 6-24 选奔驰车型时的对话框

b. 出现车辆水平测量的界面，如图 6-25 所示。

c. 使用选配的专用测量仪器"坡度计"，获取四轮水平值，显示在编辑框中，如图 6-25 所示。也可以参考编辑框上方所示范围，手工测量，输入到对应的编辑框。

d. 调车帮助：提供了当前型号奔驰的坡度计使用方法，操作员可参考帮助界面内的操作方法进行汽车调测，如图 6-26 所示。

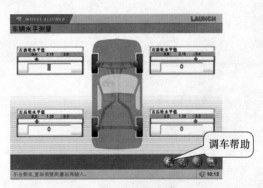

图 6-25　水平测量界面　　　　　　　　　　图 6-26　调车帮助界面

③ 偏心补偿。偏心补偿是为了减小由于钢圈、轮胎的变形和轮夹的安装而引起的误差。建议每次测量时都选择该操作步骤，以提高测量精度。偏心补偿界面如图 6-27 所示。探杆水平状态图标：表示当前探杆的水平状态，绿色代表水平，红色代表不水平。上一步：返回上一步操作。

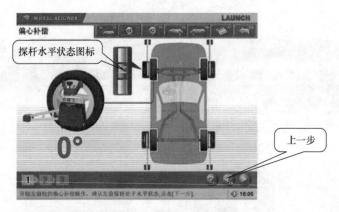

图 6-27　偏心补偿界面

操作步骤：

a. 转动转向盘，使车轮平直，用转向盘固定架固定转向盘，取下制动踏板固定架，然后用举升机举起车身，使车轮悬空并可以自由旋转。

b. 分别安装四个轮夹及探杆，并调整各个探杆水平。

c. 根据屏幕提示，开始左前轮的偏心补偿操作，调整左前探杆水平，完成后单击"下一步"。

d. 根据屏幕提示，将左前车轮旋转 180°，调整左前探杆水平，完成后单击"下一步"。

e. 根据屏幕提示，将左前车轮旋转 360°，调整左前探杆水平，完成后单击"下一步"。

f. 根据屏幕提示，分别完成右前、右后、左后车轮的偏心补偿。

g. 放下车身，使四轮着地，晃动车身，使车轮紧贴地面，偏心补偿操作完毕（界面显示偏心补偿数值）。

④ 推车补偿。推车补偿是为了减小由于钢圈、轮胎的变形和轮夹的安装而引起的误差，

直接采用车轮运动轴线进行定位的操作方式。轮夹安装欠佳时，建议选择该操作方式，以克服装夹方面带来的测量误差。推车补偿界面如图6-28所示。

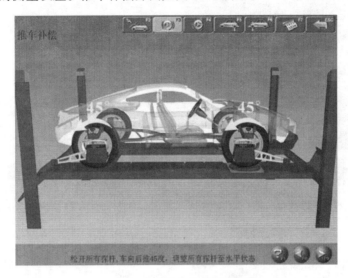

图6-28　推车补偿界面

操作步骤：

a. 转动转向盘，使车轮平直，用转向盘固定架固定转向盘，取下制动踏板固定架。

b. 分别安装四个轮夹及探杆，并调整各个探杆水平。

c. 松开所有探杆，车向后推45°，调整所有探杆至水平状态，完成后单击"下一步"。

d. 推回原位置，调整所有探杆至水平状态，完成后单击"下一步"。

⑤ 主销测量。主销测量是针对前轮而言的，包括主销内倾角和主销后倾角。主销内倾角可使车重平均分布在轴承之上，保护轴承不易受损，并使转向力平均，转向轻盈。主销后倾角的存在可使转向轴线与路面的交会点在轮胎接地点的前方，可利用路面对轮胎的阻力让汽车保持直进。主销测量界面如图6-29所示。

操作步骤：

a. 将转向盘调整至向正前方状态，即两前轮分前束相等时，操作界面上的圆形小球会移动到中间位置，并且由红色变成绿色，此时调整所有探杆水平。

b. 选择向左或向右偏转转向盘，到达指定位置后，小球由红色变成绿色，表示此侧已完成采样。

c. 回正转向盘，并向反方向转动转向盘，到达指定位置后，新生的红色小球再次变成绿色，采样工作完毕。

d. 检测完毕，回正转向盘，系统自动弹出测量结果，界面如图6-30所示。

e. 最大转向角测量：按照屏幕提示在转角盘读取左前轮最大转向角及右前轮最大转向角数据，并分别输入到对应数据框中，然后单击"返回"。最大转向角测量界面如图6-31所示。

f. 调车帮助：部分车型提供，单击此按钮，可以弹出调车帮助界面，调车帮助界面内罗列了各种车型的主销调节方法，操作员可参考帮助界面内的操作方法进行汽车主销调整。

汽车主销调整界面如图 6-32 所示。

图 6-29　主销测量界面

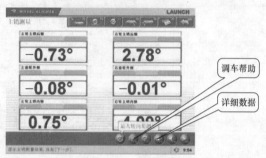

图 6-30　测量结果界面

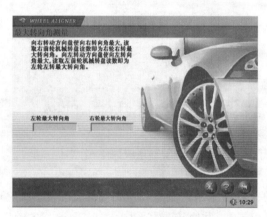

图 6-31　最大转向角测量界面

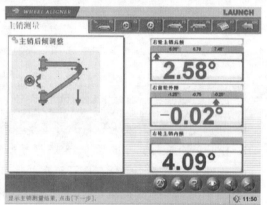

图 6-32　汽车主销调整界面

g. 详细数据：此界面提供整个检测操作的结果输出，包括前后轮各个参数的测量值，如图 6-33 所示。

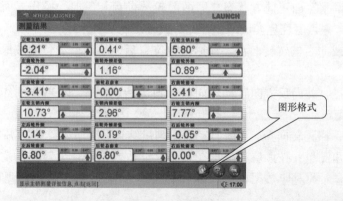

图 6-33　参数测量值

h. 图形格式：系统新增了图形格式的数据显示方式，单击"文字格式"，可以把数据显示在传统的文字格式和新增的图形格式之间切换，如图 6-34 所示。

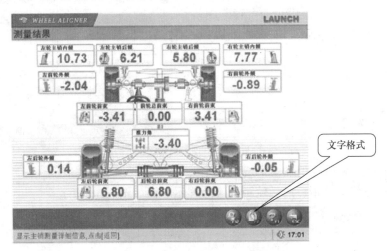

图 6-34 图形格式的数据显示

注意事项：

a）做主销测量前，请先安装制动踏板固定架，拉驻车制动，以确保车轮不会发生滚动，并去掉转向盘固定架。

b）在各测量界面，测量值用不同种类的颜色来表示。绿色：测量值在标准范围之内；红色：测量值在标准范围之外；蓝色：该测量参数没有标准范围。

⑥ 后轴测量。提供有关后轴测量的实时结果，操作员可一边进行调整，一边将测量结果与参考数据进行对比，把汽车调整至最佳状态。后轴测量界面如图 6-35 所示。

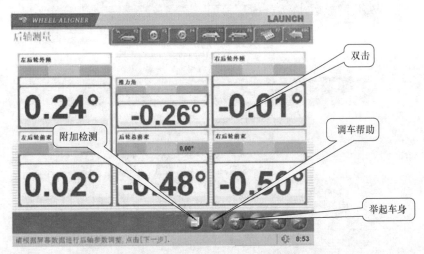

图 6-35 后轴测量界面

a. 双击：鼠标左键双击左右后轮外倾和左右后轮前束的数据显示表格，相应的数据项将放大显示，便于远距离查看，所显示的内容由当前的测试内容决定，鼠标左键双击数据显示表格，或按"返回"，将返回至正常工作界面。后轮外倾的放大显示界面如图6-36所示。

b. 附加检测：此界面提供了一个特殊测量的操作平台，能够测量显示左轮横向偏移、右轮横向偏移、轴偏移、前轮退缩角、后轮退缩角、轮距差和轴距差等角度，附加检测界面如图6-37所示。

c. 单击  按钮可以选择标准车型参数，如果标准数据中含有轴距、前后轮距的参数值，则屏幕显示的各角度值会自动转换成以mm为单位的长度值，轴距、前后轮距的参数显示界面如图6-38所示。

图6-36　后轮外倾的放大显示界面

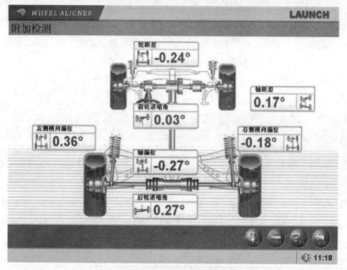

图6-37　附加检测界面

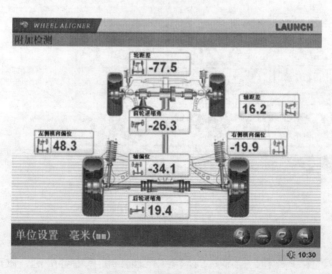

图6-38　轴距、前后轮距的参数显示界面

注意：系统只是提供了对这些特殊值的动态测量及显示，但测量结果不会保存到数据库中。

d. 调车帮助：单击此按钮，可以弹出调车帮助界面，调车帮助界面内罗列了各种车型的前束及外倾调节方法，操作员可参考帮助界面内的操作方法进行汽车前束及外倾调整，如图 6-39 所示。

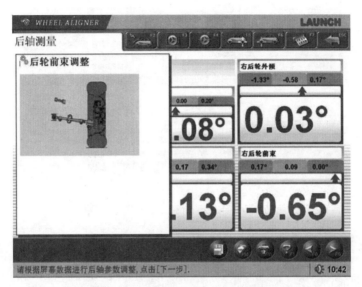

图 6-39　各种车型的前束及外倾调节方法

e. 举起车身：有时可能需要将车辆抬起悬空，然后才能方便对前后外倾角进行调整，在抬起车轮时，传感器会移动，测量角度值也会改变，这时请使用举升调整功能，单击"举起车身"并按照屏幕提示举起车身，软件会自动补偿传感器的偏移，以实现准确调整。举升调整功能界面如图 6-40 所示。

图 6-40　举升调整功能界面

注意：调整完后，请记得单击"放下车身"，并按照屏幕提示放下车身。后轴举升测量时，如果不降举升机，选择除"前轴测量"的其他界面时会有限制。调整完成后单击"放下车身"界面如图6-41所示。

图6-41　调整完后单击"放下车身"界面

例1：大众/奥迪调整后轴的车轮外倾角

a）拧下副车架/后部下横摆臂螺栓连接的螺母1，将新螺母拧入到贴紧为止。

b）通过转动调节螺栓2调整车轮外倾角，如图6-42所示。

c）也可以通过"螺栓头"上的六角头转动调节螺栓。

图6-42　大众/奥迪调整后轴的车轮外倾角调整螺栓

1—螺母　2—调节螺栓

d）从中间位置开始向左或向右最大的调整范围是135°。当达到调节螺栓的极限位置时，不可继续转动，否则会损坏部件。为了显示得更清楚，未将后车轮画出。

e）拧紧螺母，然后再次检查车轮外倾值。

例2：大众/奥迪调整后轴的前束

a）拧出转向横拉杆/副车架螺栓连接的螺母1，将新螺母拧入到贴紧为止。

b）通过扭转偏心螺栓2来调整前束，如图6-43所示。

c）也可以通过"螺栓头"上的六角头转动偏心螺栓。

提示：从中间位置开始向左或向右最大的调整范围是90°。前束值变化时，行驶车轴的几何形状也会自动改变。

d）拧紧螺母，然后再次检查轮距值。

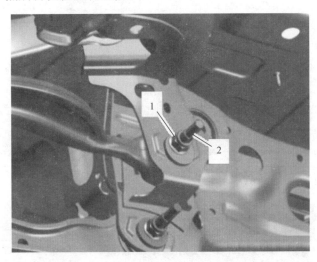

图6-43　大众/奥迪调整后轴的前束调整螺栓

1—螺母　2—偏心螺栓

⑦ 前轴测量。提供有关前轴测量的实时结果，操作员可一边进行调整，一边将测量结果与参考数据进行对比，把汽车调整至最佳状态。前轴测量界面如图6-44所示。

图6-44　前轴测量界面

a. 双击：鼠标左键双击左右前轮外倾和左右前轮前束的数据显示表格，相应的数据项将放大显示。

b. 附加检测：此界面提供了一个特殊测量的操作平台，能够测量显示左轮横向偏移、右轮横向偏移、轴偏移、前轮退缩角、后轮退缩角、轮距差和轴距差等角度。

c. 前轮转向前束调整：单击 ⊙ 可以进行前轮转向前束调整，单击 ⊙ 回正转向盘（注：当使用两个探杆测量时，只显示总前束，不显示分前束）。

d. 调车帮助：单击此按钮，可以弹出调车帮助界面，调车帮助界面内罗列了各种车型的不同调节方法，操作员可参考帮助界面内的操作方法进行汽车调整。

e. 举起车身：有时可能需要将车辆抬起悬空，然后才能方便对前后外倾角和后倾角进行调整，在抬起车轮时，传感器会移动，测量角度值也会改变，这时请使用举升调整功能，软件会自动补偿传感器的偏移，以实现准确调整。

注意：调整完后，单击"放下车身"，并按照屏幕提示放下车身。

f. 前束恒定值测量：提供了有关帕萨特、奥迪等车型的特殊测量方法，操作员必须先将此类车辆的前束恒定值调到标准范围内，然后才能正常地进行车辆的前轴测量。在"前束恒定值测量"被激活时，单击进入界面，如图 6-45 所示。

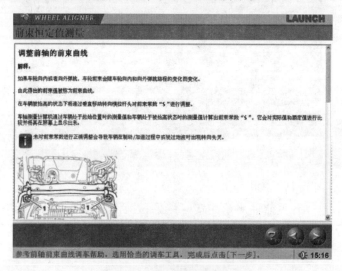

图 6-45　前束恒定值测量界面

操作方法：

a）在前轴测量界面下单击"前束恒定值测量"进入前束恒定值测量界面。

b）按照屏幕提示，参考前轴前束曲线调节器调车帮助，选用恰当的调车工具，完成后进行下一步操作。

c）车辆处于放下的状态（B1 位置），请参照标准值调整车轮前束到允许范围。按照屏幕提示用配套的特殊测量工具将车身举起，然后单击"下一步"，界面如图 6-46 所示。

d）请按照厂家要求举升车辆到 B2 位置，参照标准值调整车轮前束到允许范围，界面如图 6-47 所示。

e）把车辆落回到 B1 位置，参照标准值调整车轮前束到允许范围，界面如图 6-48 所示。

f）操作员可参考帮助界面内的操作方法进行调整，如图 6-49 所示。注意：测量转向横拉杆头和左右转向横拉杆之间的尺寸 a，并记录该数值。调整后，尺寸 a 应在左右两侧相同，如图 6-50 所示。

图 6-46 调整车轮前束到允许范围界面

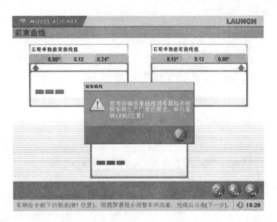

图 6-47 按照厂家要求举升车辆到 B2 位置界面

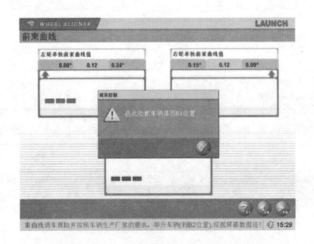

图 6-48 把车辆落回到 B1 位置界面

图 6-49 前束调整

g）放下车身，单击"下一步"返回"前轴测量"界面。

注意：调整完后，请记得单击"放下车身"，并按照屏幕提示放下车身。前轴举升测量时，如果不降举升机，选择除"后轴测量"的其他界面时会有限制。调整完成后界面如图

6-51 所示。

例3：大众/奥迪调整前轴的车轮外倾

a）拆卸隔音垫。

b）拆卸左、右侧车轮扰流板。

c）在左侧和右侧依次拧出并更换副车架的螺栓，如图 6-52 中箭头所示。

d）用手将新螺栓拧入至贴紧。

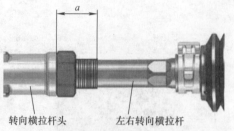

图 6-50　左右两侧尺寸相同

提示：当移动副车架时（车轮外倾），必须利用举升轴通过升降平台支承点抬高车辆前部。

图 6-51　调整完后界面

e）用带有塑料涂层的装配杠将副车架移动至相应的位置，如图 6-53 中箭头所示。

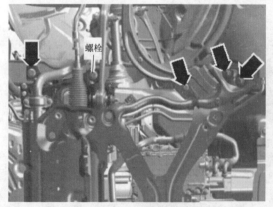

图 6-52　拧出并更换副车架的螺栓

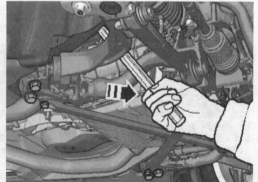

图 6-53　将副车架移动至相应的位置

f）为此，需将装配杠安装到副车架中间，支承臂附近，副车架和车身纵梁之间。

提示：如果没有带塑料涂层的装配杠可供使用，则在常规装配杠上缠绕胶带。

g）检查车轮外倾值前，车辆必须在前轴上反复弹跳。

h）在左侧和右侧以交叉方式分步拧紧副车架的螺栓，然后再次检查车轮外倾值。

83 货车前束的检查与调整

1）用千斤顶将前桥升起，并用支架支承起来，确保轮胎离开地面。

2）沿每个轮胎圆周胎面中心画上箭头，这样每个轮胎的胎面上画出了中心线。

3）使两前轮处于直线行驶位置。

4）在前轮的前方，将前束量具与前桥平行放置（分别指向左右前轮）。

5）将前束量具的指针顶放在与转向节轴头轴线相同的高度位置，如图6-54所示。

6）分别把指针对准左右每个车轮轮胎的中心线，记下量具的读数"A"（A指向前方）。

7）转动车轮180°，将量具移至前轴后方，使指针对准轮胎中心线前一次测量点，记下量具的读数"B"，用"B"减去"A"得到前束值，如图6-55所示。注意：前束值一般为1～5mm。

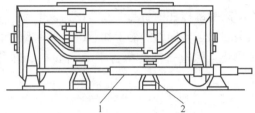

图6-54 测量前束值
1—前束量具 2—支承架

若测出的前束值不符合要求，则拧松横拉杆接头夹紧螺栓后再转动横拉杆，直到前束值符合要求，拧紧夹紧螺栓。

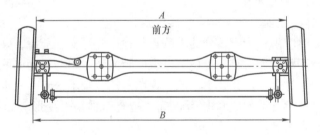

图6-55 前束值

84 车桥常见故障诊断与排除

转向桥和转向驱动桥的故障现象往往和转向系统联系在一起，常见的故障有转向沉重、低速摆头、高速摆振、行驶跑偏、轮胎不正常磨损等。

（1）转向沉重

1）故障现象。

① 汽车转弯时，转动转向盘感到沉重费力。

② 无回正感。

2）故障原因。除了转向器的故障外，转向桥部分的故障原因有：

① 转向节臂变形。

② 转向节推力轴承缺油或损坏。

③ 转向节主销与衬套间隙过小或缺油。

④ 前轴或车架变形引起前轮定位失准。

⑤ 轮胎气压不足。

3）故障诊断与排除。由于导致转向沉重的故障因素很多，诊断时应首先判明故障所在部位，然后再进一步确定在哪一个部件。

诊断时先支起前桥，用手转动转向盘，若感到转向很容易，不再有转动困难的感觉，这说明故障部位在前桥与车轮。因为支起前桥后，转向时已不存在车轮与路面的摩擦阻力，而只是取决于转向器等的工作状况。此时应仔细检查前轮胎气压是否过低，前轴有无变形；同时也要考虑检查前钢板弹簧是否良好，车架有无变形。必要时，检查车轮定位角度是否正确。

（2）低速摆头

1）故障现象。汽车低速直线行驶时前轮摇摆，感到方向不稳。转弯时需大幅度转动转向盘才能控制汽车的行驶方向。

2）故障原因。除转向系统故障外，还有：

① 转向节臂装置松动。

② 转向节主销与衬套磨损松旷，配合间隙增大。

③ 轮毂轴承间隙过大。

④ 前束过大。

⑤ 轮毂螺栓松动或数量不全。

3）故障诊断与排除。前轮低速摆头和转向盘自由空程大，一般是各部分间隙过大或有连接松动现象，诊断时应采用分段区分的方法进行检查。可支起前桥，并用手沿转向节轴轴向推拉前轮，凭感觉判断是否松旷。若松旷，说明转向节主销与衬套的配合间隙过大或前轴主销孔与主销配合间隙过大。若此处不松旷，说明前轮毂轴承松旷，应重新调整轴承的预紧度。若非上述原因，应检查前轮定位是否正确，检查前轴是否变形。如果前轮轮胎异常磨损，则应检查前束是否正确。

（3）高速摆振

1）故障现象。高速摆振有两种情况：一种是随着车速的提高，摆振逐渐增大；一种是在某一较高车速范围内出现摆振，出现行驶不稳，甚至还会造成转向盘抖动。

2）故障原因。高速摆振可能由以下原因引起：

① 轮毂轴承松旷，使车轮歪斜，在运行时摇摆。

② 轮盘不正或制动鼓磨损过度失圆，歪斜失正。

③ 使用翻新轮胎。

④ 转向节主销或推力轴承磨损松旷。

⑤ 横、直拉杆弯曲。

⑥ 前轮定位值调整不当。前束失调，两前轮主销后倾角或内倾角不一致等，汽车向前行驶时，前轮摇摆晃动。

⑦ 轮胎钢圈偏摇、前轮胎螺栓数量不等引起车轮动不平衡。

⑧ 转向节弯曲。

⑨ 前钢板弹簧刚度不一致。

3）故障诊断与排除。

① 在进行高速摆振故障的诊断时，应先检查前桥、转向器以及转向传动机构连接是否松动，悬架弹簧是否固定可靠。

② 支起驱动桥，用楔块固定非驱动轮，起动发动机并逐步换入高速档，使驱动轮达到产生摆振的转速。若这时转向盘出现抖动，说明是传动轴动不平衡引起的，应拆下传动轴进行检查；若此时不出现明显抖动，则说明摆振原因在汽车转向桥部分。

③ 怀疑摆振的原因在前桥部分时，应架起前桥试转车轮，检查车轮是否晃动，车轮静平衡是否良好，以及车轮钢圈是否偏摆过大。

④ 检查车架是否变形，铆钉有无松动以及前轴是否变形。另外还需检查前钢板弹簧的刚度。

⑤ 检查前轮定位是否正确。

⑥ 检查高速摆振的故障，有时还需借助一定的测试仪具。当缺少必要的测试仪具时，也可以采用替换法。例如，在怀疑某车轮有动不平衡时，可以另换一车轮试验，或者将可能引起高速摆振的车轮拆装到不发生摆振的车辆上进行对比试验。

（4）行驶跑偏

1）故障现象。汽车在直线行驶时，必须紧握转向盘，方能保持直线行驶。若稍放松转向盘，汽车会自动偏向一边行驶。

2）故障原因。

① 前轮定位值不正确，前束调整不当，过大或过小。

② 左、右前轮主销后倾角或车轮外倾角不相等。

③ 制动鼓与制动蹄摩擦片间隙调整不均匀，一边过紧，一边过松。

④ 钢板弹簧一边折断，造成两边弹力不等。

⑤ 转向节或转向节臂弯曲变形。

⑥ 前轴或车架弯曲或扭转。

⑦ 左、右两边轮胎气压不相等，一边偏高，一边偏低。

⑧ 车架变形或左、右轴距不相等。

⑨ 前轮毂轴承调整不当，左、右轮毂轴承松紧度不一致。

3）故障诊断与排除。

① 检查左、右前轮轮胎气压是否一致。如果是在换上新轮胎后出现跑偏现象，则应检查左、右轮胎规格以及轮胎花纹是否一致。

② 用手触摸一下跑偏一侧的制动鼓和轮毂轴承部位是否发热。若发热，说明制动拖滞或是车轮轮毂轴承调整过紧，造成一边紧一边松的现象。

③ 测量左、右轴距是否相等。

④ 检查前钢板弹簧有无折断，前轴是否变形。

⑤ 若以上均正常，应对前轮定位进行检查调整。

（5）轮胎不正常磨损

1）轮胎磨损特征。轮胎在使用中出现磨损速度加快，胎面形状异常磨损，如图6-56所示。

① 胎肩处磨损如图6-56a所示，主要是由于气压不足、载重过大使两侧胎肩的抓地压

力变高及高速急转弯。

②胎面中央磨损如图6-56b所示，主要是由于气压过高，胎面中部的抓地压力变高。

③胎面单侧磨损如图6-56c所示，主要是定位错误（主要是外倾角不当）和轮胎的位置交换不合理。

④胎面呈羽状磨损斜面如图6-56d所示，主要是由于前束过大。

⑤环状槽形磨损通常发生于横沟型及块状型花纹的轮胎，胎面的一侧磨损较快。横沟型轮胎呈现锯齿状，如图6-36e所示，主要是气压不足及载重过大、轮胎的位置交换不合理。

⑥轮撕裂（沟部的开裂）如图6-56f所示，主要是气压不足、载重过大及过度的高速行驶，在路沿石上行驶等造成负荷极端集中，使轮胎扭曲过大，嵌入石子及其他损伤。

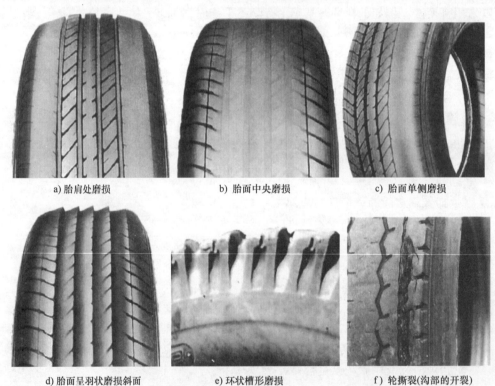

a）胎肩处磨损　　　　　b）胎面中央磨损　　　　　c）胎面单侧磨损

d）胎面呈羽状磨损斜面　　　e）环状槽形磨损　　　　f）轮撕裂(沟部的开裂)

图6-56　轮胎胎面异常磨损

2）故障原因。轮胎不正常磨损与转向桥部分有关的故障原因有：

①前轮定位调整不正确，或其他零件有故障所造成的影响。

②前轮轮毂轴承调整不当，过松或过紧。

③转向节主销与前轴主销孔磨损，推力轴承磨损，推力轴承座孔不平整。

④车轮盘的损伤或制动鼓磨损不匀。

⑤制动鼓与制动蹄摩擦片调整不当，结合不紧密。

⑥ 转向节臂弯曲变形。

⑦ 转向节弯曲变形。

⑧ 轮胎气压不足，或左、右两胎气压不相等。由以上可知，影响汽车操纵和行驶性能的故障因素很多与车桥有关，分析判断故障时，必须明确汽车操纵的稳定性主要取决于前轮定位的准确程度。前轮定位调整不准确，前桥各配合部位松旷，非独立悬架前轴的变形，独立悬架支承架、摆臂、稳定杆与支承架的变形，以及车架的变形，都会破坏前轮定位的准确性，产生一系列故障，影响汽车操纵的稳定性和轻便性。

（6）途观车跑偏故障

1）故障现象。一辆上海大众途观车，行驶里程约为5万km，因行驶时方向向右跑偏而进厂检修。

2）故障诊断。试车验证故障，确实存在向右跑偏的故障现象。本着由简到繁的故障诊断原则，首先对车辆进行常规检查。检查各车轮的轮胎压力，正常；检查各轮胎的花纹及磨损情况，未见异常；对车辆进行四轮定位，发现前后轮的前束值均存在一定偏差，调整前束后试车，故障依旧。

连接故障检测仪，对转向角度传感器进行基本设定后试车，发现当车辆保持直线行驶时，转向盘始终向右侧偏转一定角度。于是将车辆开回修理厂将转向盘向左转动约6°后，再次对转向角度传感器进行基本设定，试图纠正车辆向右跑偏的情况。设定完成后试车，发现车辆仍然向右跑偏。正常情况下，如果将转向盘向左侧转动一定角度再对转向角度传感器进行基本设定，车辆行驶时应该向左跑偏，但该车不但没有向左跑偏，就连向右跑偏的情况都没有任何改善。用举升机将车辆举升，检查悬架及胶套，未见明显异常，只是感觉右前侧三角臂胶套有松旷现象，应该也不至于造成车辆跑偏。谨慎起见，还是将其更换后试车，故障依旧。至此故障排除陷入僵局。最后怀疑是电子转向机构损坏，记录了错误的转向修正角度。

3）故障排除。更换电子转向机构总成，调整四轮定位，并设置好转向角度传感器后，对车辆进行路试，故障排除。

（7）车辆轻微向右跑偏故障

1）故障现象。客户抱怨车辆跑偏，而且一会向左跑，一会向右跑，行驶3245km，已经维修七次，更换过前轮的左右悬挂和转向器，故障没有任何好转。在试车过程中发现，车辆轻微向右跑偏，但并不严重。匀速行驶100m，车辆一般不会跑出车道，但是驾驶过程中转向盘手感不好，向左打方向轻，向右打方向重。

客户提到加速时车辆很容易跑偏，这一点不应该定义为故障，因为加速瞬间车辆会需要地面产生很大的摩擦力，如果此时地面不平，就会产生跑偏。用迈腾、速腾等不同的车辆试车，加速时都会产生跑偏，所以加速跑偏属于正常现象。

2）故障诊断。

① 检查发动机无故障码，动力良好，底盘无磕碰现象。

② 检查轮胎型号，四轮轮胎为同一米其林型号。

③ 检查胎压，同轴胎压基本一致。

④ 试车。在一段平路上来回试车，观察跑偏方向是否随行驶方向变化而变化。

⑤ 在试乘试驾车上拆四条轮胎换上后在平路上行驶，看跑偏是否有好转。

⑥ 给 G85 做设定，试车、观察跑偏程度是否减轻。

⑦ 检查轮胎磨损。

⑧ 检查转向器是否有间隙，转向横拉杆球头是否旷动。

⑨ 检查副车架和转向节胶套是否磨损、旷动。

注意：检查跑偏时请注意重点检查轮胎是否有异常磨损；后轴数据（后轴的前束值是决定跑偏的最重要因素之一）；检查发现左后轮存在异常磨损情况，具体状况如图 6-57 所示。

轮胎的左右磨损面位置不一致，整个轮胎的磨损面严重向右偏移，且磨损程度严重，这说明车辆的定位有问题。

咨询服务站车辆的定位情况，服务站反映也怀疑过定位有问题，所以在本站做过定位、在隔壁上海大众站做过定位，在外面专业的定位店中也做过，并有打印结果数据。

请注意观察轮胎磨损面的左右位置，整个轮胎的磨损面严重向右偏移

图 6-57　左后轮轮胎磨损异常

三次定位数据差距极大，其中在外面专业定位店做的那份数据连标准数据都是错的，所以这三次定位都不具备可信度。在给四轮定位（用百斯巴特定位仪）及举升机标定后，按照标准操给车辆定位，定位过程中发现后轮前束值和外倾角均有较大偏差。定位结束后检查了"附加检测值"查看车身是否有变形，如图 6-58 所示，结果附加检测值反映车身良好，无变形。出去试车，故障消除。

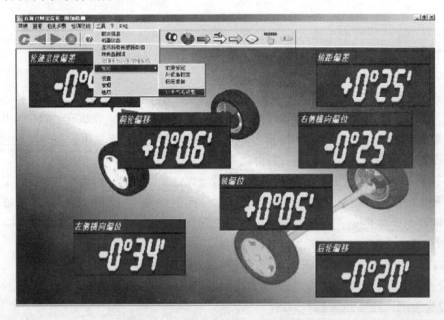

图 6-58　用百斯巴特定位仪进行附加检测

　　注意：上述附加检测值不能作为标准数值，请以正常车辆数据作为标准值参考。在查看附加检测值时，请注意把车辆方向打正。车主不接受，说定位数据每一次都不一样，不能保证定位的准确性，要求路试几十千米后重做定位并检查数据。为了让客户信服，在试车30km后，重做定位，在没有调整的情况下和上次数据基本一致，误差极小。客户接受维修结果。

　　3）故障原因及处理方法。服务站技术人员不能准确判断故障原因，定位设备不准、操作不规范，胡乱换件（该车之前换过前轮的整套悬挂系统、转向器及多次定位）造成客户抱怨。可采用四轮定位仪对车辆进行调整。

第七章 Chapter 7

车轮与轮胎

⑧⑤ 车轮总成的结构

车轮总成一般由轮毂、轮盘和轮辋三部分组成，如图 7-1 所示。

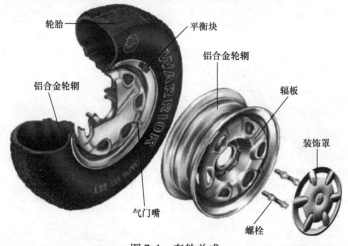

图 7-1　车轮总成

⑧⑥ 车轮的结构形式

按轮盘的结构形式，车轮可分为辐板式和辐条式两种。目前，普通轿车和轻、中型货车广泛采用辐板式车轮，如图 7-1 所示。辐条式车轮是用辐条把轮辋与轮毂连接成一体的。辐条有铸造辐条和钢丝辐条。铸造辐条多用于重型货车；辐条车轮仅用于赛车和一些高级轿车，如图 7-2 所示。

轮辋用来安装和固定轮胎。国产轮辋规格的表示方法如图 7-3 所示。

车轮和轮辋的规格代号应使用数字和字母按下面优先顺序表示：

图 7-2　辐条车轮

1）轮辋名义直径：

① 现型轮辋的名义直径用尺寸代号表示。

② 与新型的轮胎一起使用的新型轮辋，其名义直径用毫米表示。

2）轮辋形式（可选）：

① 符号"×"表示一件式轮辋。

② 符号"－"表示多件式轮辋。

3）轮辋名义宽度：

① 现型轮辋名义宽度用尺寸代号表示。

② 与新型的轮胎一起使用的新型轮辋，其名义宽度用毫米表示。

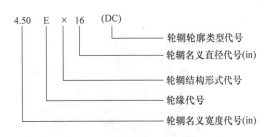

图7-3　国产轮辋规格的表示方法

4）轮辋轮廓：

用字母表示装胎侧的轮辋轮廓。

示例：GB/T 3487 中的 B、J 和 K，GB/T 3372 中的 C、D、E 和 F。

通常，轮廓标记位于轮辋名义宽度之后。然而，它也可位于轮辋名义宽度之前或分布于轮辋名义宽度的两侧，如农业机械用轮辋的标志所示。

5）轮缘高度：

对于非道路车辆用轮辋，尺寸代号中斜线号"/"后的一个或几个数字（英寸）表示轮缘高度。

这种表示对于多件式轮辋是可选的。

87 轮胎结构

轮胎安装在轮辋上，支承汽车的全部质量；轮胎直接与路面接触，要与路面附着良好，以产生足够的驱动力和制动力，缓和吸收汽车行驶时受到的冲击和振动。

现代汽车几乎全部采用充气轮胎。按结构不同，充气轮胎可分为有内胎轮胎和无内胎轮胎两种。

（1）有内胎轮胎　根据工作气压的大小可分为高压胎（0.5～0.7MPa）、低压胎（0.15～0.45MPa）和超低压胎（0.15MPa）三种。高压胎的滚动阻力小，节省燃料。低压胎胎面较宽，附着力大且弹性好，吸收振动的能力较强。超低压胎断面宽度大，在松软路面上具有良好的通过性，多应用在越野车上。目前汽车广泛应用的是低压胎。

有内胎轮胎由外胎、内胎和垫带组成，如图7-4所示。内胎是一个环形的橡胶管，上面装有气门嘴，以便充气或排气。为在充气状态下内胎不产生折皱，其尺寸稍小于外胎内壁尺寸。

垫带是一个环形的橡胶带，它垫在内胎与轮辋之间，保护内胎不被轮辋和胎圈擦伤，还可防止尘土及水汽侵入胎内。

（2）无内胎轮胎　无内胎轮胎在外观上与普通轮胎相近似，但是没有内胎及垫带。它的气门嘴用橡胶垫圈和螺母直接固定在轮辋上，空气直接充入外胎中，其密封性由外胎和轮辋来保证，如图7-5所示。注意：无内胎轮胎必须配用深式轮辋，故目前在轿车上应用较多。

外胎　内胎　垫带　轮辋　挡圈

辐条

图 7-4　有内胎轮胎

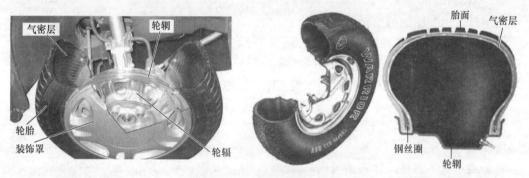

气密层　轮辋

胎面　气密层

轮胎
装饰罩

轮辐

钢丝圈

轮辋

图 7-5　无内胎轮胎

（3）普通斜线胎　普通斜线胎的外胎由胎圈、缓冲层、胎面和帘布层等组成，如图 7-6
所示。

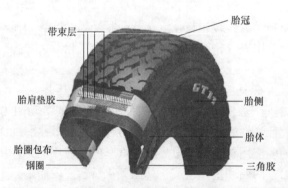

带束层　胎冠

胎肩垫胶　胎侧

胎体

胎圈包布

钢圈　三角胶

图 7-6　外胎结构

⑧⑧ 轮胎规格

轮胎规格的表示方法如图 7-7 所示。

胎壁标识：轮胎生产商将每一款轮胎的信息都写在了胎壁上，如图 7-8 所示。

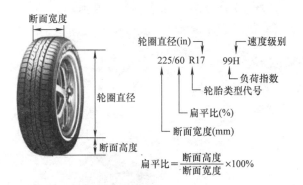

$$扁平比=\frac{断面高度}{断面宽度}\times100\%$$

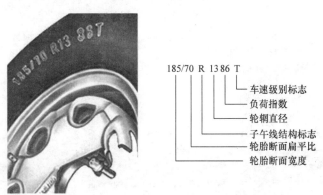

图 7-7　轮胎规格的表示方法

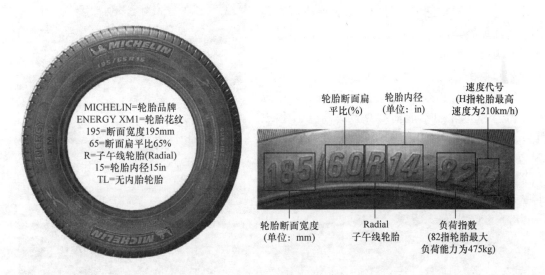

图 7-8　胎壁标识

89 车轮的拆装

1）取下车轮装饰罩。

2）旋松车轮紧固螺母，力矩为 80～110N·m，如图 7-9 所示。

图 7-9　旋松车轮紧固螺母

3）用千斤顶举起汽车，如图 7-10 所示。注意：支承点的位置。

机械千斤顶

图 7-10　用千斤顶举起汽车

4）用车上千斤顶支起所要换轮的部位车身，注意一定要按标记找到受力点，保证可靠稳固。待轮胎离地后，松掉所有的螺母，向内轻推轮胎，方便轮胎取下，如图 7-11 所示。

5）轮胎取下后，换上新胎。

6）安装时将轮胎对准螺栓孔后装上，将螺栓全部拧紧至轮胎不能前后晃动，将千斤顶放下，用专用轮胎工具继续拧紧螺栓，一般车辆紧固力为 80～110N。

7）顺时针拧上螺栓（对角），放下千斤顶，拧紧螺栓（对角），如图 7-12 所示。

图 7-11　向内轻推轮胎

图 7-12　安装轮胎

注意轮胎的换位方法如下：

一般每行驶 8000 ～ 10000km 左右应对汽车进行轮胎换位，可延长轮胎 20％ 使用寿命。轮胎的换位顺序如图 7-13 所示。

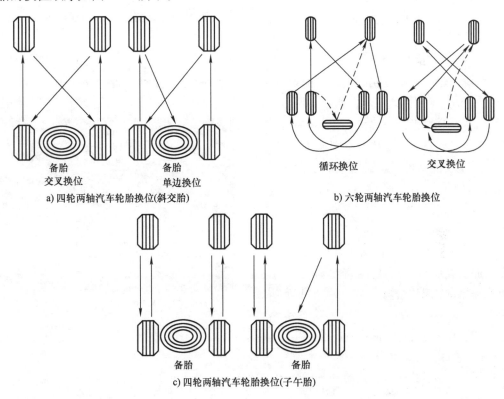

a) 四轮两轴汽车轮胎换位(斜交胎)　　　　b) 六轮两轴汽车轮胎换位

c) 四轮两轴汽车轮胎换位(子午胎)

图 7-13　轮胎的换位顺序

90　轮胎的检修

（1）内胎的检修

1）内胎的常见损伤有穿孔、破裂、气门嘴损坏、漏气等，其表现均为泄漏。

2）内胎漏气的检查：把具有一定气压的内胎放到水中，观察气泡的出处，以确定损伤部位。

3）内胎的修补方法：一般分为火补法、冷补法和生胶修补法（适合于外胎有较大破损情况）三种。其中火补法是将内胎钉眼处磨出均匀的粗糙面，除去屑末，揭下火补胶表面的一层漆布，将火补胶正对损伤孔中心，装上补胎夹的活动爪对正火补胶，并拧紧压紧螺杆。点燃火补胶上的加热剂，待 10 ～ 15min 冷却后，松开补胎夹，取下火补胶壳，然后再冷却 5 ～ 10min，待黏结严密即可。

冷补法是将内胎损伤处周围 20 ～ 30mm 范围内锉粗糙，除去屑末，然后将胶水均匀地涂在粗糙面上，待胶水干后用预先经过硫化且符合标准的修补胶片粘贴在一起，并用滚子向一个方向滚动压紧。

生胶修补法是将破损处锉粗糙，剪一块与破损处相适应的内胎面同样锉粗糙后填上，在锉粗糙处涂上生胶水，用一块面积比破损处略大的生胶，用汽油将表面拭净后黏附在已风干的破损处。

注意：生胶不宜过厚，以 2~3mm 为宜，对生胶加热使其硫化，将温度控制在 140℃，保温时间为 10~20min。

（2）外胎的检修

1）轿车轮胎通常在胎冠主纹槽内设置磨损指示条标记，同时在胎侧设有若干个"TWI"或"△"标记，用以表明磨损指示条位置。

2）在主纹槽内设有高度为 1.60mm、宽度为 12mm 的磨损标记，用于识别胎面主纹槽。测定轮胎花纹的深度时，必须在轮胎胎面主纹槽内进行测量。在胎侧设有六个"TWI"标记，用以标明磨损标记所在的位置。测量轮胎磨损时，不应将磨损标记包括在内，应从花纹最深处进行测量，轮胎花纹深度磨至 2mm 时，即为轮胎的花纹深度的使用极限值，超过此值会影响轮胎的附着能力。花纹深度磨损部位如图 7-14 所示。

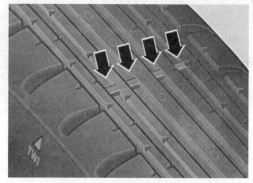

图 7-14　花纹深度磨损部位

3）现代轿车高速轮胎出现损伤时，从安全行车角度考虑，一般推荐采用更换的方法。

（3）轮胎气压的检查

1）不同轮胎的气压、轮胎的承载情况和效率（实际上也是指轮胎的使用寿命）各不相同，轮胎气压影响着汽车的使用性能和轮胎的寿命。因此，应经常检查轮胎气压，轮胎气压应符合规定要求，必要时应进行补气和调整。

2）轮胎气压通常标注在轮胎的侧壁上。一般注有国际单位压强 kPa，或注有工程大气压 kgf/cm^2 及英制压强 bf/in^2。各种单位的互换关系为

$$1kgf/cm^2 = 98kPa, \quad 1bf/in^2 = 6.89kPa$$

3）检查完轮胎气压后，用唾液涂在气嘴上，查看是否漏气。

4）目前，货车、轿车几乎都采用低压胎。例如桑塔纳，前轮胎：空载 180kPa，满载 190kPa；后轮胎：满载 240kPa，空载 180kPa；备胎：250kPa；检查轮胎应在常温下进行，冬季轮胎气压应增高 20kPa。

91 轮胎拆装

（1）设备组成　轮胎拆装机主要由箱体及工作台、中间立柱及拆装头（鸟头）、压胎铲、辅助臂和操作踏板组成，如图 7-15 和图 7-16 所示。

1）工作台。工作台通过卡爪将轮胎固定，并带动轮胎旋转，配合完成轮胎的拆装。MS63 轮胎拆装机采用大尺寸工作台，卡爪的伸缩范围也更大，使得设备所支持的轮胎尺寸也更宽泛。卡爪如图 7-17 所示。

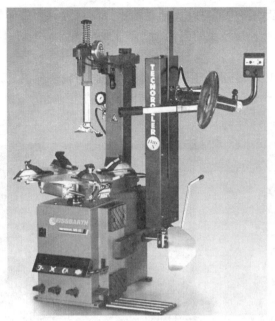

图 7-15　轮胎拆装机结构

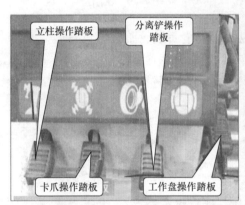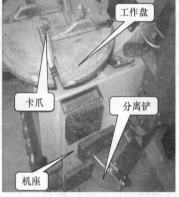

图 7-16　博世轮胎拆装机

图 7-17　卡爪

2）中间立柱及拆装头。中间立柱可通过踏板控制在竖直和后仰的位置间切换，从而方便将轮胎从工作台上装卸。拆装头的内侧设置有防划滑轮，如图 7-18 所示，以避免在拆装轮胎过程中划伤轮辋。

3）压胎铲（图 7-19）。压胎铲用于将轮胎的胎唇与轮辋分离。采用高强度可调整式压胎铲，能满足不同扁平比轮胎的压胎需求，借助设备的强劲动力，快速进行压胎操作。

图 7-18　拆装头

图 7-19　压胎铲

4）辅助臂（图 7-20）。辅助臂用于协助操作者拆装轮胎。根据不同的轮胎类型及尺寸，辅助臂上有相应的压胎装置与之匹配。辅助臂上有一个控制手柄，用于在不同方向上调整压胎装置的位置，以适合不同轮胎的需求。

5）操作踏板（图 7-21）。操作踏板分为立柱操作踏板、卡爪操作踏板、分离铲操作踏板和工作盘操作踏板，分别控制轮胎拆装中相应的各项操作。

（2）设备应用

1）分离胎唇。首先放尽轮胎内的气体，然后将车轮靠在轮胎拆装机压胎铲一侧箱体的橡胶垫上。接着调整好压胎铲的位置，将压胎铲的顶端边缘顶在轮胎的胎唇上（距离轮辋表面10mm 以上）。踩下压胎踏板，操作压胎铲向内挤压轮胎的胎唇，使胎唇与轮辋脱离，如图 7-22 所示。将轮胎旋转 180° 再次重复压胎操作。一侧压胎完成后，翻转轮胎，在另一侧重复

图 7-20　辅助臂

上述操作，直至整个轮胎两侧的胎唇完全与轮辋分离。分离胎唇的操作过程中，压胎铲定位准确，操作者感觉压胎时力量很足，很快便完成了胎唇的分离。

2）拆下轮胎。

① 将轮辋固定在工作盘上（注意轮辋正面朝上），如图 7-23 所示。选择合适的辅助臂压胎装置压至轮胎表面，即轮辋边缘下方，并在轮胎表面涂上润滑剂，然后踩下转动踏板使工作台转动。

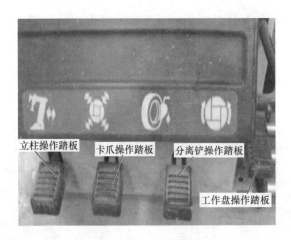

立柱操作踏板　卡爪操作踏板　分离铲操作踏板

工作盘操作踏板

图7-21　操作踏板

图7-22　分离胎唇

② 操纵辅助臂控制手柄使压胎装置下压，将轮胎压松，如图7-24所示，然后升起压胎装置。

③ 将拆装头调整至靠近轮辋外边缘处，保持与轮辋外表面2~3mm的间隙，然后固定拆装头。

④ 把撬杆插进拆装头与轮胎边缘之间，将轮胎上部胎唇撬至拆装头外侧，如图7-25所示，然后操纵踏板转动工作台，使拆装头将轮胎上层胎唇从轮辋上拆下。

⑤ 用上述同样的操作方法将轮胎下层胎唇从轮辋上拆下，从而拆下整个轮胎，如图7-26所示。

轮辋正面朝上

图7-23　将轮辋固定在工作盘上

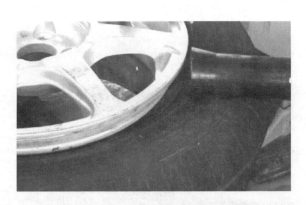

图7-24　压松轮胎

图7-25　将轮胎上部胎唇撬至拆装头外侧

3）安装轮胎。

① 在轮胎与轮辋边缘处的表面涂上润滑剂，以免装胎时摩擦伤胎。将轮胎下缘一部分套装在轮辋上，如图7-27所示，踩下立柱操作踏板后按下升降杆，使升降杆靠近轮辋边缘，用手按住轮胎，踩下工作盘旋转踏板，转动轮胎，使轮胎下缘安装在轮辋上。

② 调整拆装头高度，使轮胎下层胎唇处在拆装头尾部上方和拆装头头部下方，并转动工作台，装好轮胎下层胎唇。

③ 用辅助臂的压胎装置配合拆装头将轮胎边缘压到拆装头下方位置，转动工作台，装好轮胎上层胎唇，如图 7-28 所示。

④ 使用设备的充气装置给轮胎充入规定的气压，完成整个轮胎的安装操作。

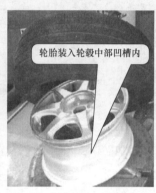
轮胎装入轮毂中部凹槽内

图 7-26　拆下轮胎　　　图 7-27　将轮胎下缘一部分　　图 7-28　配合辅助臂安装
　　　　　　　　　　　　　　　套装在轮辋上　　　　　　　　　轮胎上层胎唇

92 车轮动平衡检测

（1）动平衡机使用前的检查

1）机器应水平稳固安装。

2）附件有没有齐全（锥体、快速螺母、卡尺）。

3）显示面板正常（不出现 error 或其他字符）。

（2）对轮胎的清洁

1）清除轮胎上的杂物，检查胎压。

2）旧的平衡块需要拆开，如图 7-29 所示。

图 7-29　拆开旧的平衡块

（3）轮胎数值的读取与输入

1）开机，旋转开关，机器面板显示数字，表示开机成功，如图7-30所示。

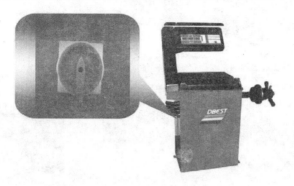

图7-30　开机

2）装上车轮，选择适合的锥体，注意锥体的方向，如图7-31所示。

14in以上轮辋装在外侧，反之在内侧

图7-31　选择适合的锥体

3）装上快速螺母，并旋紧，注意力度不能过大，如图7-32所示。

图7-32　装上快速螺母

4）从机上拖出尺，测量轮辋边缘至机箱的距离 a，如图 7-33 所示。

图 7-33　测量轮辋边缘至机箱的距离

5）向机器面板输入相应数值，如图 7-34 所示。

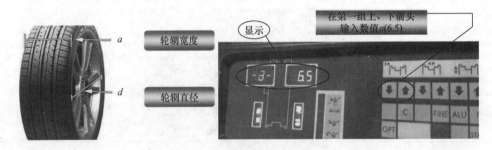

图 7-34　向机器面板输入相应数值

6）用卡尺卡住轮辋两侧并读取数值 b，如图 7-35 所示。

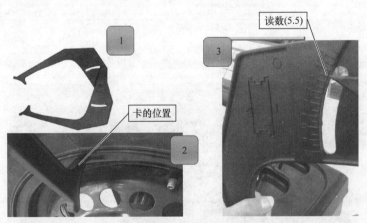

图 7-35　用卡尺卡住轮辋测量数值

7）向机器面板输入轮辋宽度的相应数值 b，如图 7-36 所示。

8）在轮胎边缘找出轮胎规格读数 195/65R15，字母 R 后面是轮辋直径 d（15），如图 7-37 所示。

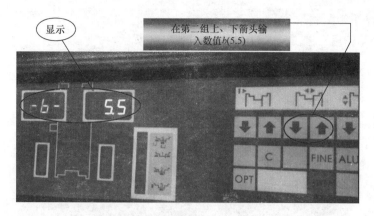

在第二组上、下箭头输入数值b(5.5)

显示

图7-36 输入轮辋宽度的相应数值

字母R后面是轮辋直径d(15)

图7-37 找出轮胎规格读数

9）向机器面板输入轮辋宽度的相应数值 d，如图7-38所示。（FINE——显示小于5g实际不平衡值按键；ALU——平衡方式选择按键；C——重算不平衡/自校准按键；OPT——不平衡最佳化按键；F——静平衡或动平衡选择按键；STOP——转轴急停按键；START——转轴起动按键。）

注意：功能转换组合键进行功能转换后，关机仍保持该功能。［STOP］+［a↑］+［a↓］克一盎司转换键、［STOP］+［C］保护罩盖下即起动。

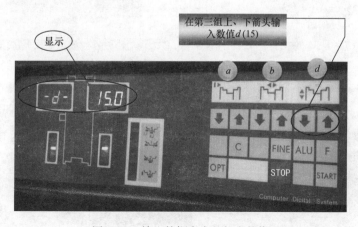

在第三组上、下箭头输入数值d(15)

显示

图7-38 输入轮辋宽度的相应数值

（4）开始动平衡测验

1）先推动车轮后再按"START"键，如图7-39所示。

图7-39　开始动平衡

2）车轮在旋转中，机器在进行数值的收集与计算，这时候不能有外力加在平衡机上，如图7-40所示。

（5）打平衡块　显示面板上左边是车轮内侧，右边为外侧，如图7-41所示。转动车轮，当指示灯全亮时停止，在轮辋的上部（12点位置）内、外侧要分别进行打平衡块，装夹要牢固，如图7-42和图7-43所示。

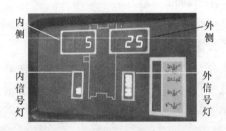

图7-40　车轮在旋转中　　　　　　图7-41　显示面板显示信号

图7-42　外侧打平衡块

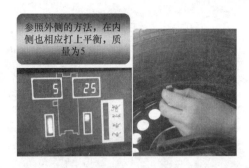

图 7-43　内侧打平衡块

（6）对车轮再次做平衡试验　当面板数值≤5 时，表明车轮已经处于平衡，若显示结果≥5，则需再打平衡块直到数值合格为止，如图 7-44 所示。

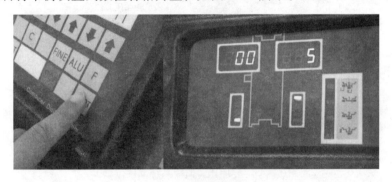

图 7-44　结果显示

93　轮胎压力监控系统组成、工作原理

（1）组成　轮胎压力监控系统由 5 个轮胎压力传感器、4 个轮胎压力监控天线、轮胎压力监控控制单元、组合仪表、功能选择开关等部件构成，如图 7-45 所示。

（2）部件简介

1）金属气门嘴。轮胎压力监控系统所用的气门嘴是新设计的，以前使用的是橡胶气门嘴，现在用的是金属气门嘴，如图 7-46 所示。

2）轮胎压力传感器（G222～G226）。轮胎压力传感器拧在金属气门嘴上，在更换车轮或轮辋时，该传感器仍可再用。轮胎压力传感器将轮胎的实时压力信息（绝对压力测量）发送给轮胎压力监控控制单元，用以评估压力情况。温度信号用于补偿因温度改变而引起的压力变化，同时还用于自诊断。当温度高于某一限定值时，传感器就停止发送无线电信号。温度补偿由轮胎压力监控控制单元来进行，测出的轮胎压力以 20℃时的值为标准值。

轮胎压力传感器内部集成部件如图 7-47 所示。压力传感器、温度传感器及测量/控制电子装置都集成在一个智能型传感器上。

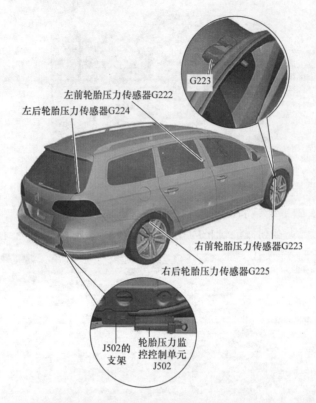

图 7-45　轮胎压力监控系统部件位置

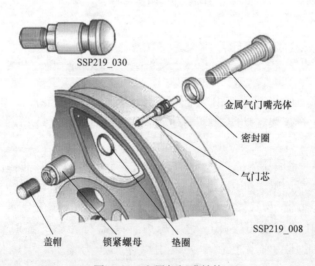

图 7-46　金属气门嘴结构

（3）工作原理　当打开驾驶人车门电源接线柱接通时，如图 7-48 所示，系统就开始初始化过程，然后控制单元给轮胎压力监控发射器 G222～G226 和天线 R59 各分配一个 LIN 地址（分配时在时间上是错开的），初始化完成后，这几个发射器一个接一个从控制单元接收到一条信息，随后这些已经分配有地的发射器发射出无线电信号（频率为 125kHz，只发射

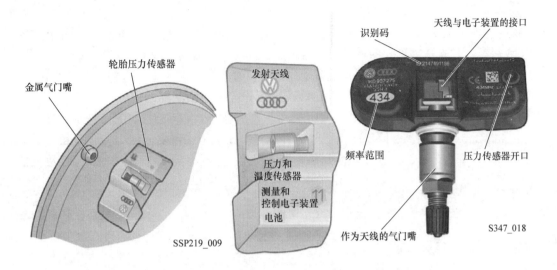

图 7-47　轮胎压力传感器内部集成部件

一次）。由于这种无线电信号的作用半径很小，所以它们只会分别被相应的轮胎压力传感器所接收，传感器被无线电信号激活，然后就会发送出测量到的当前压力和温度值，这些测量值由天线接收后，再经 LIN 总线传送到控制单元。

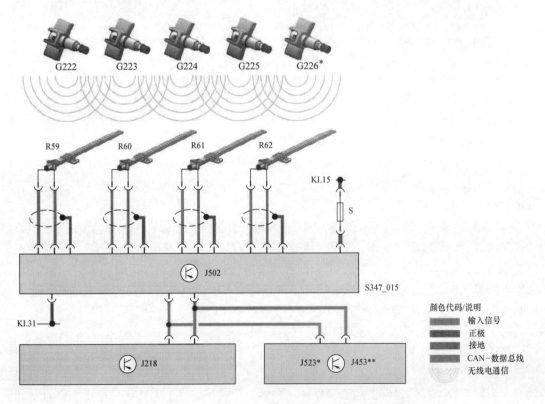

图 7-48　大众/奥迪车上用轮胎压力监控系统功能图

随后，只要是车停着，就不再进行任何通信联系了。轮胎压力传感器上装有离心力传感器，该传感器可以识别出车轮是否在转动。与前代系统相比，现在系统的一个突出优点是：只要15号接线柱接通就可立即显示出警告信息，同时传感器的寿命也得到了提高。

车辆起步时，传感器在约2min后开始与车轮位置进行匹配。当车速超过约20km/h时，每个传感器会自动发射当前的测量值，而不需等待来自各自发射器的信号。发射出的无线电信号中包含有传感器的ID，这样控制单元就可识别出是哪个传感器发出的信息及其位置。

正常情况下，发射器每隔30s就发射一次信号。如果传感器发现压力变化较快（$>2 \times 10^4 \mathrm{Pa/min}$），那么传感器会自动切换到快速发送模式，这时每隔1s就发送一次当前测量值。

94 奥迪胎压监测系统初始化设定

1）在驾驶人信息系统中，仪表胎压黄灯指示如图7-49所示。

图7-49　仪表胎压黄灯指示

2）发动机熄火，KEY-ON，利用刮水器开关的A、B键，通过驾驶人信息系统菜单来设置，如图7-50所示。

3）胎压没有设定菜单项（无法做胎压重置），且仪表中安全带指示灯不亮。

① 若因为意外操作引起胎压灯亮或其他显示故障（仪表），在打开SET菜单后，通过上、下键查找，没有发现胎压菜单：Tyre pressure，则按如下方法恢复仪表编码，如图7-51所示。

② 用VAS6150B进入自诊断，检查仪表编码，若仅仅显示编码为：2，则说明编码数据已丢失，这个编码说明仪表不仅胎压菜单丢失，而且连安全带的指示灯功能也丢失了，可以尝试编码为：16022（具体要根据本车的配置来设置或找同车型对比编码），执行编码后，退出VAS6150B，关闭并重新打开车钥匙，打开驾驶人信息系统，按前面所讲的初始化方法做胎压归零，这时会发现SET菜单中已经有了Tyre pressure菜单项了。

4）奥迪车组合仪表中显示"TPMS"警告信息。

描述：组合仪表中显示"TPMS"和"轮胎压力！系统故障"的警告信息，上述现象的出现可能有两种情况：一是只有在发动机起动后才会显示"TPMS"信息，然后发动机很快就熄火，而且故障存储器中无故障记录；二是组合仪表始终显示上述警告信息，而且制动器控制单元故障存储器中存储03159-ESP中的轮胎压力监控功能的故障记录。

适用车型：2008款~2014款的奥迪A4、A5和Q5车。

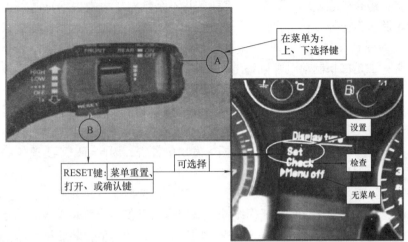

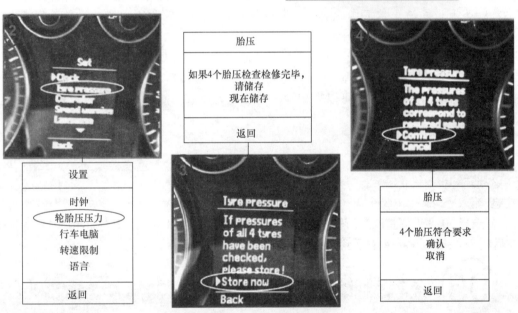

图 7-50 通过驾驶人信息系统菜单来设置

图 7-51 恢复仪表编码

技术背景：组合仪表显示"TPMS"信息，并不是针对压力损失发出的警告，而是表示目前未激活轮胎压力监控。在下列情况下可能显示该信息：一是在起动阶段进行自检时，可能 ESP 功能短时受到抑制，且同时关闭了轮胎监控显示功能，当自检结束后，这两个功能重新恢复正常；二是如果制动电子设备出现故障，则将导致轮胎监控显示功能被关闭，制动电子设备本身不存在故障时，其他系统（如发动机控制单元或 EPB 控制单元）也可能造成这种情况的发生，但制动器控制单元故障存储器中除了记录故障码 03159 外，至少还有 1 个其他的故障记录。

售后解决方案：由于无针对轮胎压力损失发出的警告，因此可以不更改轮胎压力的存储记录，但请注意下列事项。

① 如果在起动阶段，组合仪表中显示"TPMS"，然后又立即消失，则完全可以忽略。在这种情况下，请不要尝试进代行任何维修。该警告信息仅说明暂时未激活轮胎压力监控功能。因为在这个过程中，车辆处于静止状态，因此无车轮转速值，轮胎压力监控功能即使在已激活状态下也无法正常工作。当上述警告信息消失后，轮胎压力监控功能会重新恢复正常。

② 如果制动器控制单元故障存储器中不仅记录了故障码 03159，还有其他的故障记录，则请先处理其他故障记录，处理完该记录且已排除相关故障后，故障码 03159 可能会自动消失，如果不自动消失，一般也可以被删除，轮胎压力监控功能会恢复正常，仪表恢复正常显示。

5）大众/奥迪车胎压设定。

① 选择 65 轮胎压力监控。

② 选择 16 系统登录。

③ 输入登录码"10896"。

④ 选择 10 通道调整匹配。输入通道号：1 左前轮 240～280kPa，2 右前轮 240～280kPa，3 左后轮 240～280kPa，4 右后轮 240～280kPa。确认保存。

95 各车型胎压复位、初始化操作

（1）国产宝马 5 系车轮胎压力监控系统初始化　修正轮胎充气压力或更换轮胎时，要对轮胎压力监控系统进行初始化，具体方法如下。

1）起动发动机，但不要起步。

2）调用 i 菜单。

3）选择"车辆设置"并按压控制器。

4）选择"RPA"并按压控制器。

5）选择"设置轮胎压力"并按压控制器。

6）选择"是"并按压控制器。

7）让轿车行驶，初始化结束。

（2）汉兰达车胎压监测系统复位及初始化

1）复位方法。接通点火开关，在 TPWS 指示灯亮时，按下轮胎"SET"键 1～2s，在 TPWS 指示灯熄灭之后松开"SET"键即可。

2）初始化方法。接通点火开关，按住轮胎"SET"键直到轮胎气压指示灯以每秒3次的频率闪烁，在轮胎气压指示灯闪过3次之后，松开按键，然后再驾驶车辆行驶一段时间，完成轮胎压力初始化设定。

（3）老款卡宴E1车胎压灯消除操作　老款卡宴E1车在更换轮胎、车轮动平衡后，轮胎最好不要对调，以免胎压灯点亮无法消除（只针对带原厂胎压监控系统的车型）。正常情况下，如果胎压灯亮起，只需调整胎压后，车辆稍微行驶一段距离胎压灯即会自动消除。如果胎压灯无法消除，可能需对轮胎类型尺寸重新设定后再行驶即会消除。如果还是无法消除，则需要重新设定各个轮的ID。方法为：用PIWIS读取胎压实际值，下拉查找4个车轮的ID并记录；进入保养保修，第2行，然后将相应车轮的ID录入，再重新设置车轮尺寸类型即可。注意：实际值中的数据是带逗号的，在录入到保养保修中时不需要将逗号也录入。

（4）保时捷卡宴车轮胎压力复位操作

1）接通点火开关。

2）按转向盘右侧组合开关上的"MENU"键，调出系统设置主菜单，如图7-52所示，并选择"Tyre press"（轮胎压力），按"OK"键。

3）如图7-53所示，选择"Settings"（设定）进入下一步骤。

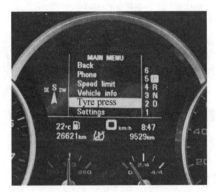
图7-52　系统设置主菜单

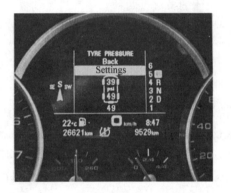
图7-53　选择"Settings"（设定）

4）如图7-54所示，选择相应选项（"Tyres"—轮胎，"Winter"—冬季轮胎，"20Inch"—20in）进入下一步骤。

5）如图7-55所示，选择"Spare wheel"（备胎）进入下一步骤。

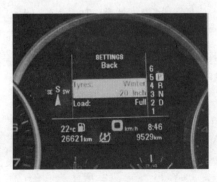
图7-54　选择相应选项

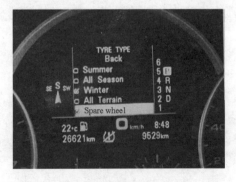
图7-55　选择"Spare wheel"（备胎）

6）如图 7-56 所示，选择"Sealing set"（补胎设定）。

7）起动车辆，行驶数分钟，仪表出现图 7-57 所示的提示（是否确认补胎设定），选择"Yes"，成功设定轮胎压力。

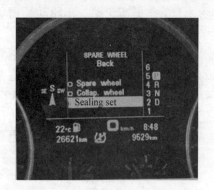

图 7-56　选择"Sealing set"（补胎设定）

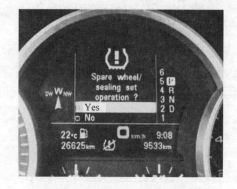

图 7-57　仪表提示是否确认补胎设定

（5）别克林荫大道车胎压复位操作　别克林荫大道车的胎压复位操作与君威轿车的不一样，具体的方法有两种：一种是手动操作；另一种是利用专用的故障检测仪，按照故障检测仪的提示进行操作。手动操作方法如下。

1）将点火钥匙插入并接通点火开关。

2）同时按住遥控器的开锁和闭锁键，听到发出"嘟嘟"两声后，松开遥控器，表明汽车进入匹配状态，轿车左前转向灯会闪亮。

（6）斯柯达车系统胎压报警灯清除方法　目前，斯柯达车系部分车辆配置了原厂的间接式胎压监测系统，当车辆某个车轮的胎压发生变化时，相应车轮的轮速也会发生变化，ABS 以此来判断各车轮的胎压情况，必要时点亮仪表上的胎压报警灯。胎压报警灯一旦点亮，在排除故障原因后，可以通过以下三种方式清除胎压报警灯。

1）接通点火开关至"ON"位，按下胎压复位按钮"SET"并保持大约 3s，直至仪表内发出一声"铛"，同时胎压报警灯会熄灭。

2）连接 VAS6150B，进入 ABS 03 的基本设定功能 006，输入通道号 42 后点激活，显示屏上会显示"轮胎压力复位完成"，退出系统后仪表上的胎压报警灯会熄灭。

3）连接 VAS6150B，进入引导性功能，选择"防抱死系统"，选择"轮胎→检验→显示轮胎压力报警"打开子菜单，按提示操作选择"－3－轮胎监控恢复到初始状态"后，按提示确认即可。

注意：胎压监测系统经过初始化后需要行驶一段距离来完成自学习，此过程无法监控其完成情况，一般自学习距离在 50km 以上，在自学习阶段系统的监测功能不起作用。

（7）北京现代车使用 GDS 设置 TPMS 的方法　进行下列与 TPMS 相关的操作后，须用GDS 执行模式设置程序，否则 TPMS 警告灯可能会异常点亮，TPMS 不能正常工作：更换TPMS 传感器，更换车轮总成，轮胎换位，更换 TPMS 接收器。

1）注意事项。

① 当更换 TPMS 传感器时，因为可能与其他车辆的 TPMS 传感器发生干涉，所以一定要让车辆远离配备 TPMS 的其他车辆。

② 如果车辆的低压警告灯（胎面灯）点亮，而且储存相关 DTC，一定要检查 4 个 TPMS 传感器，不能只检查与 DTC 有关的那个传感器。

2）更换 TPMS 传感器及轮胎换位时的设置方法。当更换 TPMS 传感器及轮胎换位时，一定要使用 GDS 执行以下操作：注册传感器，设置传感器状态，如图 7-58 所示。

3）更换 TPMS 接收器时的设置方法。当更换 TPMS 接收器时，一定要使用 GDS 进行以下操作（图 7-59）：VIN 写入（在 ECM 存储器内写入车辆 ID 编号）；车辆名称写入（在 TPMS 接收器上输入车辆名称）；注册传感器（在 TPMS 接收器上输入新 TPMS 传感器的 ID）；设置传感器状态（检查传感器状态）。

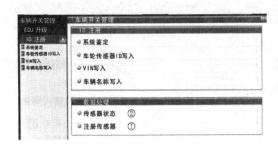

图 7-58　更换 TPMS 传感器及轮胎换位进行 TPMS
　　　　设置时的显示界面

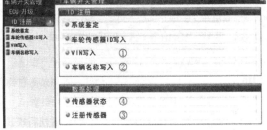

图 7-59　更换 TPMS 接收器进行 TPMS
　　　　设置时的显示界面

（8）新君威胎压监测系统专用模块读入方法和手动读入方法

1）专用模块的读入方法。

① 使用 J-46079，启动轮胎气压监测读入模式。若听到喇叭发出两声"唧唧"声并启动转向信号灯，表示读入模式已经启动。左前转向信号也将点亮。

② 从左前轮胎开始，将 J-46079 的天线朝上顶住气门芯位置，紧贴车轮轮辋的轮胎侧壁，以启动传感器。按下然后松开启动按钮并等待喇叭发出"唧唧"声。一旦所有转向信号灯启动持续 3s 并且喇叭发出"唧唧"声，已读入传感器信息，并且下一读入位置的转向信号将点亮。

③ 喇叭发出"唧唧"声并且下一读入位置的转向信号点亮后，按以下顺序重复步骤②以启动其余 3 个传感器：右前、右后、左后。

④ 当已读入左后传感器时，所有转向信号灯被启动持续 3s，并且喇叭响起两次"唧唧"声，读入过程完成并且车身控制模块退出读入模式。

⑤ 将点火开关置于 OFF 位置，调整所有轮胎至推荐的压力。

2）手动读入方法。

① 将点火开关置于 ON 位置，按下和释放手柄开关上的"INFO（信息）"按钮，或者按下里程表按钮（取决于驾驶人信息中心等级）直至"TYRE LEARN（轮胎读入）"信息出现在驾驶人信息中心屏幕上。按住"SET/RESET（设置/重置）"按钮直至所有转向信号灯被启动持续 3s，并且喇叭响起两次"唧唧"声，显示读入模式已被启动。左前转向信号也将点亮。

② 从左前轮开始，增大/减小轮胎气压 8.3kPa，然后等待喇叭发出"唧唧"声。喇叭"唧唧"声可出现在压力增大/减小前或最多 30s 后。一旦喇叭发出"唧唧"声，读入传感

器信息，要读入的下一个位置的转向信号灯将点亮。

③ 喇叭发出"唧唧"声并且下一读入位置的转向信号点亮后，按以下顺序重复步骤②以启动其余 3 个传感器：右前、右后、左后。

④ 当已读入左后传感器时，所有转向信号灯被启动持续 3s，并且喇叭响起两次"唧唧"声，读入过程完成并且车身控制模块退出读入模式。

⑤ 将点火开关置于 OFF 位置，调整所有轮胎至推荐压力。

（9）新保时捷车轮胎压力复位操作步骤说明

1）接通点火开关。

2）按下转向盘右侧组合开关上的"MENU"键，调出系统设置主菜单，并选择"Tyre press"（轮胎压力），然后按"OK"键。

3）选择"Settings"（设定）选项。

4）依次选择下列相应选项："Tyres"（轮胎）、"Winter"（冬季轮胎）、"20Inch"（20in）。

5）选择"Spare wheel"（备胎）。

6）选择"Settings set"（补胎设定）。

7）起动发动机，行驶车辆数分钟，当仪表出现是否确认补胎设定的英文提示后，选择"Yes"确认，轮胎压力设定成功。

（10）全新帕萨特（NMS）车轮胎压力监测系统复位方法　全新帕萨特车采用间接式（RKA）轮胎压力监测系统，该系统简单高效，无须安装轮胎压力传感器，根据轮胎漏气将导致滚动半径发生改变，从而 4 个车轮转速不同这一原理，通过监测 ABS 轮速传感器数据，可识别 4 个车轮的泄漏情况，并通过组合仪表中的指示灯警告驾驶人哪个轮胎漏气。

每次给轮胎充气或更换轮胎后，需要对轮胎压力监测系统进行复位，有两种方法：第一，断开点火开关，按住副驾驶人侧杂物箱左上方的"SET"键，如图 7-60 所示，接通点火开关，此时轮胎压力监测系统警告灯点亮并在"嘟"的一声后熄灭，复位完成；第二，连接故障检测仪，进入 ABS，进入基本设定，选择通道 42，复位完成。

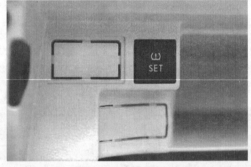

图 7-60　胎压复位键

96　汽车轮胎没气能正常行驶原理

PAX 轮胎系统由轮辋、支承圈、轮胎和轮胎压力传感器构成，所有件都是新开发的。轮辋采用了全新的几何形状。支承圈装在轮辋中央，它与轮辋中央部分的形状是一致的，支承圈采用高负荷塑料并制成蜂窝形状，如图 7-61 所示。轮胎不再通过凸缘张紧在轮辋边缘后部，而是放入轮辋座内。PAX 轮胎在形状和结构方面与普通轮胎最大的不同之处体现在轮胎的侧壁和凸缘。在轮胎的滚动工作面的内侧涂了甘油凝胶，这种凝胶能在紧急状况（轮胎泄气）下减小支承圈和轮胎之间的摩擦。

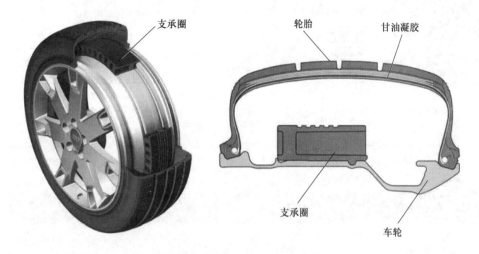

图 7-61　支承圈安装位置

在轮胎压力部分损失或全部损失时，轮胎就支承在支承圈上了。轮辋上轮胎座的特殊形状可以防止瘪胎脱落。因为在紧急行驶状态，尤其在转弯时，轮胎侧壁作用有拉力负荷。拉力 F_Z 使得轮胎凸缘绕凸缘中心转动，于是就在凸缘的外侧产生一个力 F_W，该力将轮胎凸缘紧紧压靠在轮胎座内，如图 7-62 所示。

当轮胎完全没有气压时，PAX 还可以使车在全负荷状态下以 80km/h 的最高速度行驶 200km。尽管使用了凝胶，但轮胎与支承圈之间的摩擦仍会使得部件的温度上升、磨损增大。

即使在这种紧急运行状态下，仍能保持很高的行驶舒适性。因此，轮胎的压力损失并不总是能被立即识别出来，正是由于这个原因，PAX 中总是包含轮胎压力监控功能。紧急运行状态会在组合仪表的中央显示屏上显示出来。

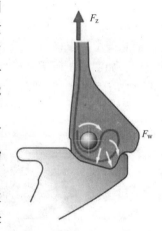

图 7-62　防止瘪胎脱落
工作原理

第八章 Chapter 8

悬架

⑨⑦ 悬架基本组成

现代汽车的悬架虽有不同的结构形式，但一般都是由弹性组件、减振器和导向机构三部分组成。

前悬架由前上横臂、承载臂、导向臂、稳定杆、减振器带螺旋弹簧及转向节等组成，如图8-1所示。前悬架通过转向横拉杆推动左右车轮进行向左向右的转动。

后悬架由后上横臂、后下横臂、后拉杆、稳定杆、后纵臂、减振器带螺旋弹簧及转向节等组成，如图8-2所示。后悬架限制了后轮不能像前轮那样转向，但后悬架在车高速转向时具有"随动转向"功能。

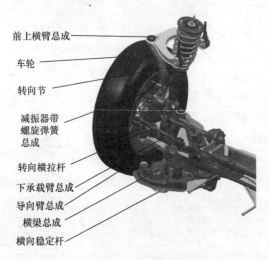

图8-1　前悬架

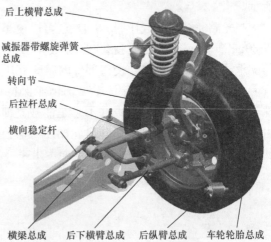

图8-2　后悬架

⑨⑧ 多连杆悬架结构

这里所说的多连杆悬架就是比一般悬架的连杆要多，如图8-3～图8-6所示。

多连杆悬架的优点：可以自由独立地确定主销偏移距，减小因径向载荷引起的干扰力和力矩；很好地控制了在制动和加速期间车的纵向点头运动；有利于控制车轮的前束、外倾和轮距宽度变化，因此具有良好的操纵稳定性；可有效地降低轮胎的磨损，延长其使用寿命；从弹性运动学角度来看，在侧向力和纵向力条件下前束角的改变以及行驶舒适性都能得到精确的控制；车轮受力点分散，因此连杆可以做得较细小，减小了质量。

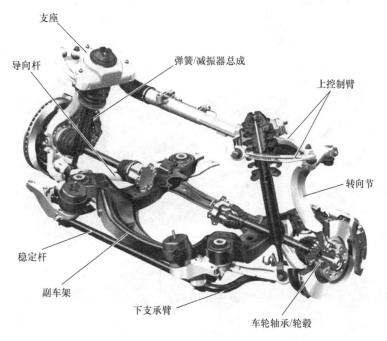

图 8-3　四连杆前悬架

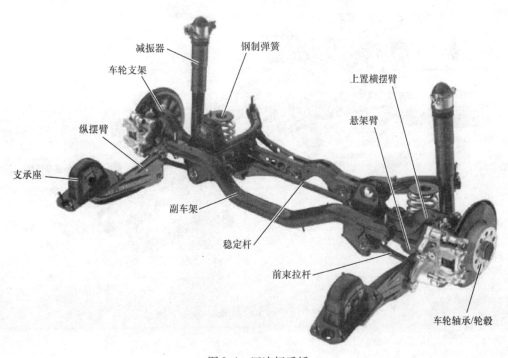

图 8-4　四连杆后桥

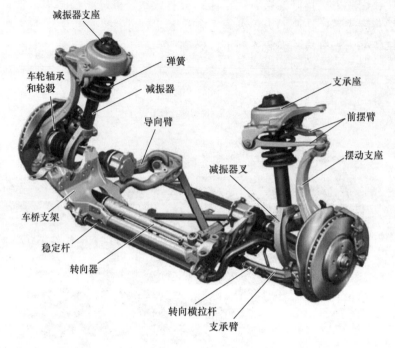

图 8-5　五连杆前桥

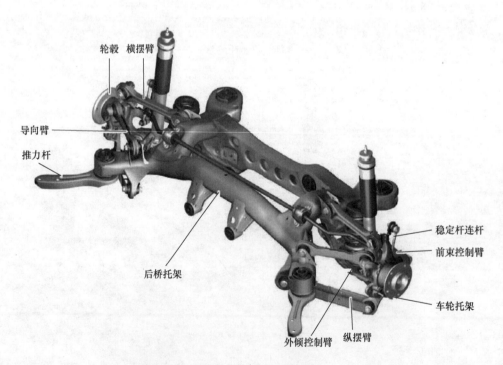

图 8-6　五连杆后桥

99 减振器的结构

大多数汽车的悬架系统中都有与弹性组件并联安装的减振器，减振器和弹性组件如图8-7所示，减振器的总成如图8-8所示。

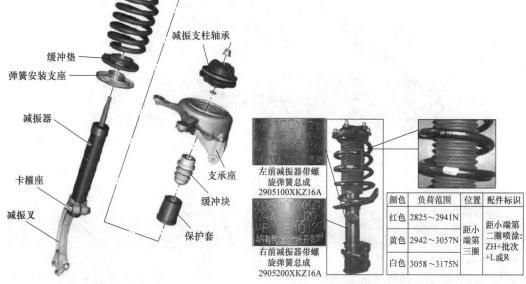

图 8-7 减振器和弹性组件

颜色	负荷范围	位置	配件标识
红色	2825～2941N	距小端第三圈	距小端第二圈喷涂：ZH+批次+L或R
黄色	2942～3057N		
白色	3058～3175N		

图 8-8 减振器的总成

100 弹性元件的结构

（1）钢板弹簧 钢板弹簧是汽车悬架中应用最广泛的弹性组件，它是由若干片不等长但等宽（厚度可以相同，也可不同）的合金弹簧片组合而成的一根近似等强度的弹性梁。图8-9所示为钢板弹簧的一般构造。钢板弹簧中最长的一片称为主片，其两端弯成吊耳，内装衬套，以便用弹簧销与固定在车架上的支架或吊耳做铰链连接。

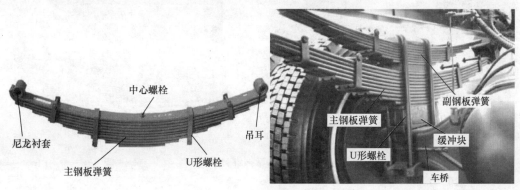

图 8-9 钢板弹簧

（2）扭杆弹簧　扭杆弹簧本身是一根由弹簧钢制成的杆，如图8-10所示。扭杆断面通常为圆形，少数为矩形或管形。其两端形状可以做成花键、方形、六角形或带平面的圆柱形等，以便一端固定在车架上，另一端固定在悬架的摆臂上。摆臂则与车轮相连。当车轮跳动时，摆臂便绕着扭杆轴线而摆动，使扭杆产生扭转弹性变形，借以保证车轮与车架的弹性联系。有的扭杆由一些矩形断面的薄条（扭片）组合而成，这样弹簧更为柔软。

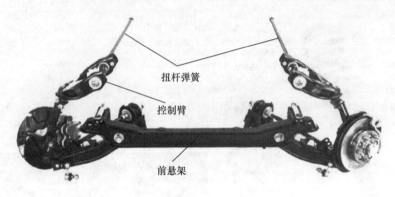

图8-10　扭杆弹簧

101 后减振器拆装

减振器、弹簧、桥体装配如图8-11所示。

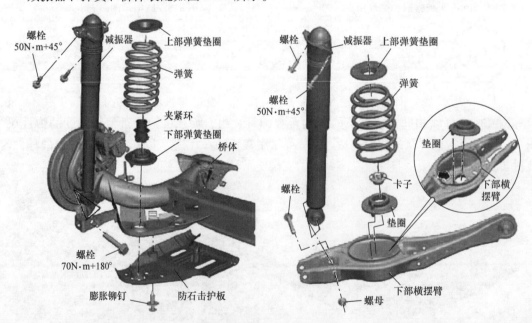

图8-11　后减振器分解图

（1）拆卸

1）松开车轮螺栓。

2）升高车辆。

3）拆卸车轮。

4）带有车辆高度传感器的车辆拧出螺栓1，取下左后车辆高度传感器2的支架，如图8-12所示。

5）带自适应底盘调节系统 DCC 的车辆将插头1从减振器2上脱开，将导线3从减振器2上拔下，如图8-13中箭头所示。

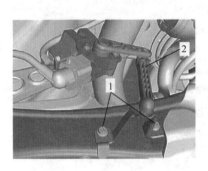

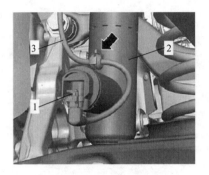

图8-12　拧出螺栓，取下支架　　　　　　　　图8-13　拔下插头

1—螺栓　2—高度传感器　　　　　　　　1—插头　2—减振器　3—导线

6）将弹簧支架 V. A. G 1752/3A（1）和适配插头 V. A. G 1752/9（2）放在最上面的弹簧丝3上，如图8-14所示。

7）将弹簧张紧装置3放到适配插头 V. A. G 1752/9（2）上，如图8-15所示。

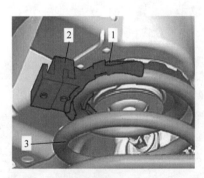

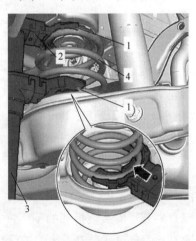

图8-14　将弹簧支架和适配插头放在最上面的弹簧丝上　图8-15　将弹簧张紧装置放到适配插头上

1—弹簧支架 V. A. G 1752/3A　　　　　　　　1—弹簧支架 V. A. G 1752/3A

2—适配插头 V. A. G 1752/9　3—弹簧丝　　2—适配插头 V. A. G 1752/9　3—弹簧张紧装置　4—弹簧

8）同时将弹簧支架 V. A. G 1752/3A（1）装入弹簧4中。

9）将弹簧张紧装置3和适配插头 V. A. G 1752/9（2）拧紧。

10）张紧螺旋弹簧，直至减振器松开。

11）拆下减振器2的螺栓1，如图8-16所示。

12）带有防石击护板的车辆拆卸膨胀铆钉 1，拧出防石击护板 3 的螺栓 2，将防石击护板 3 从下部横摆臂 4 上取下，如图 8-17 所示。

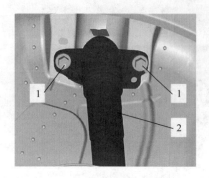

图 8-16　拆下减振器的螺栓
1—螺栓　2—减振器

图 8-17　将防石击护板拆下
1—膨胀铆钉　2—螺栓　3—防石击护板　4—横摆臂

13）拧下螺母 1 并取下螺栓 2，如图 8-18 所示。

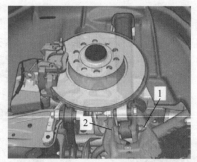

图 8-18　拧下螺母并取下螺栓
1—螺母　2—螺栓

14）取出减振器。

（2）安装　安装按拆卸的倒序进行。安装时应注意下列事项：在带有车辆高度传感器的车辆上，为车轮减振电子装置进行基本设置。

102 减振器分解

减振器分解如图 8-19 所示。

（1）拆下弹簧

1）减振支柱的托架 V. A. G 1752/20 用台虎钳夹紧。

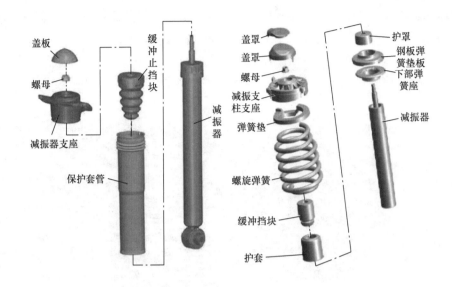

图 8-19　减振器分解

2）将减振支柱在减振支柱的托架 V. A. G 1752/20 中夹紧。

3）用弹簧张紧装置 V. A. G 1752/1 将螺旋弹簧预紧，直至露出推力球轴承上方，如图 8-20 所示。注意：首先预紧弹簧，直至上部弹簧座没有负载为止。

4）注意螺旋弹簧在弹簧支架 V. A. G 1752/4 中的正确位置，如图 8-21 中箭头所示。

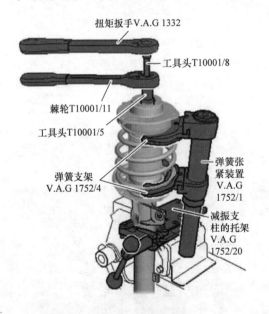

图 8-20　将螺旋弹簧预紧

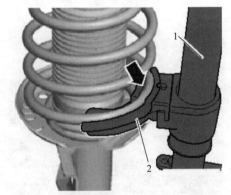

图 8-21　螺旋弹簧在弹簧支架中的正确位置
1—弹簧张紧装置 V. A. G 1752/1
2—弹簧支架 V. A. G 1752/4

（2）安装弹簧

1）将弹簧垫圈装入减振器中，如图 8-22 所示。

2）用弹簧张紧装置 V. A. G 1752/1 将螺旋弹簧装到下部弹簧垫圈上。弹簧丝的端部必须贴紧挡块，如图 8-22 中箭头所示。注意：允许间隙最大 2mm。

3）组装其他全部部件并拧紧连接杆上的新螺母。

4）松开弹簧张紧装置 V. A. G 1752/1 并从螺旋弹簧中取出。

5）将减振支柱从减振支柱托架 V. A. G 1752/20 中取出。

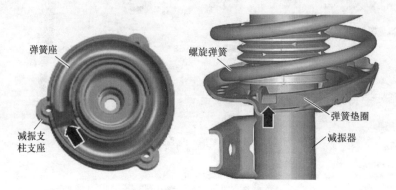

图 8-22　将弹簧垫圈装入减振器中

ⓛ⓿③ 拆卸和安装前减振支柱

（1）拆卸

1）拆下前车轮，拆卸连接杆。

2）脱开减振器叉形件的螺栓 1、2，如图 8-23 所示。

3）将扩展器 3424 插入减振器叉形件的槽口内，如图 8-24 中箭头所示。

图 8-23　脱开减振器叉形件的螺栓
1、2—螺栓

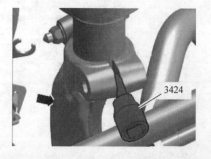

图 8-24　将扩展器 3424 插入减振器叉形件槽口内

4）将减振器叉形件向下从减振器管上拔下并取出，同时要小心地将车轮轴承壳体向下压。

5）拧出螺栓，如图8-25中箭头所示取下减振支柱，这时不得损坏转向系统和万向节上的保护套以及橡胶防尘套。

（2）安装 安装按拆卸的倒序进行，同时要注意下列事项：减振支柱支座的定位销1必须卡入减振支柱罩的孔2中，如图8-26中箭头所示。

图8-25 拧出螺栓

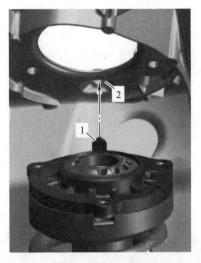

图8-26 减振支柱支座的定位销
1—定位销 2—减振支柱罩的孔

104 双管自调式减振器

双管减振器应用于DCC自适应底盘控制系统的可调式减振器，采用双管结构，如图8-27所示。活塞在油腔1内工作。在油腔2内有一个附加气垫。伸张行程与压缩行程的功能在伸张与压缩行程的图示中，可以看到活塞和底板的调节阀促使油液按指定方向流动。

双管减振器应用于DCC自适应底盘控制系统中。电子控制的调节阀安装在减振器外侧以调节阻尼力。通过改变电流，减振器设置的阻尼力可以通过调节阀在数毫秒的时间内完成调节。

（1）调节阀 调节阀安装于减振器侧面，以便油液从减振器环形通道流向调节阀，如图8-28所示。调节阀供给的油液输送到减振器油腔2。该阀是通过供给到线圈的电流来调节的（0.24A至最大2.0A），并以此改变调节阀的内部油液流量。根据调节阀的控制盘位置，自减振器中流出的油液将主活塞推到相应的水平位置，使得一定量的油液可通过回油通道流回减振器中。主活塞的位置是通过设置内部控制容积的油压差来实现的（与来自减振器中流出油液的压力相比较）。而油压差是通过预紧压头与控制盘之间的通道横截面设置的。如果预紧趋大，则油液流过主活塞的中心孔，随后经过环形通道和控制通道的油量减少。内部控制容积的压力增大，从而使主活塞只能向右略微移动。此类变化使减振特性趋"硬"。如果预紧趋小，则系统以相反情况运行，使减振特性趋"软"。

1）在"普通"模式下的调节阀。在"普通"模式中，供给线圈的电流处于0.24 ~

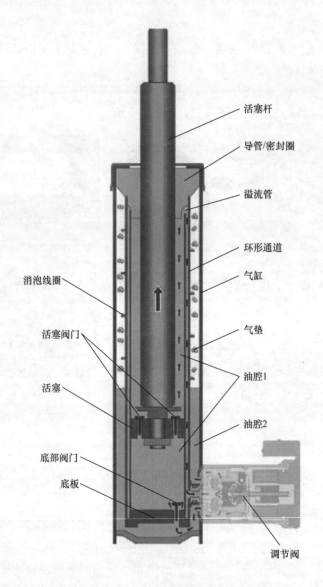

活塞杆

导管/密封圈

溢流管

环形通道

气缸

消泡线圈

气垫

活塞阀门

油腔1

活塞

油腔2

底部阀门

底板

调节阀

图 8-27　自适应减振器结构

2.0A 的中间区域。电动转子与推杆和压头一起移动，压头被略微预紧。从减振器中流出的油液将主活塞压至水平中心位置，使中等数量的油液可通过回油通道再次流回到减振器中。这是通过在压头与控制盘之间设置一个中度预紧力来完成的。油压差则根据内部控制容积设置，主活塞位置也设置在水平中心位置上。因此，减振特性介于"软"与"硬"模式之间，如图 8-29 所示。

2）在"硬"模式下的调节阀。在"硬"模式下，供给到线圈的电流最大可达 2.0A。电动转子连同推杆和压头被推向左边，并产生最大的预紧力。因此，与"普通"模式相比，在控制盘和压头之间存在较小的通道横截面。由于内部控制容积油压差的增大，主活塞位于水平位置，使通过回油通道回流到减振器的油量低于"普通"模式下的回油量。由此，减振特性趋向"硬"模式。这是调节阀在明显动态调节时的典型状态，如图 8-30 所示。

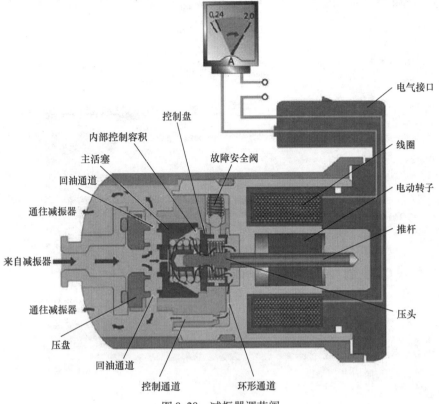

图 8-28　减振器调节阀

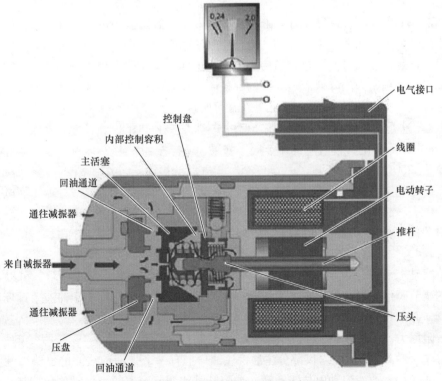

图 8-29　"普通"模式下的调节阀

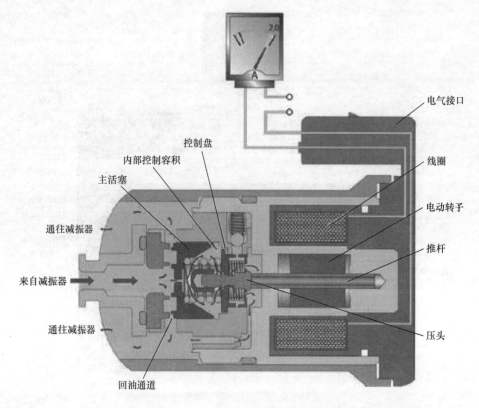

图 8-30 "硬"模式下的调节阀

3）在"软"模式下的调节阀。在"软"模式下，如磁铁的电流为 0.24A，推杆和压头具有更小的预紧力。而压头则以相同的力将控制活塞向左推移，从而使环形通道横截面仅稍微缩小了一点。油液经过此通道，随后经控制通道回到减振器。控制盘和压头之间的通道横截面会随着压头预紧力的降低而增大。内部控制容积内的油压差由此降低。所以，主活塞会置于水平位置，从而使油液通过回油通道流回的量大于"硬"模式。这样，减振特性趋向"软"模式。这是调节阀在明显动态调节时的典型状态，如图 8-31 所示。

4）在"故障安全"模式下的调节阀。如果一个减振器，至少有两个传感器或者电控减振控制单元 J250 发生故障，则"故障安全"模式就会被激活。在"故障安全"模式中，供给到减振器的电流会被切断，从而使车辆的运行状态如同装备了传统减振器。而电动转子连同推杆及压头一起向右移动，直至顶靠到阀门壳体。控制活塞也会移动，并将至环形通道的直接入口关闭。此时，油液将故障安全阀打开，并经由控制通道流回减振器，如图 8-32 所示。

（2）伸张行程与压缩行程的功能 伸张行程与压缩行程如图 8-33 所示，可以看到活塞和底板的调节阀促使油液按指定方向流动。在伸张行程与压缩行程中，油液通过环形通道供给调节阀，并以相同方向流动（单向流动）。油液从调节阀流回油腔 2。调节阀控制油腔 2 的压力及阻尼力。

气缸包含油腔 2，油腔内仅部分注油，注油口上有一个带消泡线圈的气垫，油腔 2 用于补偿油量的变化。油液流动由位于活塞、油腔基座和调节阀上的减振阀单元控制。减振阀单

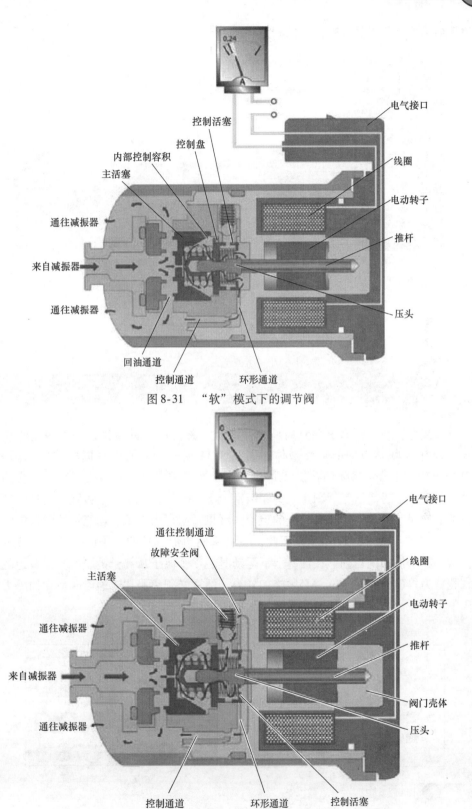

图 8-31 "软"模式下的调节阀

图 8-32 "故障安全"模式下的调节阀

元由弹簧垫片、螺旋弹簧及带油道的阀体构成。

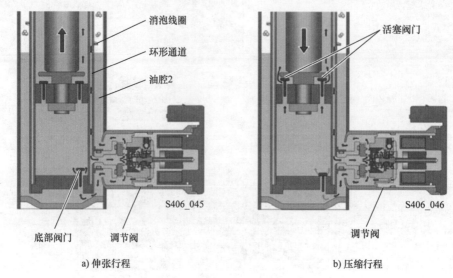

消泡线圈

环形通道

油腔2

活塞阀门

S406_045

S406_046

底部阀门　　调节阀

调节阀

a) 伸张行程

b) 压缩行程

图 8-33　伸张行程与压缩行程

105 磁流液减振器结构

　　磁流液减振器在减振器中填充的是一种称为"磁流液"的液体，是可磁化的软铁颗粒悬浮在碳氢化合物溶液中的悬浮液体，如图 8-34 所示。磁流液减振器结构如图 8-35 和图 8-36所示，它由合成碳氢化合物以及 $3 \sim 10\mu m$ 大小的磁性颗粒组成。当磁性线圈未通电时，减振器油液的磁离子无规则排列。在活塞上下运动时，单个离子被强制通过活塞孔。含有微粒的油液对于活塞运动具有较低的阻值。结果，阻尼力较低。当磁性线圈通电时，磁离子沿磁力线排列，如图 8-37 所示。因此，在活塞周边形成长的离子链条。在油液进入活塞孔前，这些离子链横向排列。在活塞上下运动时，单个离子从离子链脱离，并被迫随油液通过活塞孔。为打破这些离子链，必须施加外力。活塞必须克服比未通电时更大的阻力，阻力依赖于电流和磁场的强度。从而实现了更大的阻尼力。

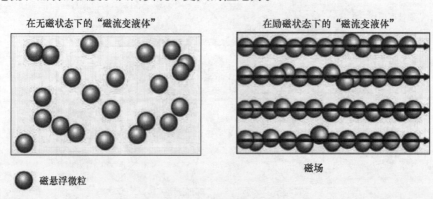

在无磁状态下的"磁流变液体"

在励磁状态下的"磁流变液体"

磁场

磁悬浮微粒

图 8-34　磁流变液体

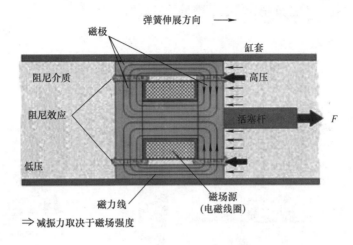

图 8-35　磁流液减振器内部结构

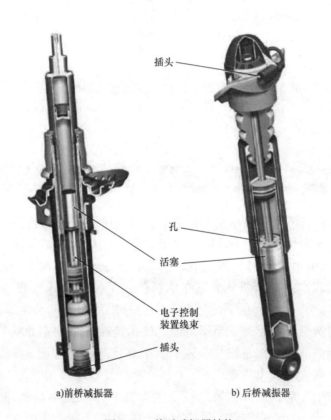

a)前桥减振器　　　　　　b)后桥减振器

图 8-36　前后减振器结构

　　磁流液减振器利用电磁反应的一种新型智能化独立悬架系统。它利用多种传感器检测路面状况和各种行驶工况，传输给电子控制器 ECU，控制电磁减振器瞬间做出反应，抑制振动，保持车身稳定，特别是在车速很高，突遇障碍物时更能显出它的优势。电磁减振器的反应速度高达 1000Hz，比传统减振器快 5 倍，彻底解决了传统减振器存在的舒适性和稳定性不能兼顾的问题，并能适应变化的行驶工况和任意道路激励，即使是在最颠簸的路面，电磁减振器也能保证摩托车平稳行驶，代表了减振器发展的方向。

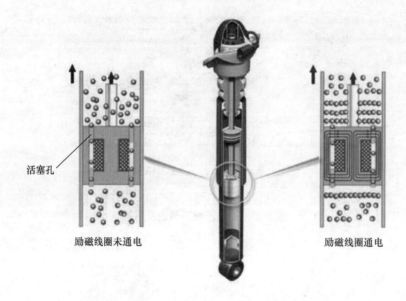

励磁线圈未通电　　　　　　　　　　　　　　　　励磁线圈通电

图 8-37　电控电磁线圈通电及未通电的大磁流变化

106 奥迪轿车四级空气悬架结构

奥迪轿车四级空气悬架主要由空气弹簧、空气供给装置、气动装置、电磁阀、温度传感器（G290）、压力传感器（G291）、水平传感器（G76、G77、G78、G289）、指示灯（K134）和操纵单元（E281）等组成，其元件安装位置如图 8-38 所示。四级空气悬架是一种全支承式水平调节机构，它在前桥使用了传统的减振器，而后桥使用了与载荷有关的减振器。共有四个水平传感器，它们分别用于获知每个车桥上车身的水平状况。每个空气弹簧悬架都配有一个所谓的空气弹簧阀（横向截止阀），这样每个车桥就可以单独来进行调节了。该系统共有四个水平高度等级，如图 8-39 所示，最小离地间隙在这四个水平高度等级中可变化 66mm，可手动或自动来调节。其中，第一级［低（TN）］最小离地间隙为 142mm；第二级［正常（NN）］最小离地间隙为 167mm；第三级［高 1（HN1）］最小离地间隙为 192mm；第四级［高 2（HN2）］最小离地间隙为 208mm。

第一级 = 低（TN），第二级 = 正常（NN），第三级 = 高 1（HN1），第四级 = 高 2（HN2），驻车级 PN = 高 1。

奥迪轿车四级前后空气悬架结构、空气弹簧结构如图 8-40 和图 8-41 所示。

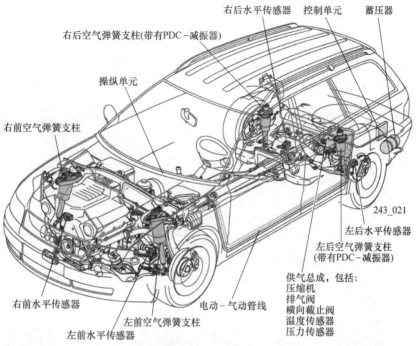

右后水平传感器　控制单元　蓄压器

右后空气弹簧支柱(带有PDC-减振器)

操纵单元

右前空气弹簧支柱

243_021

左后水平传感器

左后空气弹簧支柱
(带有PDC-减振器)

供气总成,包括:
压缩机
排气阀
横向截止阀
温度传感器
压力传感器

右前水平传感器

左前空气弹簧支柱

左前水平传感器

电动-气动管线

图 8-38　奥迪轿车四级空气悬架安装位置

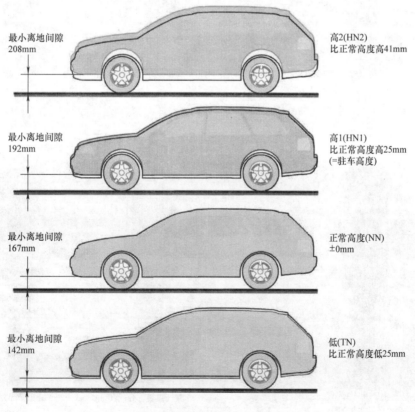

最小离地间隙
208mm

高2(HN2)
比正常高度高41mm

最小离地间隙
192mm

高1(HN1)
比正常高度高25mm
(=驻车高度)

最小离地间隙
167mm

正常高度(NN)
±0mm

最小离地间隙
142mm

低(TN)
比正常高度低25mm

图 8-39　四个水平高度等级

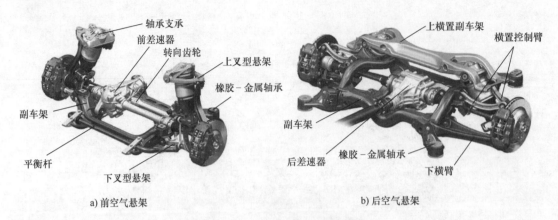

轴承支承
前差速器
转向齿轮
上叉型悬架
橡胶－金属轴承
副车架
平衡杆
下叉型悬架

a) 前空气悬架

上横置副车架
横置控制臂
副车架
后差速器
橡胶－金属轴承
下横臂

b) 后空气悬架

图 8-40　前后空气悬架结构

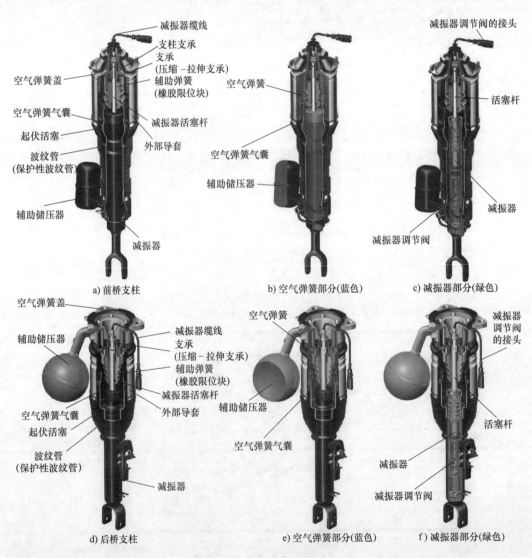

减振器缆线
支柱支承
支承
(压缩－拉伸支承)
辅助弹簧
(橡胶限位块)
空气弹簧盖
空气弹簧气囊
减振器活塞杆
起伏活塞
外部导套
波纹管
(保护性波纹管)
辅助储压器
减振器

a) 前桥支柱

空气弹簧
空气弹簧气囊
辅助储压器

b) 空气弹簧部分(蓝色)

减振器调节阀的接头
活塞杆
减振器
减振器调节阀

c) 减振器部分(绿色)

空气弹簧盖
辅助储压器
减振器缆线
支承
(压缩－拉伸支承)
辅助弹簧
(橡胶限位块)
减振器活塞杆
外部导套
空气弹簧气囊
起伏活塞
波纹管
(保护性波纹管)
减振器

d) 后桥支柱

空气弹簧
辅助储压器
空气弹簧气囊

e) 空气弹簧部分(蓝色)

减振器
调节阀
的接头
活塞杆
减振器
减振器调节阀

f) 减振器部分(绿色)

图 8-41　空气弹簧结构

107 奥迪空气悬架工作原理

　　压缩机供气通过消音器/滤清器吸入、清洁并排出。集成式温度传感器用于防止压缩机过热。供气组件包括压缩机单元、干燥压缩机（压缩机）、空气干燥器、电磁排气阀、消音器及空气滤清器、集成式压缩机温度传感器（过热保护温度传感器）、具有压力保持功能和最大压力限制功能的气动排气阀、轮胎充气接口和电磁阀体、带有用于各空气弹簧减振器和蓄压器的调节阀以及一个用于监控的集成式压力传感器，供气组件如图8-42所示。

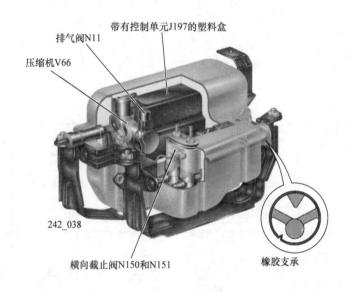

图8-42　供气组件

　　系统气动原理图如图8-43所示。建立系统压力时，阀9a、9b和9c、9d是成对进行控制的（前桥和后桥），如图8-44所示。空气由压缩机经空气滤清器和辅助消音器吸入。压缩空气经空气干燥器、单向阀3a和阀9进入空气弹簧。如果空气弹簧由蓄压器充气，那么阀10和相应车桥上的阀9就会打开。蓄压器由压缩机经打开的阀10来充气，在车辆发生侧滑时，阀9a～9d也可单独来调节。

　　系统卸压时，相应的阀9a、9b和9c、9d以及电动排气阀5打开，气流流经排气阀5并打开气动排气阀6。气流流经排气阀6、辅助消音器7和空气滤清器8离开系统。当气流流经空气干燥器2时，干燥剂就被还原了，系统卸压状态气动控制图如图8-45所示。

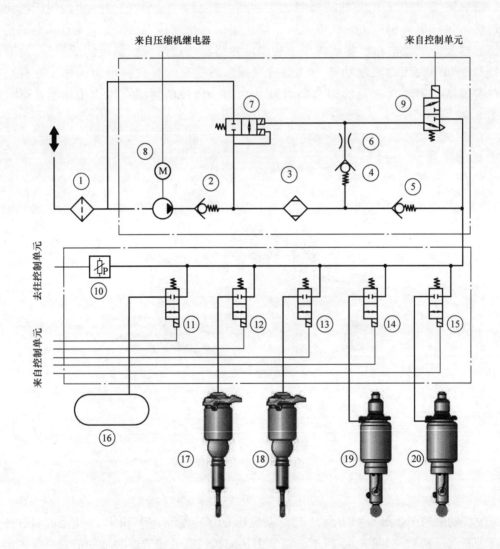

图 8-43　系统气动原理图

1—辅助消音器　2—单向阀 1　3—空气干燥器　4—单向阀 3　5—单向阀 2　6—排气节流阀　7—气动排气阀
8—压缩机 V66　9—电动排气阀 N111　10—压力传感器 G291　11—蓄压器阀 N311　12—左前减振支柱阀 N148
13—右前减振支柱阀 N149　14—左后减振支柱阀 N150　15—右后减振支柱阀 N151　16—蓄压器
17—左前空气弹簧　18—右前空气弹簧　19—左后空气弹簧　20—右后空气弹簧

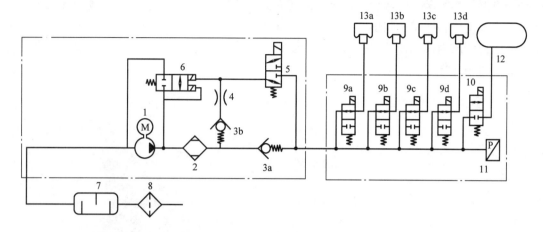

图 8-44　建立系统压力

1—压缩机　2—空气干燥器　3a、3b—单向阀　4—排气节流阀　5—电动排气阀 N111　6—气动排气阀

7—辅助消音器　8—空气滤清器　9a—左前减振支柱阀 N148　9b—右前减振支柱阀 N149　9c—左后减振支柱阀 N150

9d—右后减振支柱阀 N151　10—蓄压器阀 N311　11—压力传感器 G291　12—蓄压器　13a—左前减振支柱

13b—右前减振支柱　13c—左后减振支柱　13d—右后减振支柱

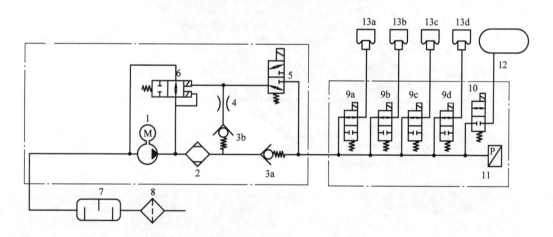

图 8-45　系统卸压状态气动控制图

1—压缩机　2—空气干燥器　3a、3b—单向阀　4—排气节流阀　5—电动排气阀 N111　6—气动排气阀

7—辅助消音器　8—空气滤清器　9a—左前减振支柱阀 N148　9b—右前减振支柱阀 N149

9c—左后减振支柱阀 N150　9d—右后减振支柱阀 N151　10—蓄压器阀 N311　11—压力传感器 G291　12—蓄压器

13a—左前减振支柱　13b—右前减振支柱　13c—左后减振支柱　13d—右后减振支柱

108　奥迪空气悬架空气压缩机安装位置、结构及工作原理

1）四级空气悬架压缩机安装在车外，且无隔音板（在备胎坑前部），如图 8-46 所示。因压力存储系统的原因，压缩机工作压力升至 160MPa，由于压缩机转速低，因而噪声小。压缩机通过备胎坑内的一个空气滤清器/消音器来吸气和排气（车内），吸气/排气管中还有

一个消音器，它用于将气流噪声降至最低（尤其是排气时）。压缩机的温度通过压缩机缸盖上的一个温度传感器和控制单元内的一个计算公式来进行监控。正常工作状态时，只有发动机运转才允许压缩机工作，但在执行元件诊断、系统基本设定、识别出底盘极低时的预运行时，压缩机不工作。

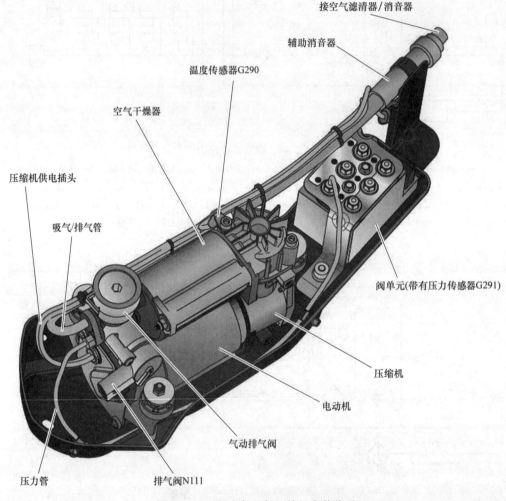

图 8-46　四级空气悬架压缩机安装位置

2）压缩机的结构。压缩空气是由一个单级往复活塞式压缩机（集成有空气干燥器）产生的。为了避免机油污染膜片式折叠气囊和干燥器管壳，压缩机采用的是无润滑式（干式）压缩机。由于轴承一直处在润滑过程中，且活塞环采用 PTFE（聚四氟乙烯）制成，这就保证了压缩机的使用寿命很长。压缩机的结构如图 8-47 所示。

3）吸气和压缩过程。当需要升高车辆车身时，需要压缩机工作，当压缩机活塞向上运动时，空气经烧结过滤器被吸入曲轴箱，活塞上部的空气被压缩，经单向阀 1 进入空气干燥器。压缩并干燥后的空气经单向阀 2 流向压力接口，这个接口通往横向截止阀，控制单元必须同时启动压缩机继电器和横向截止阀。压缩机的吸气和压缩过程如图 8-48 所示。

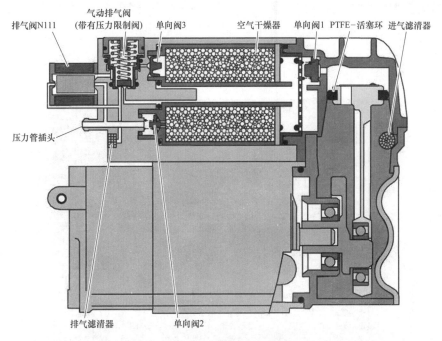

排气阀N111　气动排气阀（带有压力限制阀）　单向阀3　空气干燥器　单向阀1　PTFE-活塞环　进气滤清器

压力管插头

排气滤清器　　单向阀2

图 8-47　压缩机的结构

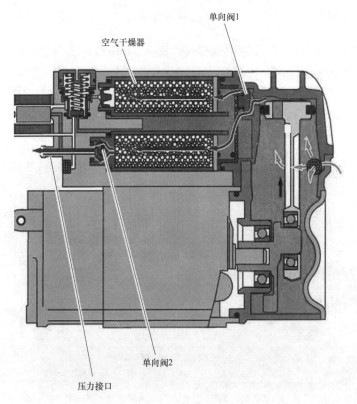

单向阀1

空气干燥器

单向阀2

压力接口

图 8-48　压缩机的吸气和压缩过程

4）溢流。当活塞向下运动时，已经吸入曲轴的空气经隔膜阀进入气缸，如图 8-49 所示。

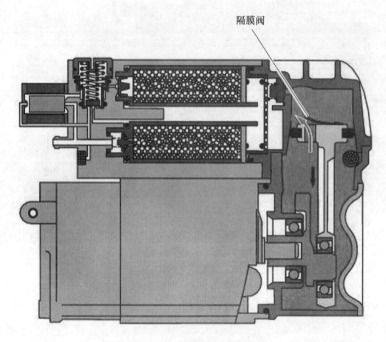

图 8-49　压缩机溢流过程

5）排气下降过程。在排气过程中，空气弹簧阀 N150 和 N151 以及排气阀 N111 都打开。空气弹簧压力传至气动排气阀，在此处经空气干燥器和压力限制阀进入大气，此时压缩机和干燥器内的空气流向如图 8-50 所示，排气过程气动控制原理如图 8-51 所示。

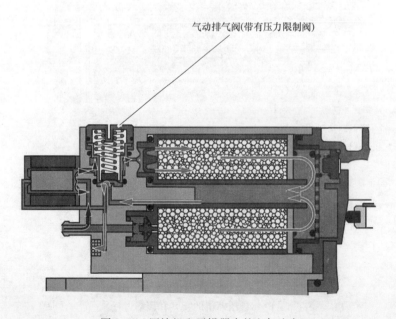

图 8-50　压缩机和干燥器内的空气流向

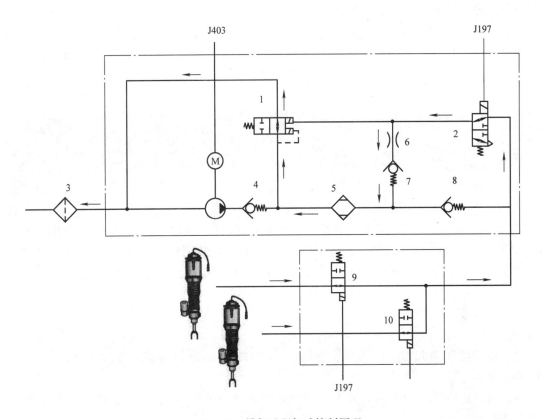

图 8-51　排气过程气动控制原理

1—气动排气阀　2—电动排气阀 N111　3—消音器/滤清器　4—止回阀1　5—空气干燥器　6—排气节流阀
7—止回阀3　8—止回阀2　9—减振支柱阀 N148　10—减振支柱阀 N149　J403—水平高度调节系统压缩机继电器
J197—水平调节控制单元

　　6）为了防止压缩机过热，在温度过高时应关闭压缩机。控制单元内集成有温度模块用于监控温度，可计算出压缩机的温度。根据压缩机的工作时间和冷却时间来计算出温度，工作时间最长限制为 120s（超过的话在控制单元内会有故障记录）。每冷却 6min 可允许压缩机工作 15s。冷却 48min 后压缩机可工作 120s（最长工作时间）。

　　7）蓄电池保护。为了保护蓄电池，在点火开关关闭后，压缩机最长工作时间被限制为60s，系统关闭后只有再次接通点火开关后才能激活系统。

　　8）轮胎充气口。压缩机抽气为备用轮胎充气时，压缩机电磁阀通过簧片触点断开。这样就不会从整个系统中抽出空气，防止水平高度发生改变。

109 奥迪空气悬架充气放气

　　在拆卸/更换电磁阀和蓄压器时，必须预先给系统排气，随后再充气。具体的操作步骤如下：

　　1）连接故障诊断仪器 VAS6051，打开点火开关。

　　2）选择"故障导航"的"功能 -/部件选择"。

3）选择"功能检测"的"底盘"。

4）选择"01 有自诊断功能的系统",进入"J197 水平调节控制单元"。

5）选择"J197 系统排气或充气",然后按下列通道充气放气:①基本设定 20:给蓄压器排气;②基本设定 21:给前桥排气;③基本设定 22:给后桥排气;④基本设定 23:给蓄压器充气;⑤基本设定 24:给前桥充气;⑥基本设定 25:给后桥充气。

110 奥迪 A8 轿车空气悬架特殊维修模式设定方法、初始化

(1）设定方法 在利用千斤顶对装备了自适应空气悬架的奥迪 A8 轿车进行维修作业的过程中,如果不熟悉该系统的工作特点,就经常容易发生空气悬架异常动作的情况,并且有可能导致该系统损坏。该车空气悬架特殊维修模式设定可以通过 VAS6150 等专用设备进行,也可以通过 MMI 进行设置,因为空气悬架的模式设置操作已经全部移植到中央信息显示系统中了。下面介绍通过 MMI 进行空气悬架特殊维修模式设定的步骤。

1）接通点火开关,按住 MMI 的功能按钮"CAR"。

2）保持按住该按钮,MMI 屏幕出现主菜单"ADAPTIVE AIR SUSPENSION"(自适应空气悬架)。

3）继续按住 MMI 的功能按钮"SETUP",MMI 屏幕出现功能菜单"ADAPTIVE AIR SUSPENSION"。

4）通过旋转/按压操作按钮将菜单调整到所需要的操作模式,即"CAR JACK MODE"(汽车千斤顶模式)。

5）接通点火开关,设置完成,而后即可利用千斤顶对车辆进行举升操作。

(2）初始化 对于配置了自适应空气悬架系统的奥迪 A8 轿车,对该系统初始化也就是校准车身高度传感器。当更换了任何一个车身高度传感器或自适应空气悬架系统控制单元时,都必须进行系统初始化。具体步骤如下。

1）使用 VAS6150 来完成系统的初始化(地址码为 34—自适应空气悬架)。

2）测量每个车轮从车轮中心到轮罩下边缘的高度值。

3）在 VAS6150 上选择功能 10—自适应。

4）将测得的数值逐个输入到控制单元内。由于规定值已经存储在控制单元内,对比测量值和规定值便可以确定出校正系数。

111 奥迪 A6L、A8L、辉腾、途锐空气悬架匹配

1）选择 34—自调平悬架。

2）16 授权登录。

3）输入登录密码 31564。

4）10—通道调整匹配。

5）通道号 01（左前），输入高度值。

6）通道号 02（右前），输入高度值。

7）通道号 03（左后），输入高度值。

8）通道号 04（右后），输入高度值。

9）通道号 05，输入值 1。

10）确认完成。

常见车型高度值。

1）途锐（7L）标准型：前 497mm，后 411mm。

2）途锐（7L）越野型：前 488mm，后 498mm。

3）辉腾（3D）ROW 非美款：前 407mm，后 401mm。

4）辉腾（3D）NAR 美款：前 417mm，后 411mm。

5）奥迪 Q7（4L）：前 449mm，后 465mm。

6）奥迪 A8（4E），标准型（PR 代码为 1BK）：前 416mm，后 398mm。

7）奥迪 A8、S8（4E），运动型（PR 代码为 2MA、2MB）：前 396mm，后 378mm。

8）奥迪 A6（4F），PR 代码为 1BK：前 386mm，后 384mm。

9）奥迪 A6（4F），PR 代码为 1BY：前 388mm，后 380mm。

112　悬架系统常见故障与诊断

（1）前悬架的检查与修理　从路面传来的冲击力及转向盘的转矩容易引起球铰接头及各连接处的磨损，杆类零件的变形、损伤等。这些故障会导致车轮定位不良、转向盘操纵性能变坏、轮胎异常磨损等。

1）减振器的检修。汽车行驶过程中，若减振器发出异常响声，说明减振器已损坏，需要检修。首先检查减振器渗油情况，若减振器渗油较少，则不必更换，查找渗油部位进行修复；若减振器渗油较多，则应更换。漏油的减振器不能继续使用。

检查或更换减振器时必须把它拆卸下来。

2）前悬架支承柱的检修。检查减振器是否损坏，若确认无问题，可不拆卸减振器。拆卸前悬架支承柱的步骤如下：

① 拆卸制动盘，卸掉挡泥板。

② 压出轮毂。

③ 拆下两边弹簧挡圈，压出车轮轴承。

④ 拉出轴承内座圈。

零件拆卸下来后，进行全面清洗测量、检查，若发现下列情况，必须更换新件：

① 挡泥板严重变形、扭曲。

② 制动盘工作面严重磨损或工作面出现裂纹（包括小裂纹）。

③ 轮毂花键严重磨损或有较大裂纹。

④ 弹簧挡圈变形、失效。

⑤ 轴承损坏（轴承只能成套调换）。

⑥ 前悬架支承焊接件的任何一条焊缝及其他各处出现裂纹或严重变形（焊接件在修理时不可进行焊接或校正）。

（2）后悬架的检修

1）检查后轮轴承。检查后轮轴承磨损情况，若有损坏或转动不灵活，则予以更换。更换轴承时，必须使用专用工具。取出制动鼓内的密封和内轴承，用铜冲头敲出内外轴承外圈，清洗并检查其损坏或磨损情况。若原轴承可用或更换新轴承时，用专用工具压入新的内外轴承外圈，然后在内轴承上涂上适量的锂基润滑脂，装入制动鼓内。但千万不能使制动鼓表面沾上油脂，一旦沾上油脂，必须擦净。随即放上油封，用橡皮锤将油封均匀地敲入，并测量油封凸出高度（凸出高度为 1.1~1.6mm）。制动鼓制动表面若磨损严重（180 型制动鼓直径超过 181mm 时或轴向圆跳动超过 0.2mm），则应更换制动鼓。

2）检修后轮支承短轴。后轮支承短轴根部易发生裂纹，若继续使用，遇到较大冲击载荷时，可能折断，造成严重事故。检查后轮支承短轴，需拆下制动器。测量短轴轴径，圆周方向至少测量三次，将读数的最大值与最小值相减，若该值超过 0.25mm，则说明不均匀磨损严重，应更换支承短轴。安装短轴和制动器时，一定要装上压力垫圈。四只紧固螺栓，拧紧时应分批按一定次序拧紧，拧紧力矩为 60N·m。

3）减振器的检修。人工检查后减振器，察看支承处有无裂纹，筒体外有无渗漏油迹，存在上述现象，必须更换新件。使用减振器测试仪检查减振器的功能，可根据需要测量其衰减性能。也可人工估测，拆下后减振器用手压动活塞杆判定其性能是否良好。检查压缩和复原时的阻尼，与有关标准对照，判定其好坏。同时还应检查橡胶件、弹簧件等，看其有无损伤、龟裂、老化、衰损等，不同情况分别对待。

拆卸后减振器时应使车辆停稳，停在硬实地面上或用千斤顶支承住后桥。向上弯起车厢内减振器上方配有的一条断边的三角区域底搁板，从车上拆下弹簧支柱，慢慢从车轮与轮罩之间拆卸移出支架。拆卸时要小心，以免碰坏车身及油漆，且不应同时拆卸两边的弹簧支柱，否则会使轴体上的轴衬受压过大。

通常，损坏的减振器在行驶过程中会发出异响。减振器损坏多出现漏油现象。漏油的减振器必须整体更换。安装弹簧支架时，弹簧支架自锁螺母的拧紧力矩为 35N·m。后桥减振器支承上螺母的拧紧力矩为 60~70N·m，安装完毕后，可将后搁板两边用胶带封住。

（3）悬架的常见故障及其排除

1）悬架异响。

① 现象。行驶中，前、后悬架发出异常噪声或敲击声。

② 故障原因。

a. 减振器损坏。

b. 横向稳定杆或减振器固定不良，轮毂轴承松动。

c. 减振器弹簧断裂。

③ 故障排除。

a. 更换减振器。

b. 重新紧固松动部分。

c. 更换减振器弹簧。

2）减振性能下降。

① 现象。行驶中，车辆颠簸严重。

② 故障原因。

a. 减振器失效。

b. 减振器弹簧断裂。

③ 故障排除。

a. 更换减振器。

b. 更换减振器弹簧。

（4）奥迪前部悬架无法升起故障解决

1）故障现象。前部空气悬架无法升起。

2）故障诊断。用诊断仪检查在自适应空气悬架控制单元 34 里故障码 40320 C10C800 功能关闭启用。前部空气弹簧减振器不能升起，后部正常。检查空气压缩机可以正常工作，判断为前部空气悬架系统漏气，当压缩机工作时能听到漏气声。拆下左、右前部空气弹簧减振器，用气枪打气测漏发现左前空气弹簧减振器漏气，如图 8-52 所示。

图 8-52　左前空气弹簧减振器

3）故障排除。更换左前空气悬架总成，消除系统故障码。空气悬架可以正常升降，反复验证确认故障排除。

4）故障总结。由于空气悬架漏气严重，导致空气压缩机由于过热而关闭。

（5）奥迪 A6L 空气悬架黄灯报警故障排除

1）故障现象。空气悬架黄灯报警，关闭发动机再着车，黄灯熄灭。更换了分配阀和控制器，但是维修后黄灯多次报警，最后建议更换继电器。

2）故障诊断。用 VAS6150 检查高度。水平调节控制单元里有高度传感器机械故障。导致这个故障码的可能原因有：①某一个水平高度传感器失效；②水平高度传感器调节不当；③控制单元内部判断错误。

3）故障排除。检查传感器有无明显损坏。根据导航检查传感器连接杆和支架有无变形，没有发现明显变形和损坏。最后读取数据流，4 个高度传感器，后面的两个相差不到 2mm，而前方的两个相差 14mm，说明右前高度传感器输入到控制单元的值误差太大，按要求最大不能超 15mm。分析有可能是速度快的时候，车身往下降过程中，出现较大误差，试探性把右高度传感器支架调整到左右高度一样的位置，读取数据流左右相差不超过 2mm，试车故障消失。

4）故障总结。右前水平高度传感器由于拆装后安装位置不合理导致本故障产生，在修车时一定要充分试车，尽量发现一些潜在故障。

（6）空气悬架系统漏气故障原因

1）空气悬架系统漏气。故障表现为车辆停放一段时间后，出现车身倾斜或是前空气悬架或是后空气悬架落到最低状态；如果空气悬架突然间漏气过大，则会导致空气悬架无法调节（由于空气压缩机温度过高而关闭）。

2）常见空气悬架的漏气原因。

① 空气管路漏气，尤其是空气管路在分析阀体和空气悬架的接口处容易漏气。

② 空气弹簧漏气，主要是橡胶开卷活塞开裂或是与减振器密封不良。

③ 分配阀体自身漏气，主要是气管接口或是阀体内部密封不严。

3）空气悬架漏气特点。

① 在温度较低时停放时间较长，容易产生漏气的一般是空气弹簧自身受热胀冷缩原因导致密封不良漏气。

② 如果是空气悬架管路漏气一般车身是两前或两后降到相同高度；如两侧都降到低位，但一侧相对更低一些则表明该侧空气弹簧漏气。因为每个空气弹簧上都有一个机械式剩余压力保持阀，可以保证空气悬架内至少有 350kPa 的压力（部分车型是 300kPa），在这种情况下空气悬架是不会完全降到最低的。

③ 分配阀漏气，可以通过使用肥皂水来检查是否漏气；如果漏气轻微可以采用备件替换法来排除（分配阀在空气悬架系统里成本较低）。空气弹簧漏气也可以使用压缩空气向浸在水中的空气弹簧总成进行打压测试，一般车间压缩空气的压力超不过 800kPa 不会对空气弹簧本身造成损伤。

（7）一汽大众车后部偶尔发出"咯吱"异响

1）故障现象。车辆满载在颠簸路面行驶或过减速带时，车辆后部偶尔发出"咯吱"异响，声音频率随车身起伏变化而变化。

2）故障原因。后减振弹簧上部弹簧垫圈损坏变形或弹簧与胶垫错位，如图 8-53 所示，导致车辆颠簸较大时，弹簧底座与弹簧之间发生摩擦，从而产生异响。

图 8-53　后减振弹簧与胶垫错位

3）解决方法。拆下后减振弹簧，检查上部弹簧垫圈，如果垫圈变形严重或损坏，则更换上部弹簧垫圈；如果垫圈完好未变形，重新安装到位即可。注意：安装时，弹簧末端与上部弹簧垫圈止点必须对齐，且将弹簧与上部弹簧垫圈一起安装到车辆位置上；安装好之后，需再次检查弹簧与上部弹簧垫圈位置是否正确。如按以上方法维修后试车异响仍然存在，继续检查后减振器缓冲块、后桥轴承支架橡胶金属支座等。

第九章 Chapter 9

转 向 系 统

113 奥迪滚珠丝杠电动助力转向结构及原理

奥迪电动助力转向结构及原理如图 9-1 ~ 图 9-5 所示。滚珠丝杠能够将电动机的旋转运动转换成齿条的直线运动。滚珠丝杠的工作原理类似于螺栓螺母系统。螺距变成了沟道，螺栓（螺杆）和螺母（球循环螺母）之间的连接是通过沟道中的球来实现的。这些球的滚动就像轴承内的滚子元件一样，在一个封闭的循环回路中运动。要想实现这种运动，球循环螺母内要有一个循环通道，将球循环螺母的沟道"起点"和"终点"连接在一起。

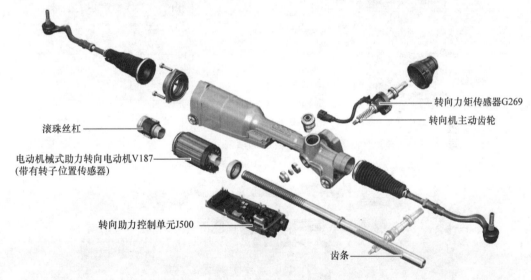

图 9-1　电动机械式转向系统各部件的结构

随着球循环螺母的反向转动以及球滚动方向的逆转，螺杆的运动方向也会跟着改变。滚珠丝杠在将旋转运动转换成直线运动时，因为摩擦减小了（球与沟道是点接触的），所以，功率的消耗只有普通螺杆传动功率的三分之一。整个结构具有磨损小、定位精度高（安装间隙很小）的特点。

球循环螺母被纵向固定，如果转动，那么螺杆就会按箭头指示的方向做直线运动，如图 9-4 所示。为了减少这些球之间的接触，循环通道越短越好，因此在球循环螺母内采用两条彼此分开的循环通道。

在奥迪 A7 Sportback 上，球循环螺母与转子空心轴是连在一起的，齿条的一端被设计成螺杆形。电动机被起动时，转子空心轴连同球循环螺母开始转动，齿条也就开始做直线运动了。电动机转动产生的力可为转向盘左转、右转提供助力。电动机电流的大小决定转向助力力矩的大小。

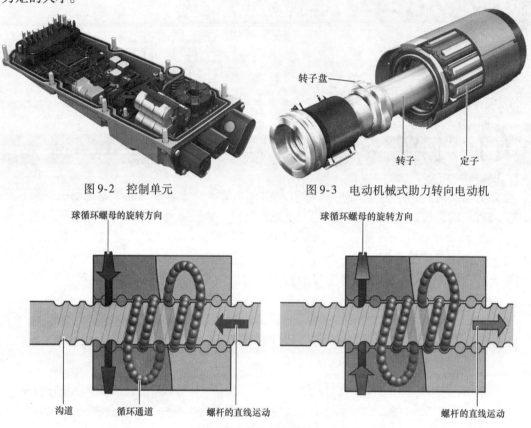

图 9-2　控制单元　　　　　　　　　图 9-3　电动机械式助力转向电动机

图 9-4　滚珠丝杠的结构与原理

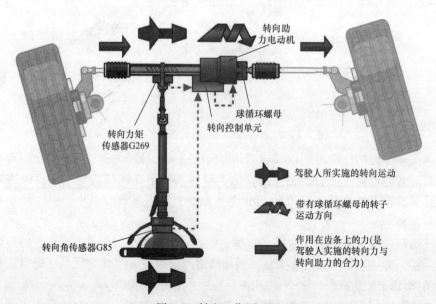

图 9-5　转向工作原理图

114 电控助力转向系统的基本组成

电控助力转向没有转向助力油，减少对环境的污染。"双齿轮"式电子机械助力转向系统，由两个能够向转向拉杆提供足够转向力的齿轮组成（转向小齿轮和驱动小齿轮），根据驾驶人转向意愿要求，调节电动机工作，帮助转向。系统通过"主动回正"功能帮助转向轮回到中心位置，使在各种驾驶情况下能获得良好的平衡感觉及精确的直线行驶稳定性。

由于有了直线行驶稳定功能，当车辆受到侧向风力的作用和行驶在上下颠簸的路面时，驾驶人更容易控制车辆在直线上行驶。

电控助力转向系统的基本组成如图9-6所示。随着电动机械转向助力器的使用，液压式转向助力系统可以被取消了。由于不再使用液压油，所以该转向系统在环境保护方面做出了重大贡献。

所使用的电动机械转向助力器是一种双小齿轮，它以两只小齿轮（转向小齿轮和驱动小齿轮）命名，在它们的帮助下，需要的转向力被传导到齿条上。

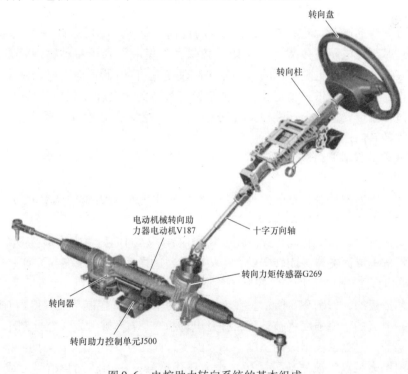

图9-6　电控助力转向系统的基本组成

115 大众电动转向系统主要部件

（1）V187电动助力转向系统电动机　电动机安装在一个铝质壳罩中，如图9-7所示。转子轴在输出侧呈蜗杆状。蜗轮驱动小齿轮用于转向助力支持。驱动轮与小齿轮之间的摇摆减振器可以保证活动自如。

电动机 V187 是一个异步电动机。异步电动机在结构上很简单（无刷），因此运行非常稳定。其响应时间很短暂并且因此适合极快的转向运动。最大助力力矩为 4.4N·m。即便在无转动的情况下，发动机也会产生扭矩。

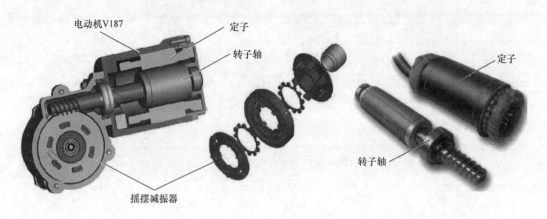

图 9-7　电动机结构

（2）转子转速传感器　电动机 V187 转子的位置（扭转角度）通过一个传感器获得。该传感器的工作基于磁电阻式效果（磁电阻式效果：这里应用到了一种物理效果，即一条导线轨的电阻在横向和纵向上随作用的磁场方向而改变）。传感器是电动机的一个组成部分并不可从外操作。传感器提供一个正弦和一个余弦信号作为角度输出信号。两个信号被输出，以便可以通过控制单元进行合理性检验（功能监控）。控制单元 J500 需要位置数据说明以用来计算所必需的转向助力。

转子转速传感器是电动机械转向助力器电动机 V187 的一只组成部件，从外部无法接触到它。

转子转速传感器根据磁阻功能原理工作，在结构上与转向力矩传感器 G269 相同。它探测电动机械转向助力器电动机 V187 的转子转速，来精确控制电动机。

当传感器失灵时，将把转向角速度用作替代信号。转向助力将安全地缓慢降低，从而避免由于传感器的失灵而突然关闭转向助力。故障将通过指示灯 K161 亮起红灯来显示。

（3）转向助力控制单元 J500　控制单元固定连接有一个电动机，它们是按照微型混合动力装置工艺搭建的，如图 9-8 所示。在输入信号的基础上，控制单元获得当前所需要的辅力扭矩。励磁电流的电流强度将被计算，并且电动机 V187 将被触发。在控制单元中安装有一个温度传感器，它测量输出级的温度。如果温度过高，功率输出及转向助力将减小。在出现故障时转向助力装置将被"软"关闭。作为替代信号，将由转向角信号形成一个转向速度信号。

（4）转向力矩传感器 G269　传感器按照磁电阻式传感器的功能原理工作。磁环通过一个转向转轴与扭杆的上部分固定连接在一起，如图 9-9 所示。传感器位于与扭杆的上部分固定连接在一起的小齿轮轴上。

触点接通信号通过位环完成。根据对转向盘作用力的不同，扭杆完成一圈定义的旋转。由此在磁环和传感器之间产生一个相对运动。由磁电阻式效果而产生的电阻变化通过控制单元计算出。

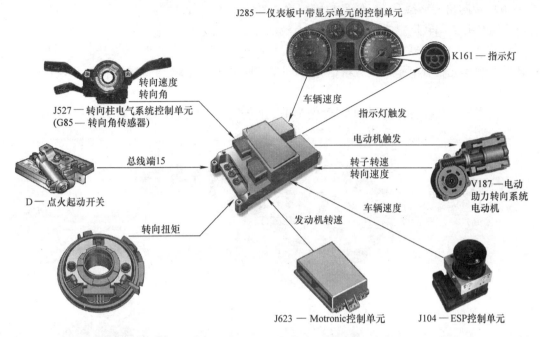

图 9-8 控制单元 J500 输入和输出信号

如果识别了一个故障，转向助力系统将被关闭。关闭不是立即断电，而是缓慢进行。对于被控制的缓慢关闭而言，控制单元将由转向角及电动机转子转速构成一个转向力矩替代信号。

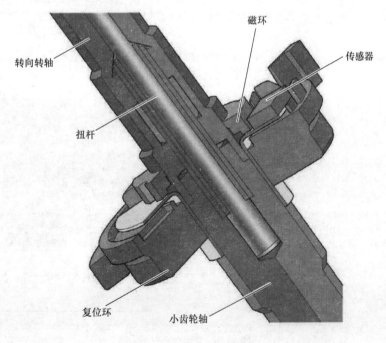

图 9-9 转向力矩传感器

（5）转向角传感器 G85　转向角传感器在复位环的后面，和安全气囊滑环安装在一起，它位于组合开关和转向盘之间的转向柱上，如图9-10所示。

它通过 CAN 数据总线向转向柱电子装置控制单元 J527 提供信号测算转向角。转向柱电子装置控制单元中有电子系统分析信号，向带有 EDL/TCS/ESP 的 ABS 控制单元传递转向盘转角信号。

失效影响：系统将不能识别车辆的预期行驶方向（驾驶人意愿），导致 ESP 不起作用。

自诊断：更换控制单元或传感器后，需重新标定零点。

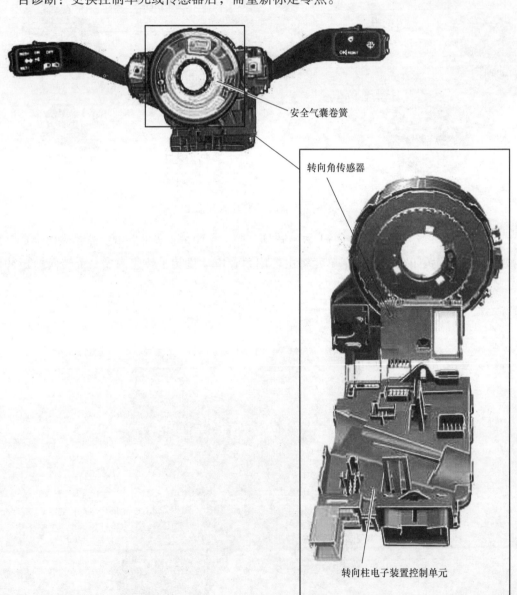

安全气囊卷簧

转向角传感器

转向柱电子装置控制单元

图 9-10　转向角传感器

当传感器失灵时，紧急运行程序启动。缺损的信号被设置成一个替代值，完全保持转向助力。该故障将通过指示灯 K161 亮起红灯来显示。

转向角传感器的基本组成部件：①带有两只密码环的密码盘；②各有一只光源和一只光学传感器的光栅对。

密码盘由两只环组成，如图 9-11 所示，在外面的一只称为绝对环，里面的一只称为增量环。增量环被分为 5 个扇区，每个扇区 72°，它由一对光栅对读取，如图 9-12 所示。该环在扇区有开口，同一扇区内的开口顺序是相同的，但不同扇区之间的开口顺序则不同，从而实现了各扇区之间的设码。

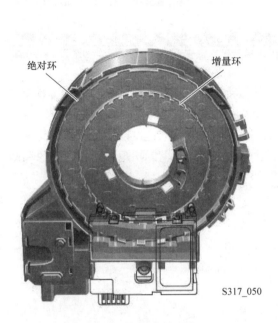

图 9-11　密码盘的组成

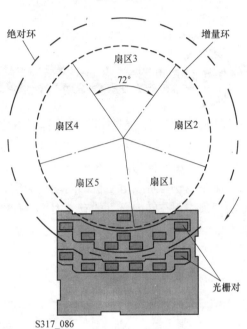

图 9-12　光电编码器

转向角传感器可以识别 1044°的转向角，它对角度进行累加。由此，当超出 360°标记时，能够识别转向盘完全转动了一圈。转向器的这种设计结构可以使转向盘转动 2.76 圈。

若出于简化考虑仅观察增量环，那么每个扇区环的一侧是光源，另一侧是光学传感器，如图 9-13 所示。

当光线穿过缝隙落到传感器上时，就产生了信号电压。当光源被遮盖时，电压又重新断开，如图 9-14 所示。

如果现在移动增量环，则产生信号电压顺序，如图 9-15 所示。

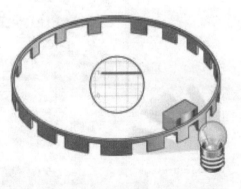

图 9-13　每个扇区环的一侧是光源

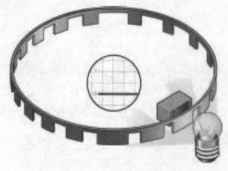

图9-14 产生了信号电压

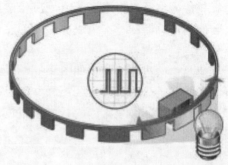

图9-15 移动增量环产生信号电压顺序

116 大众电控助力转向工作过程

驾驶人开始转向，通过作用在转向盘上的扭矩将扭转扭杆。转向力矩传感器 G269 捕捉扭转并向控制单元 J500 报告所获得的转向力矩。转向角传感器 G85 报告当前的转向角及转向速度。

控制单元由转向力矩、车辆速度、发动机转速、转向角、转向速度以及在控制单元中存储的特征曲线获得触发电动机的电动机额定力矩。作用在转向盘上的扭矩和助力力矩的和即为推动齿条作用在转向器上的有效力矩，如图9-16所示。

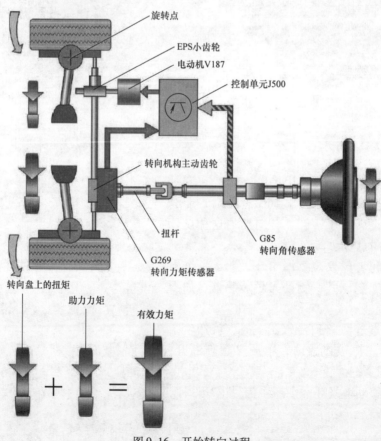

图9-16 开始转向过程

如果驾驶人不再施加作用力在转向盘上或松开转向盘，扭杆将释放压力。转向力矩将降为零。

由于车桥几何形状，在安装好的车轮上将产生复位力。由于转向系统的摩擦，复位力一般都很小，以至于车轮将再次在直线行驶位置上转动。

控制单元 J500 通过转向角传感器 G85 的转向角值对此进行识别。控制单元通过计算出转向力矩、车辆速度、发动机转速、转向角、转向速度和在控制单元中保存的特征曲线来计算出复位所需要的电动机扭矩。

电动机被触发，并且车轮将重新转回到直线行驶位置，齿条上的主动复位最大助力力矩被限制为 25N·m，如图 9-17 所示。

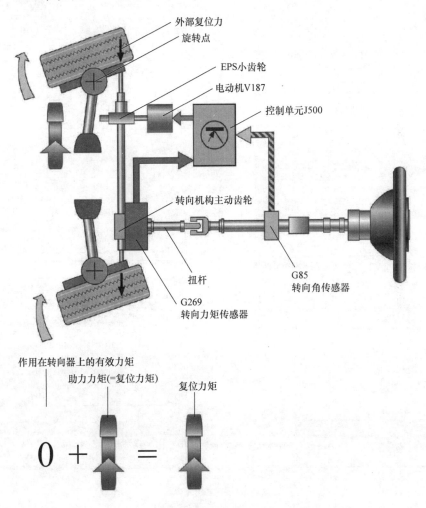

图 9-17 助力过程

在蓄电池断开连接或失灵的情况下，通过车载电网控制单元（图 9-18）可以确保在发动机运行的情况下有足够的电流可供电动助力转向系统使用。电路控制图如图 9-19 所示。

必要时，低优先级别的某些用电设备将被关闭。如果系统因为系统故障完全被关闭，法律要求仍然有效，汽车应可不受限制地转向。

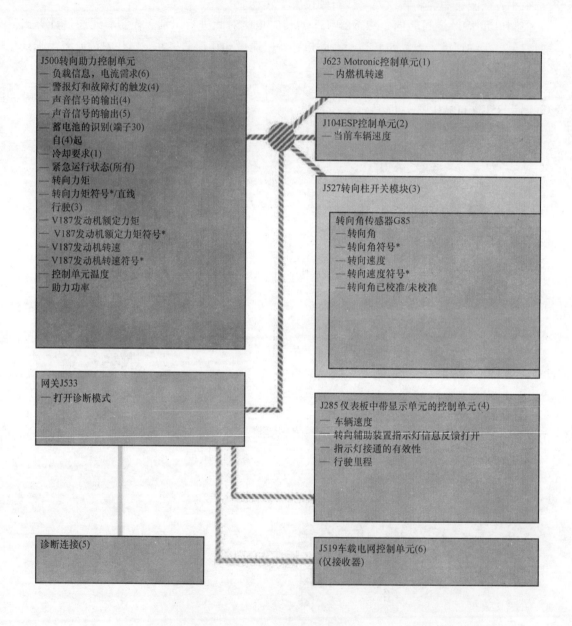

J500转向助力控制单元
— 负载信息，电流需求(6)
— 警报灯和故障灯的触发(4)
— 声音信号的输出(4)
— 声音信号的输出(5)
— 蓄电池的识别(端子30)
自(4)起
— 冷却要求(1)
— 紧急运行状态(所有)
— 转向力矩
— 转向力矩符号*/直线
行驶(3)
— V187发动机额定力矩
— V187发动机额定力矩符号*
— V187发动机转速
— V187发动机转速符号*
— 控制单元温度
— 助力功率

J623 Motronic控制单元(1)
— 内燃机转速

J104ESP控制单元(2)
— 当前车辆速度

J527转向柱开关模块(3)

转向角传感器G85
— 转向角
— 转向角符号*
— 转向速度
— 转向速度符号*
— 转向角已校准/未校准

网关J533
— 打开诊断模式

J285 仪表板中带显示单元的控制单元(4)
— 车辆速度
— 转向辅助装置指示灯信息反馈打开
— 指示灯接通的有效性
— 行驶里程

诊断连接(5)

J519车载电网控制单元(6)
(仅接收器)

图 9-18　车载电网控制单元

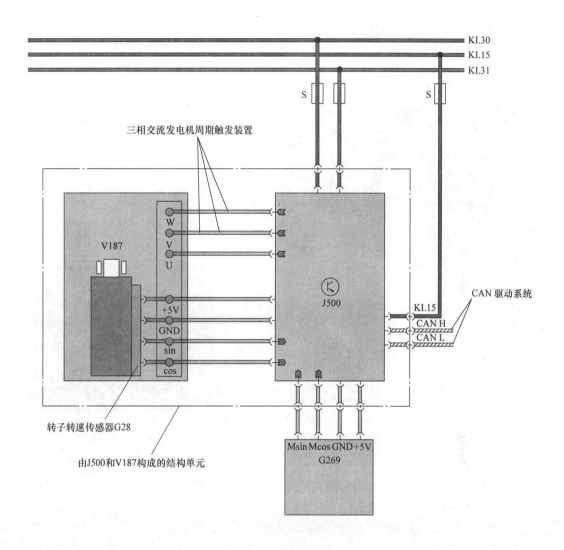

图 9-19 电路控制图

117 拆卸和安装四辐转向盘

大众/奥迪转向盘装配结构如图 9-20 所示。

（1）拆卸

1）使车轮处于向正前方位置。

2）使用转向柱调整装置的整个调整范围，尽量把转向盘向后放低。

3）关闭点火开关。

4）拆卸安全气囊单元。

5）旋出螺栓2，如图9-21所示。

6）标记转向盘1至转向柱3的安装位置箭头，用于重新安装。

7）从转向柱上拔下转向盘。

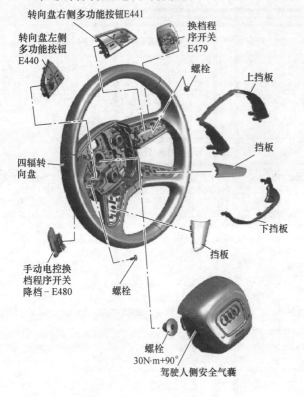

转向盘右侧多功能按钮E441

转向盘左侧多功能按钮E440

换档程序开关E479

螺栓

上挡板

挡板

四辐转向盘

下挡板

手动电控换档程序开关降档-E480

螺栓

挡板

螺栓
30N·m+90°

驾驶人侧安全气囊

图9-20　转向盘装配结构

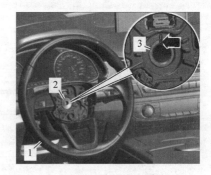

图9-21　旋出螺栓
1—转向盘　2—螺栓　3—转向柱

（2）安装　安装按拆卸的倒序进行，同时要注意下列事项：

1）前轮处于向正前方位置。

2）重新使用时，注意转向柱/转向盘上的标记。

3）安装安全气囊单元。

4）进行试车。

5）如果转向盘倾斜，则重新拆下转向盘，然后在转向柱的啮合齿上换位。

⑴⑴⑧ 拆卸和安装转向柱

大众/奥迪转向柱装配结构如图9-22所示。

1）拆卸驾驶人侧脚部空间盖板前部件。

2）拆卸驾驶人侧脚部空间出风口。

3）拆卸转向柱开关模块。

4）拧出螺栓2，然后将转向中间轴的万向插头1从转向柱上拔出，如图9-23所示。

5）带主动转向系统的装备型号：脱开电插头并露出电导线，为此要拆下导线支架。

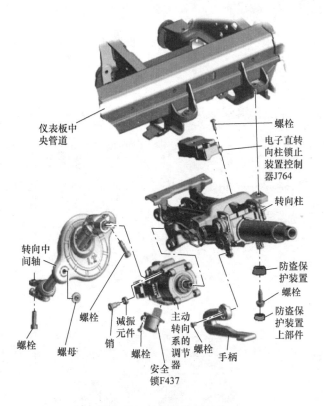

图 9-22　转向柱装配结构

仪表板中央管道
螺栓
电子直转向柱锁止装置控制器J764
转向柱
转向中间轴
防盗保护装置
螺栓
防盗保护装置上部件
螺栓
螺母
减振元件
销
螺栓
主动转向系的调节器
螺栓
手柄
安全锁F437

图 9-23　将转向中间轴的万向插头 1 从转向柱上拔出
1—万向插头　2—螺栓

装备型号机械式防盗保护装置：

1）插入保护板套件 VAS871009。

2）安放钻模 T40338，然后用螺栓 1 固定在机械式防盗保护装置 2 上，如图 9-24 所示。

3）用维修套件中的钻头钻透机械式防盗保护装置上部件，同时通过反复从钻模中拉出以清洁钻头。

4）拆下钻模。

5）将螺栓 2 通过机械式防盗保护装置上部件 1 中的钻孔（图 9-25 中箭头），用一个直

图 9-24　安放钻模 T40338
1—螺栓　2—机械式防盗保护装置

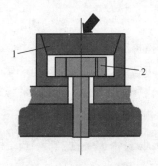

图 9-25　防盗保护装置上部件 1 中的钻孔
1—防盗保护装置上部件　2—螺栓

径4mm的钻头钻约8mm深的孔。

6）用螺钉旋具套件VAS5514中的3号螺钉旋具拧出螺栓和防盗保护装置。

7）吸出钻屑。

除了装备型号机械式防盗保护装置的车辆，以下适用于所有车辆：

1）按照④～①的顺序拧出螺栓，同时从下方用手支承住转向柱，如图9-26中箭头所示。

2）将转向柱向后脱开并略微降低。

3）脱开并露出电子转向柱锁止装置控制器J764，如图9-27中位置1所示。提示：无须理会图中位置2。

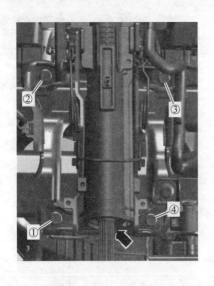

图9-26　拧出螺栓

图9-27　转向柱锁止装置控制器J764
1—转向柱锁止装置控制器J764　2—固定螺栓　3—插头

4）取下转向柱。

5）将转向柱从主动转向系统的调节器上脱开。

安装：安装按拆卸的倒序进行，同时要注意下列事项：将转向柱置于安装位置，为此将装配钩1挂到中央管2上，如图9-28中箭头所示。

装备型号机械式防盗保护装置：

1）将螺栓2与机械式防盗保护装置下部件1置于安装位置，如图9-29所示。

2）将机械式防盗保护装置上部件3用一把塑料锤齐平地敲入下部件中。

3）安装转向中间轴。

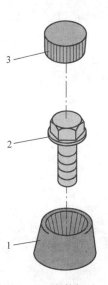

图 9-28 将转向柱置于安装位置
1—装配钩 2—中央管

图 9-29 安装螺栓
1—机械式防盗保护装置下部件 2—螺栓
3—机械式防盗保护装置上部件

119 拆卸和安装转向中间轴

（1）拆卸

1）使车轮处于向正前方位置。

2）将驾驶人座椅向后调整到极限位置。

3）使用转向柱调整装置的整个调整范围，尽量把转向盘向后放低。

4）关闭点火开关。

5）在车轮位于正前方位置时，把转向盘用胶带固定住，以防意外转动，如图 9-30 中箭头所示。

6）旋出螺栓 2，如图 9-31 所示。

图 9-30 把转向盘用胶带固定住

图 9-31 旋出螺栓 2
1—万向插头 2—螺栓 3—转向器

7）将转向中间轴的万向插头 1 从转向器 3 上拔出。

8）拆卸驾驶人侧脚部空间盖板前部件。

9）拆卸脚踏板。

10）将地板垫略微向后按压。

11）拧出螺母 1、4，取下转向中间轴 3 与密封唇 2，如图 9-32 所示。提示：无须注意箭头。

12）拧出螺栓（图 9-33 中箭头）并从转向柱 2 上拔出转向中间轴的万向插头 1。

13）取下转向中间轴。

图 9-32　拧出螺母
1、4—螺母　2—密封唇　3—转向中间轴

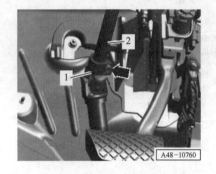

图 9-33　拧出螺栓
1—万向插头　2—转向柱

（2）安装　安装按拆卸的倒序进行，同时要注意下列事项：

提示：拆卸后更换螺栓。清洁万向插头上的螺栓的螺纹孔（如用丝锥）。

1）将转向中间轴 3（图 9-32）置于安装位置，同时密封唇 2 必须在隔热层上。

2）箭头指向上方（图 9-32）。

3）拧紧螺母 1、4（图 9-32）。

4）将转向中间轴的万向插头 4 套到转向柱 2 或转向器的限位位置箭头 B，如图 9-34 所示。转向柱或转向器的凹槽 3 必须如图 9-34 所示，精确对准万向插头上用于放螺栓 1 的孔箭头 A。

5）用手将新螺栓拧入至限位位置。

6）通过尝试拔出，检查转向中间轴是否安装正确，然后拧紧螺栓。

7）对连接至转向器的下部万向插头重复该过程。

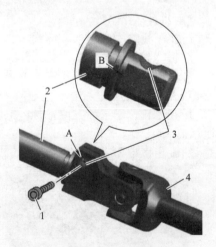

图 9-34　将转向中间轴的万向
插头套到转向柱上
1—螺栓　2—转向柱　3—凹槽　4—万向插头

120 拆卸和安装转向器

大众/奥迪转向器安装结构如图 9-35 所示。

（1）拆卸

1）使车轮处于向正前方位置。

2）关闭点火开关。

3）在车轮位于正前方位置时，把转向盘用胶带固定住，以防意外转动，如图9-36中箭头所示。

4）拆下前车轮。

5）为保护螺纹，应将转向横拉杆球头上的螺母拧出，直到它与球头销的螺纹齐平为止。

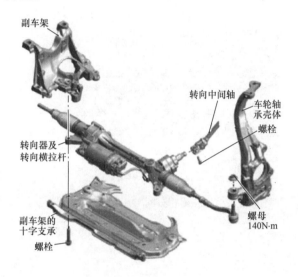

图9-35　转向器安装结构　　　　　　　　图9-36　把转向盘用胶带固定住

6）将转向横拉杆头球形万向节顶出器 VAS251805 从车轮轴承壳体中顶出，如图9-37所示。

7）然后拧出螺母，为此，必要时用内六角套筒扳手 SW6mm 顶住万向节销。

8）在对面一侧重复上述工作步骤。

9）旋出螺栓2。

10）将转向中间轴的万向插头1从转向器3上拔出，如图9-38所示。

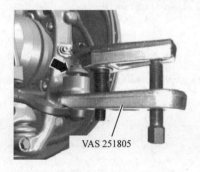

图9-37　将转向横拉杆头球形万向节顶出　　图9-38　将转向中间轴的万向插头1从转向器3上拔出

　　　　　　　　　　　　　　　　　　　　　1—万向插头　2—螺栓　3—转向器

11）降低副车架十字支承，同时不要将导向臂万向节销从锥形座中顶出。

12）将电插头3、4从助力转向控制器J500上断开，为此需松开防松件，并将解锁装置向下压，如图9-39所示。

13）露出转向器1上用于放电导线的导线槽2。

14）将支承杆T40335左侧和右侧插入副车架中，如图9-40所示。如有必要，通过滚花手槽调整支承杆。

15）将支承杆左侧和右侧用开口销锁定，如图9-40中箭头所示。

16）拧出固定销T40334，取下转向器。

图9-39　将电插头断开
1—转向器　2—导线槽　3、4—电插头

图9-40　将支承杆左侧和右侧用开口销锁定

（2）安装　安装按拆卸的倒序进行，同时要注意下列事项：

1）安装副车架的十字支承。

2）安装转向中间轴。

在安装了带助力转向控制器J500的新转向器后，应激活控制器。

1）连接车辆诊断测试仪。

2）打开点火开关。

3）选择运行模式诊断并启动。

4）选择选项卡检测计划。

5）选择自检按钮并依次选择：01—有自诊断功能的系统→44—助力转向控制器J500→44—助力转向控制器功能→44—更新控制器。

6）启动选择的程序并根据车辆诊断测试仪显示屏上的说明进行操作。

7）进行四轮定位。

121 拆卸和安装转向节主销

（1）拆卸

1）松开轮毂上的万向轴螺栓。

2）松开车轮螺栓。

3）升高车辆。

4）拆卸车轮。

5）拧下螺母，如图9-41中箭头所示。

6）从轮毂中将万向轴稍微拉出。

7）将摆臂从转向节主销中拉出。

8）尽量向下弯曲摆臂。

9）松开转向节主销螺母2，但不要拧下，如图9-42所示。

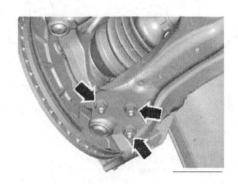

图9-41 拧下螺母

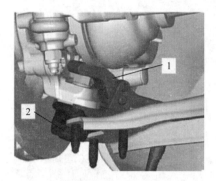

图9-42 松开转向节主销螺母
1—球形万向节顶出器 2—转向节主销螺母

10）将转向节主销从车轮轴承罩上压出，拧出螺母并取出转向节主销。注：球形万向节顶出器3287 A。

（2）安装 安装按拆卸的倒序进行。安装时应注意下列事项：

1）将转向节主销装入车轮轴承罩中。

2）把万向轴装入轮毂内。

3）拧上新的自锁螺母，同时卡住内星形T40处。

4）拧紧螺母，如图9-43中箭头所示，拧紧力矩为60N·m。

图9-43 拧紧螺母

122 检查主销

1）检查轴向间隙：沿箭头方向用力将摆臂向下拉，并重新向上压，如图9-44所示。

2）检查径向间隙：沿箭头方向向内和向外用力按压车轮下部，如图9-45所示。

提示：在进行两项检测时，不允许有明显的、能够看到的"间隙"存在。检测时观察主销，注意可能存在的车轮轴承间隙或减振支柱支座上部的"间隙"。检查橡胶防尘罩是否损坏，如有必要应更换主销。

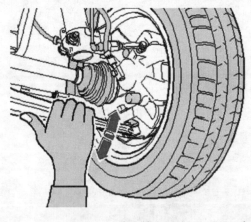

图 9-44　检查轴向间隙

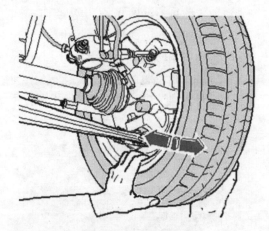

图 9-45　检查径向间隙

123　上海大众轿车行驶跑偏

（1）故障案例 1

1）故障现象：一辆上海大众 1.6L 轿车，搭载 CDF 发动机，累计行驶里程为 5 万 km。据驾驶人反映，该车在行驶时始终向右侧跑偏，且助力转向指示灯会偶尔点亮（红色），做了四轮定位，但故障依旧。

2）故障诊断：连接 VAS6150B，读取故障码为 00573，如图 9-46 所示。助力转向系统有故障且助力转向指示灯点亮（红色），在不清除故障码的情况下，助力转向系统在应急模式下运行，转向助力依然存在；在断电清除故障码后，如果助力转向系统存在元件方面的故障，如转向扭矩传感器 G269、转向角传感器 G85 或助力转向控制单元 J500 有故障，那么转向助力将完全消失且无法恢复，只能更换转向机总成。

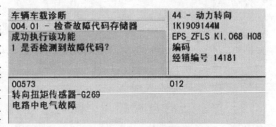

图 9-46　读取的故障码

分析故障码，决定先检查转向扭矩传感器 G269。G269 集成在 J500 内，依据相关电路（图 9-47），用万用表检测端子 T2p/2 的 30a 供电线、端子 T5e/2 的供电线和端子 T2p/1 的搭铁线，检测结果表明 J500 的供电和搭铁均正常。测量端子 T5e/1 和端子 T5e/2 之间的电压，工作时电压为 2.5～3.5V，睡眠模式下的电压为 0V，说明 CAN 总线通信正常。测量端子 T5g/2 和端子 T5g/3 之间的电压，为 0V，正常电压应在 5V 左右，说明 G269 供电电路有故障。拔下导线侧插接器直接测量导线侧插接器端子 T5g/2 和端子 T5g/3 之间的电压，为 4.5V 左右，正常；再插上导线侧插接器测量，又无电压，这说明导线侧插接器内部线束存在断路现象。对该导线侧插接器进行处理后，故障码变为偶发，助力转向指示灯熄灭，但经试车发现车辆依旧跑偏。拆下 J500 的 15a 供电线的熔丝，让助力转向系统停止工作，查看跑偏是否是由四轮定位参数引起的，结果车辆行驶良好，由此确定还是助力转向系统有故障。

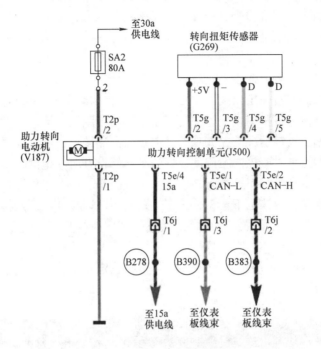

图 9-47　助力转向控制电路

　　重新整理维修思路，考虑到该车助力转向系统有主动回正功能，即当车辆直线行驶时，如果 G85 检测到转向盘不在中心位置（转向盘转角为 0°），则 J500 会根据 G85 的信号控制助力转向电动机 V187 工作，从而给转向盘提供一个回正扭矩，使转向盘回到中心位置。连接 VAS6150B 观察 G85 的数据，将转向盘打正，车轮在直线位置，但转

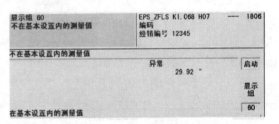

图 9-48　转向角传感器的数据

向角向左偏差约 30°，如图 9-48 所示。检查底盘，发现两侧转向横拉杆的调整螺纹长度相差太多，标准是两侧螺纹长度相差不得超过 3mm。将转向盘打到左右极限位置读取 G85 的数据，发现转向角偏差均在 34° 左右。拆下转向盘，发现转向盘的中心位置与转向柱的中心位置向左偏差 30° 左右。

　　3）故障排除：将转向盘和转向柱的中心位置对正安装，然后做四轮定位，最后用 VAS6150B 对 G85 做零点基本设置。经试车，车辆行驶恢复正常，故障彻底排除。

　　4）故障分析：当转向盘和转向柱的中心位置出现错位安装时，即使车辆四轮定位参数正常，但在直线行驶过程中（转向盘打正），G85 测量的转向角会向左偏差约 30°，此时 J500 根据 G85 的信号控制 V187 提供向右的回正扭矩，所以车辆始终向右跑偏。

　　（2）故障案例 2

　　1）故障现象：一辆上海大众途观车，行驶里程约为 5 万 km，因行驶时方向向右跑偏而进厂检修。

2）故障诊断：试车验证故障，确实存在向右跑偏的故障现象。本着由简到繁的故障诊断原则，首先对车辆进行常规检查。检查各车轮的轮胎压力，正常；检查各轮胎的花纹及磨损情况，未见异常；对车辆进行四轮定位，发现前后轮的前束值均存在一定偏差，调整前束后试车，故障依旧。

连接故障诊断仪，对转向角度传感器进行基本设定后试车，发现当车辆保持直线行驶时，转向盘始终向右侧偏转一定角度。于是，将车辆开回修理厂将转向盘向左转动约6°后，再次对转向角度传感器进行基本设定，试图纠正车辆向右跑偏的情况。设定完成后试车，发现车辆仍然向右跑偏。正常情况下，如果将转向盘向左侧转动一定角度再对转向角度传感器进行基本设定，车辆行驶时应该向左跑偏，但该车不但没有向左跑偏，就连向右跑偏的情况都没有任何改善。用举升机将车辆举升，检查悬架及胶套，未见明显异常，只是感觉右前侧三角臂胶套有松旷现象，应该也不至于造成车辆跑偏。谨慎起见，还是将其更换后试车，故障依旧。至此故障排除陷入僵局。最后怀疑是电子转向机构损坏，记录了错误的转向修正角度。

3）故障排除：更换电子转向机构总成，调整四轮定位，并设置好转向角度传感器后，对车辆进行路试，故障排除。

⑫⑭ 大众轿车转向角设置

1）连接 VAS6150，进入"44 – 助力转向系统"，单击"015 – 访问认可"，如图9-49所示，进入"015.02 – 安全访问（自动）"，如图9-50所示，单击"下一步"，输入访问权限代码"40168"，单击"Q"进行确认，如图9-51所示，系统会显示"成功执行该功能"，如图9-52所示，退出上述界面。

2）进入"44 – 助力转向系统"，单击"006 – 基本设置"，如图9-53所示，进入下一步，输入编码60，单击"Q"进行确认，如图9-54所示。

3）系统会显示转向角度（左右的最大转向角度不能超过15°），将转向角度调整合适后单击"激活"，如图9-55所示，仪表上的转向助力警告灯会亮黄灯，在车辆行驶一段距离后会自动熄灭。

图9-49　单击"015 – 访问认可"　　　　图9-50　进入"015.02 – 安全访问（自动）"

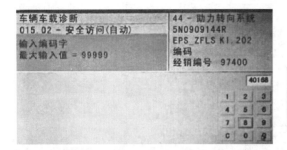

图 9-51　输入访问权限代码"40168"

图 9-52　系统提示"成功执行该功能"

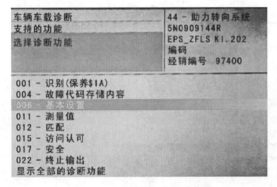

图 9-53　单击"006 – 基本设置"

图 9-54　输入编码 60

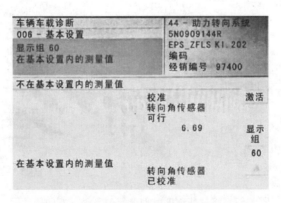

图 9-55　调整转向角度后单击"激活"

125　大众电动助力转向匹配设置

1）在 ODIS 中，进入"44 – 动力转向"，执行"控制单元自诊断"，选择"访问权限"，在弹出窗口输入登录码：20103，单击"进行"，如图 9-56 所示。

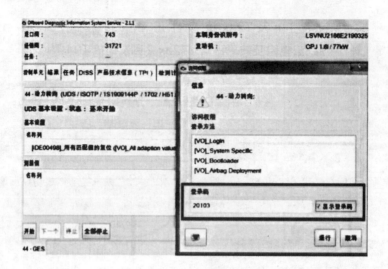

图 9-56 输入登录码

2）再次进入"44 – 动力转向"，执行"控制单元自诊断"，选择"基本设置"，将"所有匹配值的复位"选入右侧选择框，单击进入下一步，如图 9-57 所示。

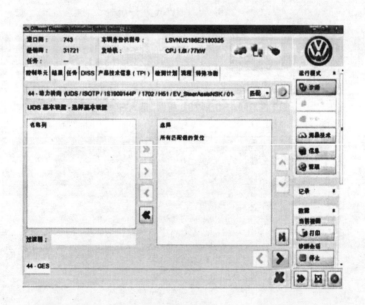

图 9-57 将"所有匹配值的复位"选入右侧选择框

3）跳过"UDS 基本设置 – 设置参数"，在"UDS 基本设置 – 选择测量值"中，将"［MAS00478］– 保留"选入右侧选择框，单击进入下一步，如图 9-58 所示。

4）选择"基本设置"后单击"开始"，完成动力转向基本设置，如图 9-59 所示。

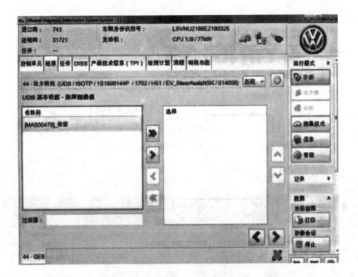

图 9-58 将"[MAS00478] – 保留"选入右侧选择框

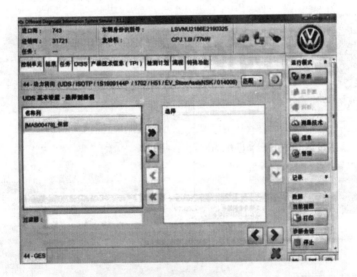

图 9-59 选择"基本设置"后单击"开始"

制 动 系 统

126 防抱死制动系统的基本组成

防抱死制动系统主要由 ABS 控制器（包括电子控制单元、液压控制单元、液压泵等）、四个车轮转速传感器、ABS 故障警告灯和制动警告灯等组成，如图 10-1 所示。

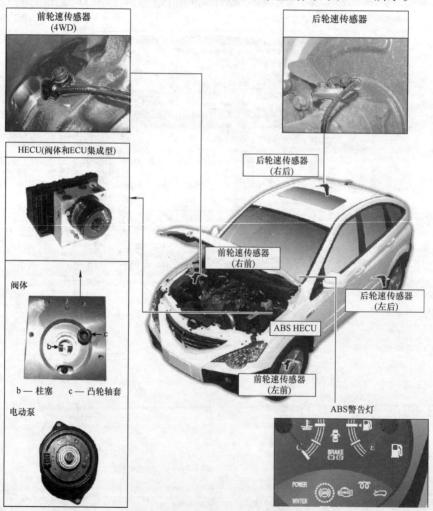

图 10-1　防抱死制动系统的组成

127 气动 ABS 的组成

ABS 是在常规气压制动系统的基础上，增设一个电子控制系统，其组成如图 10-2 所示。

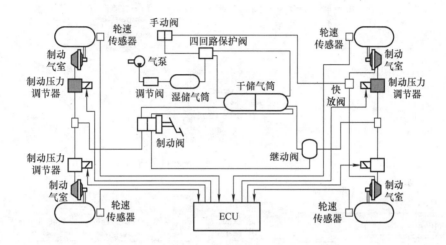

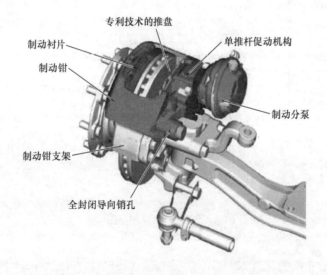

图 10-2　气动 ABS 的组成

电子控制系统主要由轮速传感器、制动压力调节器、ABS 电控单元 ECU、ABS 指示灯等装置组成。电子控制系统主要部件的外形如图 10-3 所示，其控制电路如图 10-4 所示。

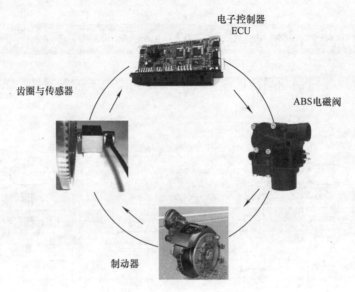

图 10-3　电子控制系统主要部件的外形

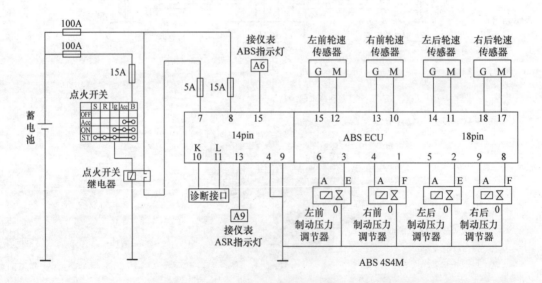

图 10-4　气动 ABS 控制电路

128 气动 ABS 气压调节器(气压控制阀)工作过程

下面以博世（BOSCH）型气压调节器为例，说明其构造和工作过程。

（1）构造　许多大型汽车均采用博世公司的气压调节器（又称为气压控制阀），固定在制动气缸的支架上。

气压调节器主要由阀体、进气阀（膜片、弹簧、阀座、阀盖）、排气阀（膜片、弹簧、阀盖）、进气电磁阀（常闭）和排气电磁阀（常开）等组成，如图 10-5 所示。

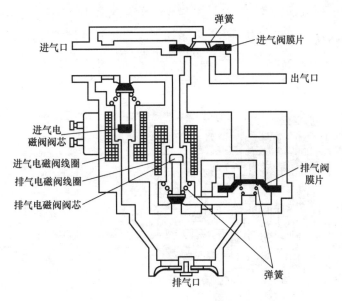

图 10-5　气压调节器组成

（2）工作过程

1）压力升高过程。制动踏板阀门的制动压力由进气口进入，顶起进气阀膜片，经出气口继续进入到制动气缸以实施制动。与此同时，制动压力经排气电磁阀到达排气阀膜片下的空隙内，保持排气口关闭，如图 10-6 所示。

在压力升高过程，进气电磁阀、排气电磁阀均不通电。

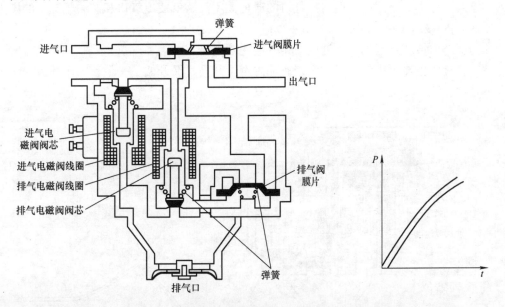

图 10-6　气压调节器的工作过程（压力升高过程）

2）压力下降过程。如果某一车轮趋于抱死，则进、排气电磁阀由 ABS 电脑供电。进气电磁阀上阀门打开使得压缩气体进入到进气阀膜片上的空隙内，进气阀膜片关闭以防止制动压力进一步升高。进气电磁阀下阀门关闭了排气口的通道。排气电磁阀上阀门关闭以防止压缩气体进入排气阀膜片下的空隙中，排气电磁阀下阀门打开，使排气阀膜片下的空隙排气。打开膜片，制动气缸经由阀门排气口排气，制动压力和制动效能随之下降，如图10-7所示。

在压力下降过程，进、排气电磁阀均通电。

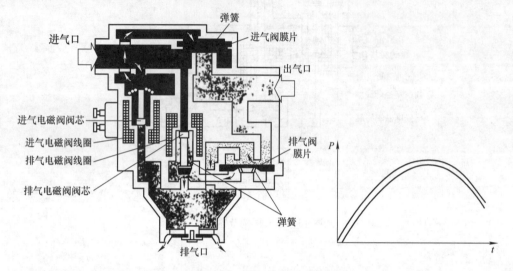

图 10-7　气压调节器的工作过程（压力下降过程）

3）压力保持过程。制动气缸中的压力下降后，汽车车轮速度升高，在某一速度状态下，ABS 电脑切断排气电磁阀的供电，则排气电磁阀的上阀门打开，下阀门关闭。压缩气体流入排气阀膜片下的空隙内，使得排气口的通道关闭。这就使出气口和制动气缸中的压力在一小段时间内保持稳定，如图10-8所示。

压力保持阶段，进气电磁阀通电，排气电磁阀断电。

此后，进气电磁阀中的电流中断，制动力重新升高，又开始了一个新的循环。一个工作循环的速度很快，可达 5 次/s。

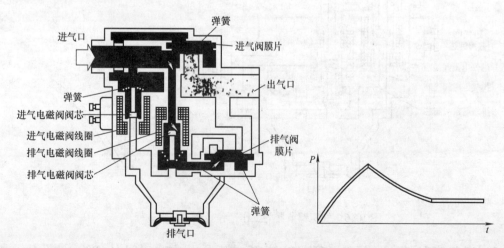

图 10-8　气压调节器的工作过程（压力保持过程）

129 排气制动系统的组成

排气制动系统由熔丝、排气制动手动开关、排气制动指示灯、离合器踏板开关、排气制动电磁阀、加速踏板开关、导线、储气筒、制动管路、排气制动工作缸及排气制动阀总成组成，如图10-9所示。

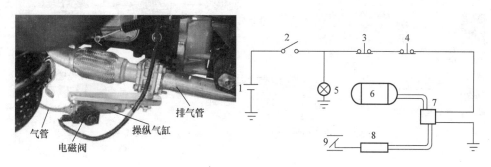

图 10-9 排气制动系统的组成
1—电源 2—排气制动开关 3—加速开关 4—离合器开关 5—指示灯
6—储气筒 7—电磁阀 8—操纵气缸 9—蝶阀

东风系列载货汽车的辅助制动系统采用排气制动形式，闭合排气制动开关2，电磁阀7接通，储气筒6的压缩空气经电磁阀7进入操纵气缸8，从而推动排气制动的蝶阀9（图10-10）转动而关闭排气管，增加发动机转动的阻力。以减轻汽车在下长坡时因频繁使用行车制动而出现制动器热衰退现象，延长摩擦片的使用寿命，东风EQ1118GA的排气制动采用电控排气制动方式，控制电路中设置了加速开关和离合器开关，使驾驶人在踩加速踏板和离合器时，能自动解除排气制动，以防止出现错误操作。

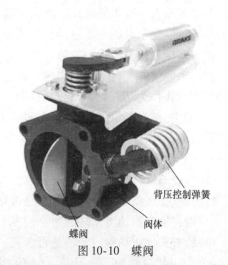

图 10-10 蝶阀

130 排气制动系统电路图分析及常见故障

东风 EQ1118G 型运输车排气制动系统电路图如图10-11所示。

1）点火锁继电器控制电路。该电路接通后，排气制动控制电路才能将源头电源引过来。该电路的电流走向：蓄电池正极→红色易熔线→点火锁B接柱→点火锁→点火锁IG接柱→点火锁继电器→搭铁→蓄电池负极。

2）排气制动指示灯电路。该电路接通后，排气制动指示灯才会亮。该电路的电流走向：蓄电池正极→红色易熔线→点火锁继电器→熔丝F11→排气制动手动开关→排气制动指

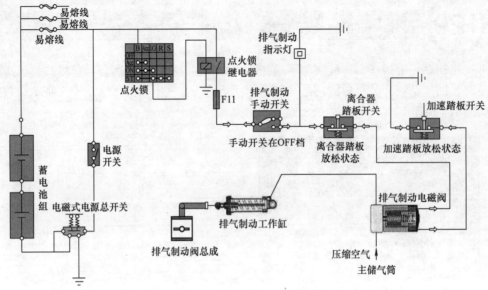

图 10-11　东风 EQ1118G 型运输车排气制动系统电路图

示灯→搭铁→蓄电池负极。

3）排气制动控制电路。该电路接通后，排气制动电磁阀才会工作。该电路的电流走向：蓄电池正极→红色易熔线→点火锁继电器→熔丝 F11→排气制动手动开关→离合器踏板开关→排气制动电磁阀→加速踏板开关→搭铁→蓄电池负极。

排气制动系统易出现的故障，主要是排气制动系统无制动作用和断开排气制动手动开关排气制动不能解除。对于这两类故障，主要以打开、关闭排气制动手动开关，听排气制动电磁阀是否动作作为切入点，来分段诊断排除。

1）打开排气制动手动开关，如能听见排气制动电磁阀动作的声音，但无制动作用，则说明排气制动控制电路部分没有问题，故障出在排气制动机械部分，即排气制动电磁阀、排气制动工作缸及排气制动阀总成。

① 检查储气筒气压是否达到标准。

② 检查排气制动电磁阀进气口是否堵塞。

③ 检查排气制动工作缸活塞是否发卡。

④ 检查排气制动阀门转轴是否卡死、转动是否灵活。

2）打开排气制动手动开关，如不能听见排气制动电磁阀动作的声音，也无制动作用，则说明故障出在排气制动控制电路部分。

① 排气制动指示灯亮，说明线路都没问题，故障出在线路的后半部分。检查离合器踏板开关、排气制动电磁阀、加速踏板开关及线路。

② 排气制动指示灯不亮，说明故障出在线路的后半部分。检查熔丝 F11、排气制动手动开关、排气制动指示灯及线路。

3）关闭排气制动手动开关，如能听见排气制动电磁阀动作的声音，但排气制动不能解除，则说明排气制动控制电路部分没有问题，故障出在排气制动机械部分，即排气制动电磁阀、排气制动工作缸及排气制动阀总成。

① 检查排气制动电磁阀出气口是否堵塞。

② 检查排气制动工作缸回位弹簧是否折断、是否老化、弹力是否过弱。

③ 检查排气制动阀门转轴是否卡死、转动是否灵活、是否因积炭过多嵌入阀门，而造成阀门不能完全复位。

4）踩下离合器踏板，排气制动不能解除。

① 检查液压系统是否异常、离合器踏板开关安装部位是否漏油。

② 踩下、松开离合器踏板，检查离合器踏板开关是否发生故障或安装不正确。

5）踩下加速踏板，排气制动不能解除。

① 踩下、松开加速踏板，检查加速踏板开关是否有故障或安装不正确。

② 调整时，使发动机转速略高于怠速，将加速踏板开关调整到接通状态即可。

131 电涡流缓速器结构

电涡流缓速器的主要组件为定子和转子，如图 10-12 所示。定子具有沿圆周均匀分布的铁心，铁心上装有线圈。定子通过支架固定在变速器后端盖、后桥壳或车架上，如图 10-13 所示。转子有两个磁盘（转子盘），分别通过凸缘盘与主从动传动轴、变速器、传动轴，或传动轴、后桥连接，如图 10-14 所示。转子和定子之间仅有很小的间隙，定子中的线圈通电时即产生强磁场，在转子的两磁盘内产生涡流电，从而产生制动转矩，使车辆减速。

a) 定子　　　　　　b) 转子

图 10-12　定子和转子

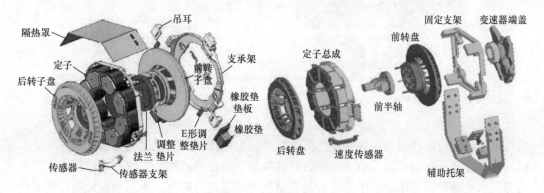

图 10-13　定子安装位置

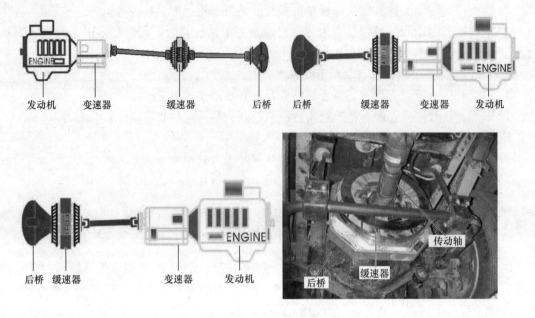

发动机　变速器　缓速器　后桥　　后桥　缓速器　变速器　发动机

后桥　缓速器　　　变速器　　发动机　　　　后桥　　缓速器　　传动轴

图 10-14　缓速器安装位置

132 缓速器的工作原理

在两个转盘之间有定子总成，上面装有交错接线的极性线圈。缓速器工作时由蓄电池或发电机供给电流，给缓速器的定子线圈通入直流电，这时候定子线圈会产生磁场，该磁场在相邻的铁心、磁轭、气隙、转子之间形成多组回路，此时如果转子转动，就相当于导体在切割磁力线，如图 10-15 所示。

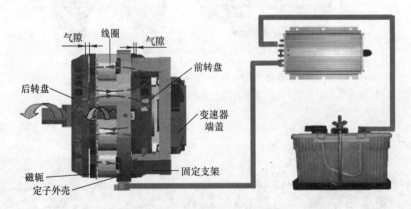

气隙　线圈　气隙

后转盘　　　　　　　前转盘

　　　　　　　　　　变速器端盖

磁轭　　　　　　固定支架

定子外壳

图 10-15　缓速器工作原理图

根据电磁感应原理可知，在导体内部会产生感生电流，同时感生电流会产生另外一个感生磁场，即在转子中形成涡状电流磁场，该磁场和已经存在的磁场之间会有作用力，而作用力的方向永远是阻碍导体运动的方向。这就是缓速器缓速力矩的来源。涡流磁场对转子产生制动力矩，在无接触、无磨损的情况下减慢转子速度。其值与励磁电流的大小、转子转速有关，电涡流产生的热量由转子冷却风槽散出。

133 电涡流缓速器控制电路

定子线圈中通电时间和电流大小（或通电线圈的数量）由电涡流缓速器的控制电路控制。控制电路由车速传感器（位于定子上）、制动空气压力传感器（气压开关）、手控开关、缓速器指示灯和控制器（包括电气盒和控制盒）等组成，如图10-16所示。其中，制动空气压力传感器与气阀座一起固定在车架上，通过三通管及气管与制动管路相连接，用于向控制器输送制动管路中的空气压力信号（间接反映制动踏板的行程）。手控开关（缓速器档位操纵开关）位于驾驶室内，驾驶人可以选择合适的工作档（合适的制动转矩）使车辆减速。缓速器指示灯包括电源指示灯、准备工作灯和工作指示灯。其中，准备工作灯用于指示电涡流缓速器是否处于工作待命状态；工作指示灯用于指示电涡流缓速器的工作档，点亮的工作指示灯越多，缓速器的工作档越高，制动转矩越大。缓速器指示灯也用于为电涡流缓速器的故障判断提供依据。

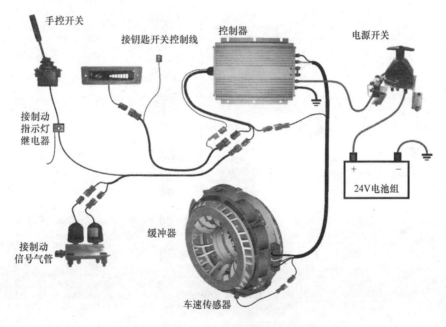

图10-16 电涡流缓速器控制电路的组成

控制器的功用是根据车速传感器信号、制动空气压力传感器信号和驾驶人的意图（手控开关信号）确定定子线圈中的电流（或通电线圈的数量），实现所需的制动。

134 电子驻车制动（EPB）系统组成及系统部件

（1）组成 大众/奥迪电子驻车制动系统组成如图10-17所示，系统概貌如图10-18所示。

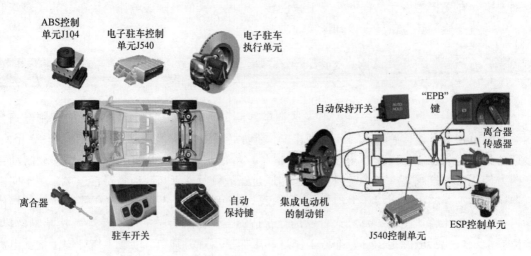

图 10-17 大众/奥迪电子驻车制动系统组成

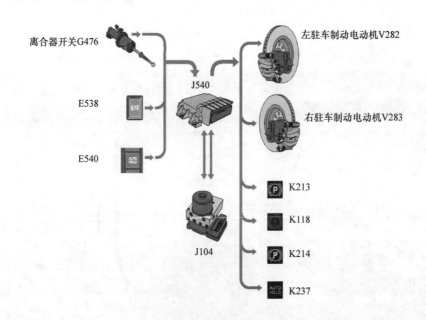

图 10-18 系统概貌

（2）系统部件

1）控制单元 J540（图 10-19）。该控制单元安装在行李箱右侧的蓄电池的下方。从蓄电池开始，驻车制动左、右电动机 V282/283 是单独控制的。在这个控制单元内装有两个处理器，驻车制动器松开的命令要由这两个处理器共同执行。数据的传送是通过驱动 CAN 总线进行的。该控制单元内还有一个微型倾斜角传感器。

2）驻车制动左、右电动机 V282/283（图 10-20）。制动摩擦衬块的收紧是通过一根螺杆的带动来实现的。这根螺杆上的螺纹是可以自锁的。这根螺杆是由斜轴轮盘机构来驱动的。斜轴轮盘机构是由一个直流电动机来驱动的。斜轴轮盘机构和直流电动机通过法兰固定在制动钳上。

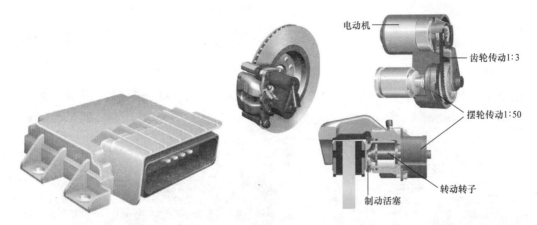

图 10-19　控制单元 J540　　　　　图 10-20　驻车制动左、右电动机 V282/283

135 大众电子驻车制动（EPB）工作原理

电子机械式驻车制动只需要制动活塞进行非常小的往复运动。电动机的旋转运动通过多个阶段转化为线性运动，如图 10-21 所示。

阶段 1：从电动机的螺杆至第一级传动装置的直齿轮。

阶段 2：从蜗杆传动装置的蜗杆至第二级传动装置的直齿轮。

阶段 3：通过螺杆传动装置将旋转运动转为往复运动。

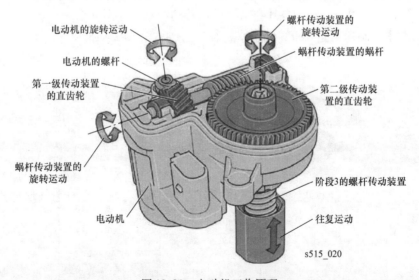

图 10-21　电动机工作原理

（1）驻车制动　需要关闭驻车制动器时会触发电动机。螺杆由电动机通过多级传动装置驱动。通过螺杆的旋转运动带动螺杆螺纹上的压力螺母向前移动。压力螺母碰到制动活塞的内侧端面，并将其抵到制动摩擦片上。制动摩擦片压到制动盘上。此时密封套会向制动摩擦片的方向发生变形。压力会使通过电动机的电流增大。

电子机械式驻车制动器的控制单元在整个驻车过程中对电动机的电流进行测量。当电流超过一个特定值时，控制单元会切断电动机的供电，如图 10-22 所示。

（2）驻车松开　电动机改变旋转方向。螺杆沿反方向旋转，螺杆上的压力螺母向后运动，制动活塞上的压力减小。密封套变形恢复，制动活塞也向后移动，制动摩擦片松开制动盘，如图 10-23 所示。

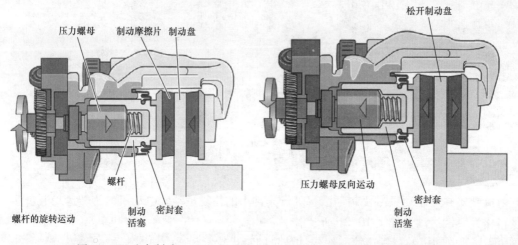

图 10-22　驻车制动　　　　　　　　图 10-23　驻车松开

（3）调整间隙　如果驾驶人在 2000～3000km 的行驶里程中没有操作 EPB，则间隙会周期性地进行调整。此时，制动摩擦片会从初始位置向制动盘方向移动。

（4）动态紧急制动功能　EPB 动态紧急制动功能如图 10-24 所示。

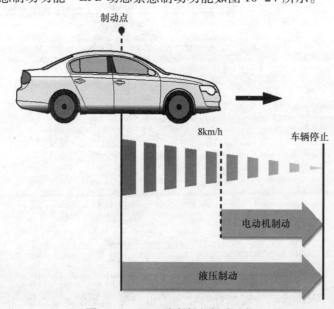

图 10-24　EPB 动态紧急制动功能

1）拉出按键开关 F234 就可以对车辆进行制动，最大减速度可达 $8m/s^2$。操作过程与驻车制动杆的操作是一样的。只要拉出这个按键开关，就会对车辆实施制动。松开这个开关后，制动过程就被终止了。

2）当车速低于 8km/h 时，如果操纵这个开关，那么驻车制动器就会拉紧（处于工作状态）。为了避免误操作，只要又踩下了加速踏板，那么紧急制动功能就会被立即终止。

3）如果车速超过 8km/h，那么由 ESP 来实施制动过程。加速踏板还处于踩下状态时，发动机转矩会被减至怠速状态，同时 ESP 会在所有四个车轮制动器中建立起制动压力。如果巡航系统（GRA）正在工作，则它会被终止工作。

136 制动摩擦衬块磨损识别和间隙校正

制动摩擦衬块的厚度值会定期（每 1000km）在车辆静止且驻车制动器不工作时自动获取。获取制动摩擦衬块的厚度值的过程是这样的：制动摩擦衬块离开零位（终点位置）顶住制动盘，控制单元根据霍尔传感器的测量值计算出制动摩擦衬块的行程，由此就可得知制动摩擦衬块的厚度值。控制单元通过检测电动机电流信号来判断蹄片行程，从而判断蹄片磨损情况，并对间隙进行补偿，如图 10-25 所示。

只有在车辆已停住、点火锁已锁定且驻车制动器未工作时才进行这种测量。

（1）制动摩擦衬块更换　制动摩擦衬块更换模式如图 10-26 所示。

1）更换制动摩擦衬块需要使用 VAS6150 在驻车制动器未工作时来进行。

2）在检测仪基本设定通道 5 中，螺杆会将气缸完全收回（驻车制动器松开）。

3）在制动活塞复位之后，就可以用 VAS T10145 来更换制动摩擦衬块。

4）在检测仪基本设定通道 6 中，将制动器完全闭合（驻车制动器拉紧）。

5）在检测仪基本设定通道 6 中输入制动摩擦衬块厚度值。

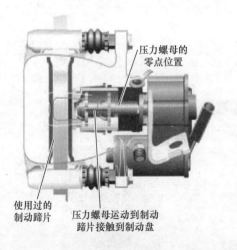

图 10-25　间隙进行补偿

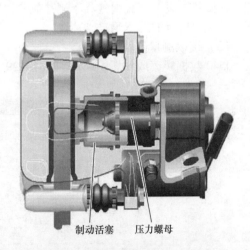

图 10-26　制动摩擦衬块更换模式

（2）紧急松开

1）当驻车制动器处于拉紧状态时，如果电控功能失效或驻车制动器部件出现机械故障，那么可以通过机械方式来松开制动器。

2）为此在随车工具中有一把应急用的钥匙。用千斤顶将车顶起，卸下相应的车轮。

3）这把钥匙的 Torx 端用于拆下制动钳中的执行元件，钥匙的另一端可以转动螺杆，直至制动器松开，如图 10-27 所示。

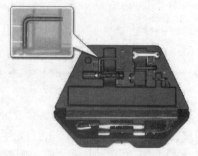

图 10-27　紧急松开制动

137 大众电子驻车基本设定的操作

对于迈腾轿车更换 J540 后应做以下基本设定：

（1）进入 03 系统做以下步骤

1）对 ABS 系统进行编码（根据车辆配置有不同的编码：318、315、2366 等）。

2）对偏航率传感器 G200、横向加速度传感器 G202、纵向加速度传感器 G251 进行基本设定：03 – 16 – 40168 – 04 – 061（激活）。

3）对 G85 进行零点平衡：03 – 16 – 40168 – 04 – 060（激活）。

4）对制动压力传感器 G201 进行零点平衡：03 – 16 – 40168 – 04 – 066（激活）。

5）进行 ESP 启动测试。

（2）进入 53 系统做以下步骤

1）对 J540 进行编码：53 – 07 – 57（根据车辆配置有不同的编码：自动档：57；手动档：56）。

2）用 5051 进入故障导航，选择电子机械驻车功能：进入电子驻车制动基本设置。注意：在做基本设置时必须将驻车制动放开，不能进行任何操作。做完以后所有的故障灯应熄灭，系统中所有的故障码自动清除。

（3）读取测量值块

J540 数据块读取如图 10-28 和图 10-29 所示。

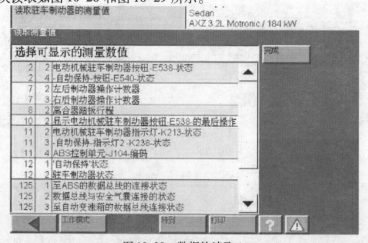

图 10-28　数据块读取 1

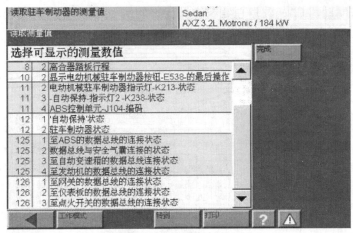

图 10-29　数据块读取 2

138 电子驻车故障案例

（1）迈腾电子机械式驻车制动器控制单元 J540 唤醒导线故障的检修

1）故障现象。仪表上电动驻车制动器和手动驻车制动器故障指示灯 K214 点亮。用 VAS5051 读取故障码，53 - J540 中故障码为电动驻车制动器 ECU 唤醒导线对正极短路；03 - J104 中为电子驻车制动 ECU 信号不可靠；25 中为 ESP 信号不稳定。后两个故障为偶发性故障，清除故障后连续开关点火开关时，故障不再现。但当关闭点火开关几分钟后，打开点火开关则再次出现同样故障码。相关电路如图 10-30 所示。

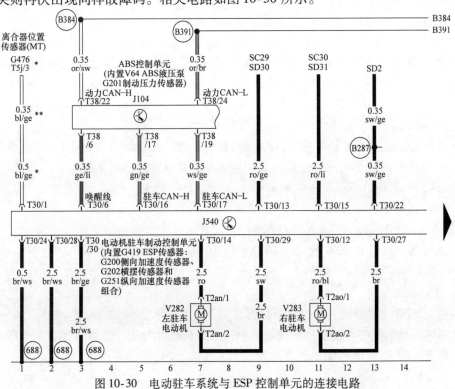

图 10-30　电动驻车系统与 ESP 控制单元的连接电路

① 电动驻车制动器 CAN 数据总线控制单元。从图 10-30 可看到，J540 与动力 CAN 彼此分开，如图 10-31 所示。

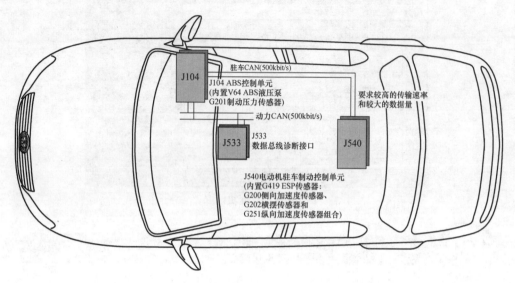

图 10-31　电动驻车系统与 ESP 控制单元通信原理

② 工作原理。关于唤醒线，舒适 CAN 由于有睡眠功能且必须随时保证立即工作，电源不受点火开关电源控制，所以需要 CAN – L 较长时间为 6V 左右电压，对舒适 CAN 进行唤醒，但是不需要单独唤醒线。动力 CAN 的工作受点火开关端子 15 供电控制，即打开点火开关后所有与动力 CAN 连接的控制单元都工作，无唤醒。

关于电子驻车制动系统 CAN，可能是关闭点火开关后，理论上 J104 应该停止工作，但是此时电子驻车制动系统仍需工作，如果此时按下驻车制动开关，J540 要将此信号传递给 J104，即要通过唤醒线进行唤醒，待 J104 工作后才通过驻车 CAN 发送信号。因此，如果唤醒线有故障，不能唤醒 J104，就可能出现关闭点火开关几分钟后就会出现故障码。

2）故障处理流程。

① 用万用表着重检测 J540 中的 T30/6 线是否正常：是否导通，是否对地/电源短路。

② 断开 J540 控制单元的插接器，关闭点火开关几分钟后重新读故障码。如果此时在 25 中没有出现"ESP 信号不稳定"的故障码，则应为 J540 故障。

③ 更换 J540 后故障排除。

（2）迈腾 EPB 故障灯闪烁但无故障码

1）故障现象。迈腾 EPB 故障灯闪烁如图 10-32 所示，但无故障码。电子制动功能正常，EPB 系统概貌如图 10-33 所示。

2）故障诊断过程。

① 用 VAS5052 诊断仪进行自诊断检测如图 10-34 所示，但无故障码。

② 对电子机械式驻车制动器系统的数据流进行读取并分析，正常如图 10-35 所示。

③ 检查 ABS 和 EBP 控制单元版本及编码，正常如图 10-36 所示。

图 10-32　迈腾 EPB 故障灯闪烁

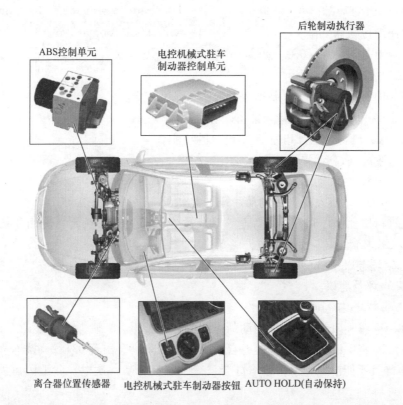

图 10-33　EPB 系统概貌

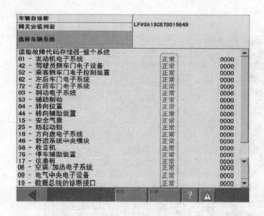

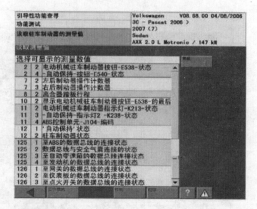

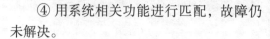

图 10-34　用 VAS5052 诊断仪进行自诊断检测　　　　图 10-35　数据流进行读取并分析

④ 用系统相关功能进行匹配，故障仍未解决。

03－16－40168－04－060：方向转角传感器 G85 复位。

03－16－40168－04－061：纵向、横摆、侧向加速度传感器复位。

03－16－40168－04－063：侧向加速度传感器 G200 复位。

图 10-36　检查 ABS 和 EBP 控制单元版本及编码

03－16－40168－04－066：制动压力传感器 G201 复位。

⑤ 试对控制单元断电，故障未能排除。

a. 故障原因分析：53（EPB）基本设定的功能。

53－04－007：后制动片打开。

53－04－006：后制动片关闭。

53－04－010：基本设定（后制动片开关 3 次）。

注意：进行以上操作时，必须等至少 30s 再进入下一步，否则可能由于硬件原因导致 EPB 控制单元损坏。

b. 故障处理方法：53－04－010。

3）案例点评及建议。

① EPB 基本设定的其他功能。

53－10－04 将 1 改为 0：不踩制动踏板即可解除 EPB。

53－10－10 将 1 改为 0：对于装备自动变速器的车辆会出现 03182（离合器位置传感器 G476）故障码且不能清除，EPB 故障灯会长亮，并且每断一次电，此编码可能会自动更改一次。

EPB 的编码 57（AT）改为 56（MT），AUTO HOLD 开关失效。

② 其他系统有故障灯闪烁并且没有故障码时，可先做基本设定。

139 拆卸和安装前制动钳

大众/奥迪制动钳分解如图 10-37 所示。

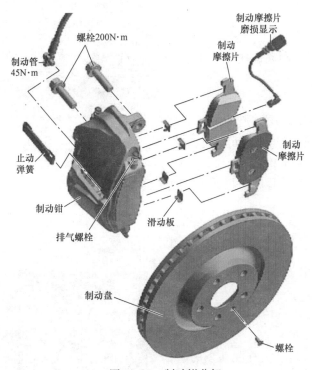

图 10-37 制动钳分解

（1）拆卸

1）拆卸相关的前车轮。

2）脱开右侧制动钳上摩擦片磨损显示触点的电插头，如图 10-38 中箭头所示。

提示：为了更容易地从制动盘上拔下制动钳，如图 10-39 所示，将制动摩擦片 3 用合适

图 10-38 脱开右侧制动钳上摩擦片
磨损显示触点的电插头

图 10-39 将制动摩擦片 3 用合适的
钳子 1 略微压回
1—钳子 2—橡胶 3—制动摩擦片

的钳子1略微压回。为了不损坏制动钳上的油漆层，在钳子和制动钳之间垫入一块橡胶2。

3）拧下制动钳的螺栓，如图10-40所示。

4）取下制动钳。

5）用合适的钢丝将制动钳挂在车身上。

（2）安装

1）清洁制动钳。

2）将制动钳连同制动器支架和已安装的制动摩擦片一起小心移动到制动盘上方。

3）用新螺栓拧紧制动钳。

4）连接制动钳上摩擦片磨损显示触点的电插头。

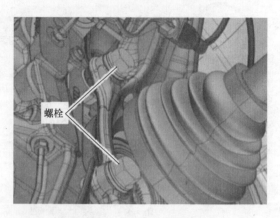

图 10-40　拧下制动钳的螺栓

140 拆卸和安装制动盘

（1）拆卸　拧出螺栓（图10-41中箭头），取下制动盘。

（2）安装　安装按拆卸的倒序进行，同时要注意下列事项：

1）在重新使用前，应检查制动盘的磨损和损坏情况：制动盘磨损极限。

2）制动片更换时间：制动片和制动盘的更换周期一般都不是固定的，这主要取决于车辆行驶的路况、驾驶人踩制动踏板的频率以及相关的力度。一般常规制动片的更换里程是每行驶2.5万～3万km。

图 10-41　拧出螺栓

141 拆卸和安装后制动摩擦片

制动摩擦片的分解如图10-42所示。

（1）拆卸

1）举升车辆拆下后轮。

2）固定住导向销，将螺栓（图10-43中箭头）从制动钳上拧出。

3）取下制动钳并用钢丝固定，以便制动钳的重量不使制动软管过度承重或损坏。

4）拆下制动摩擦片和摩擦片固定片，如图10-44中箭头所示。

5）彻底清洁制动器支架上摩擦片固定片（制动摩擦片）的支承面，清除锈蚀。

6）清洁制动钳。注意：只能用酒精清洁制动钳。

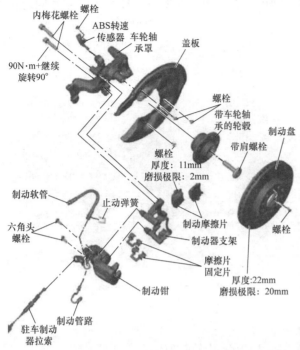

图 10-42　制动摩擦片的分解

内梅花螺栓　螺栓
ABS转速
传感器　车轮轴
承罩　盖板
90N·m+继续
旋转90°
螺栓
带车轮轴
承的轮毂
制动盘
螺栓　带肩螺栓
厚度：11mm
磨损极限：2mm
制动软管
止动弹簧
六角头
螺栓
制动摩擦片
制动器支架
摩擦片
固定片
厚度：22mm
磨损极限：20mm
制动钳
制动管路
驻车制动
器拉索

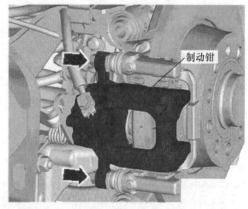

制动钳

图 10-43　将螺栓从制动钳上拧出

（2）安装　安装按拆卸的倒序进行。安装时应注意下列事项：

1）向右转动复位工具 T10165 的调节轮（图10-45），拧上活塞。同时不要损坏护罩。

2）拧入时使用板 T10165/1 作为辅助工具，如图 10-45 所示。装入复位工具 T10165 时，凸肩要靠在板 T10165/1 上。活塞活动不顺畅时，可将一个开口扳手（扳手开口度 13mm）置于规定的扳手平面上，如图 10-45 中箭头 A。

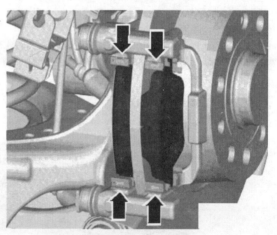

图 10-44　拆下制动摩擦片

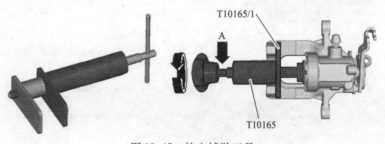

T10165/1
A
T10165

图 10-45　拧入辅助工具

3）将摩擦片固定片 1 和 2 装入制动器支架内，如图 10-46 所示。提示：摩擦片固定片 1 和 2 是不同的，两者必须以对角形式安装。

4）安装摩擦片固定片 1 和 2 时，制动器支架两侧的导向凸缘要指向外侧，如图 10-47 中箭头所示。

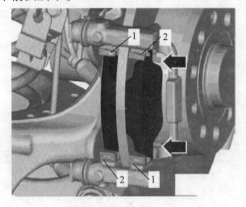 

图 10-46　将摩擦片固定片装入制动器支架内　　　图 10-47　导向凸缘要指向外侧
1、2—摩擦片固定片

5）将制动摩擦片装入制动钳。

6）注意：制动摩擦片应位于固定片内，如图 10-46 中箭头所示。

7）用新的自锁式螺栓固定制动钳。拧紧力矩：35N·m。

8）安装车轮。

142 制动摩擦片和制动盘的检查

制动摩擦片的结构如图 10-48 所示。

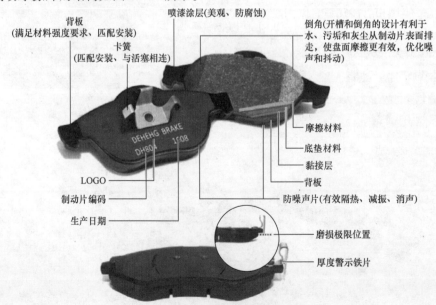

图 10-48　制动摩擦片的结构

（1）制动摩擦片的检查

1）目视检查制动摩擦片是否有裂纹、油渍或脱胶现象，如图10-49所示。

2）目视检查制动摩擦片的表面与制动盘的接触面积和接触位置，是否存在不均匀磨损。制动盘上不应有刻痕、不均匀或者异常磨损以及裂纹和其他损坏。

3）对制动盘和制动摩擦片表面进行清洁工作。

4）用卡尺检查制动摩擦片（外侧）厚度，如图10-50所示。前制动摩擦片厚度规定值：11.0mm，磨损极限：2.0mm，如低于规定要求应进行更换。后制动摩擦片厚度规

图10-49　制动摩擦片外观检查

定值：10.0mm，磨损极限：2.0mm，如低于规定要求应进行更换。

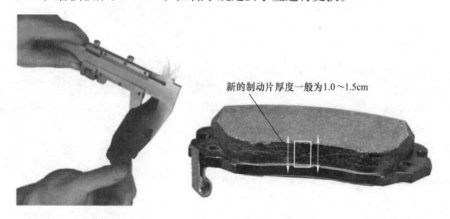

新的制动片厚度一般为1.0～1.5cm

图10-50　检查制动摩擦片厚度

（2）制动盘的检查

1）清除制动盘表面上的锈及污染物，至少取8点测量制动盘厚度，如图10-51所示。前制动盘厚度规定值：26.0mm，极限值：24.0mm；超过规定值应进行更换。任意位置，厚度差不能超过0.005mm。

后制动盘厚度规定值：10.0mm，极限值：8.4mm；超过规定值应进行更换。任意位置，厚度差不能超过0.01mm。如果磨损过度，则应更换车辆左右两侧的圆盘和衬块。

2）看厚度。大多数制动盘产品有磨损指示器，就是在盘面上会分布3个小凹坑。用游标卡尺量一下小坑的深度是1.5mm。也就是说，制动盘双面的总磨损深度达到3mm，建议及时更换制动盘。

3）前制动盘径向圆跳动量检查。在距制动盘外缘约5mm处设置百分表，测量制动盘的径向圆跳动量。制动盘径向圆跳动量极限值：0.05mm，如图10-52所示。如果径向圆跳动量超过极限值，则应更换。如果径向圆跳动量不超过极限值，将其转动180°安装，再次检查径向圆跳动量。如果改变制动盘的位置，径向圆跳动量不正确，可以光磨处理。

图 10-51　前制动盘检查

图 10-52　制动盘径向圆跳动量检查

4）后制动盘径向圆跳动量的检查（方法与上述一样）。在距制动盘外缘约 5mm 处设置百分表，测量制动盘的径向圆跳动量。极限值：0.05mm。如果径向圆跳动量超过极限值，则应更换。如果径向圆跳动量不超过极限值，将其转动 180°安装，再次检查径向圆跳动量。如果改变制动盘的位置，径向圆跳动量不正确，可以光磨处理。

5）目视检查制动卡钳及连接管路是否有液体渗漏，如果有渗漏，应进行更换，如图10-53 所示。

图 10-53　目视检查制动卡钳渗漏情况

143 宝马左右前制动钳(制动钳已拆下)检修

1）通过连接孔用压缩空气小心地压出柱塞，如图 10-54 所示。在制动钳凹口处放置护板（如硬木或橡胶板）来保护柱塞。不要用手指固定柱塞，夹住危险！

2）顶出防尘套，如图 10-55 所示。

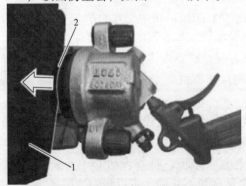

图 10-54　用压缩空气小心地压出柱塞
1—防尘套　2—护板

图 10-55　顶出防尘套

3）小心地取出密封环，如图 10-56 所示。清洁制动缸孔和部件，并用压缩空气干燥。小心地检查制动缸孔、柱塞和法兰表面是否有损坏。不允许对制动缸和柱塞进行机械加工。

安装：

1）安装密封环。在制动缸孔、柱塞和密封环上略微涂 ATE 制动缸涂膏。

2）将防尘套 1 装入柱塞 2 的环槽中，如图 10-57 所示。

注意：不要让制动器柱塞歪斜。将柱塞压入制动缸孔中，均匀用力，在制动钳壳体上将防尘套 1 压至极限位置。

提示：防尘套和制动钳壳体之间必须保持干燥。不允许接触 ATE 制动缸涂膏或制动液，以确保防尘套位置正确。

图 10-56　取出密封环

图 10-57　将防尘套 1 装入柱塞 2 的环槽中

1—防尘套　2—柱塞

144 车轮转速传感器输出电压的检查

1）检查车轮转速传感器与齿圈之间的间隙是否合乎标准值，如图 10-58 所示。前轮：1.10～1.97mm；后轮：0.42～0.80mm。

2）将车升起使轮胎离地，松开驻车制动器。

3）拆下 ABS 车轮转速传感器线束插头，并测量。

4）以 0.5r/s 的速度转动车轮，用万用表测量输出电压：前轮为 70～310mV，后轮 >260mV。

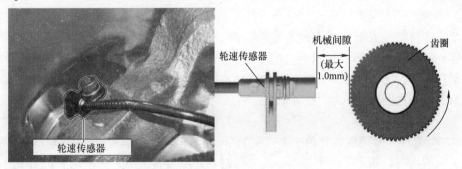

图 10-58　轮速传感器

145 东风天锦和天龙的制动器制动间隙自动调整

东风天锦和天龙的制动器一般装有自动调整臂，如图10-59、图10-60所示。当摩擦片磨损、间隙超过设定值时，能自动调小制动蹄和制动毂之间的间隙，以减少保养时间、保证行车安全。正常工作时，每行驶10000km从滑脂嘴处加注润滑脂，检查并拧紧连接叉紧固螺母。每行驶20000km检查一次反向调整力矩，即按沿逆时针方向转动蜗杆轴力矩（重复试验三次）。若力矩均小于26N·m，则必须更换调整臂。检查制动器各零件总成在使用过程中回位是否顺畅，有无发卡现象。当需更换新蹄片时，应通过旋转蜗杆轴，使凸轮轴处于最小张开位置。换完摩擦片后，在整车300~400Pa气压范围内踩制动踏板30~40次，以保证制动器调小间隙。在车辆使用过程中，随着磨合，蹄片间隙会不断自动调整，直至稳定在设计预留间隙范围内。

用扳手压下锁止套，同时转
动蜗杆调整间隙

图 10-59　转动蜗杆

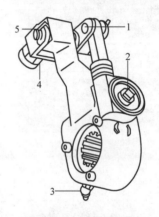

图 10-60　自动调整臂
1—小轴销　2—蜗杆轴　3—滑脂嘴
4—锁紧螺母　5—连接叉

146 ABS 低速误动作故障

（1）故障现象　一辆新款的奇瑞瑞虎 SUV 车，在车辆即将停车时踩制动踏板，ABS 误动作。

（2）故障诊断与排除　首先对该车进行了路试。在快速行驶的情况下，采取紧急制动，ABS 系统工作正常；当车速减慢接近要停车时，轻踩制动踏板，踏板频繁弹脚，说明 ABS 此时工作，并且 ABS 故障灯也没有点亮，这种情况确实不正常。人们知道，ABS 系统通常都是根据汽车车轮的滑移率 S 来实施 ABS 执行器的具体动作。所谓滑移率，就是指车轮相对于地面的滑移程度，即

$$S = (v - \omega r)/v \times 100\%$$

式中，v 为车速（车身速度、车轮中心速度）；ω 为车轮旋转角速度；r 为车轮滚动半径。

在实施制动时，如果滑移率过小，则表明制动力不足，会增大制动距离；如果滑移率过大，则表明制动力已远远超过地面附着力，车轮将出现抱死拖滑的情况，这不但可能增大制

动距离，也会使车辆失去方向稳定性。试验
证明，在制动时将车轮的滑移率控制在
15%～20%，此时，纵向附着系数最大，能
够得到最好的制动效能。同时，横向附着系
数也较大，使汽车具有较好的制动方向稳定
性，如图 10-61 所示。ABS 的功用就是在制
动过程中，通过调节制动器的制动力，将车
轮的滑移率始终控制在 15%～20%，从而获
得最佳的制动效能和较好的制动方向稳
定性。

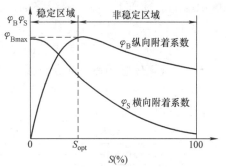

图 10-61　滑移率与附着系数的
关系曲线

在车速低于 10km/h 的条件下，ABS 系统是不工作的，主要原因就是在如此低速的情况
下，车轮滑移率很难会超过 20%，并且在该条件下，如果 ABS 参与工作，其制动距离将可
能超过常规制动的距离，反倒不安全。此时，将 X－431 检测仪连接到车上，再次进行路
试。通过检测仪的诊断，无故障存在，但在车速较低时，读取到的数据流有一点异常，即左
前轮速传感器信号不稳，这是否与此故障有关呢？当车速降至 12km/h 左右时，实施慢速制
动，结果 ABS 又工作了。

根据上述 ABS 的工作机理和实车路试的情况，认为该 SUV 车的故障尽管是在车速超过
10km/h 时出现，满足 ABS 工作的条件，但在实施慢速制动的情况下，其车轮滑移率不可能
超过 15%。因此，在正常的情况下 ABS 是不可能工作的。那么，导致该故障的原因究竟是
什么呢？

由于在中、高车速的情况下 ABS 工作都很正常，因此基本上可以排除 ABS 控制单元和
液压执行系统存在故障的可能性，最大的可能就是在低速期间轮速传感器的信号陡然减弱或
中断，只有这样，ABS 电脑才会根据接收到的陡降或中断的轮速信号，判定滑移率超过
15%，从而启动 ABS。而能造成轮速传感器信号在低速时陡降或中断的原因主要有：个别车
轮制动发胀、轮速传感器自身故障、轮速传感器与感应齿圈的间隙异常等。

本着由简至繁的检修原则，首先举升起车辆，用手分别转动每个车轮，各车轮都旋转自
如，未发现有制动发胀的情况存在；由于前期在用 X－431 读取的数据流中发现左前轮速传
感器信号不稳，为确定该情况是否确实存在，接下来分别慢速转动左、右前轮，并再次读取
数据流，发现左前轮速传感器的信号电压时有时无，而右前轮速传感器的信号电压比较稳
定，由此，我们可以断定，造成 ABS 低速误动作的原因要么是轮速传感器自身故障（线圈
匝间局部短路或电路虚接），要么是轮速传感器与感应齿圈的间隙异常。拆下两前轮轮速传
感器，转动半轴检查传感器的感应齿圈，均正常，测量传感器与感应齿圈的间隙，都在
0.4mm 左右，符合 0.2～0.8mm 的规定要求，可见，问题还是出在轮速传感器自身。为此，
我们又分别断开左、右前轮的轮速传感器插头，测试传感器的阻值，都约为 1200Ω，也在规
定范围之内，之后又查阅了瑞虎的相关资料，根据 ABS 控制电路图（图 10-62），我们对
ABS 电脑 1 号和 2 号端子至左前轮速传感器插接器进行了导通性测试，也正常。至此，可以
基本确定左前轮速传感器有线路虚接的问题存在。为了证明我们的推断，本应该更换一个新
的左前轮速传感器进行试验验证，但由于当时没有备件，我们采取了另外一种方法。如图
10-62 所示，断开左前轮速传感器插头，从右前轮速传感器的插接器处并出两条线路，连接

至 ABS 电脑的 1 号和 2 号端子的线路插接器上，目的是利用右前轮速传感器的信号来取代原左前轮速传感器的信号。在此条件下驾驶车辆路试，ABS 低速误动作的现象终于消失了，ABS 系统工作一切正常。在推断得到证实之后，我们将左前轮速传感器拆下并剖开外层护套仔细检查，发现该传感器在左前翼子板上沿附近的位置有被挤压的痕迹，但线路并没有完全断开，这很可能是在车辆装配过程中造成的。修复该车 ABS 系统完全恢复正常，再也没有 ABS 低速误动作的情况出现。

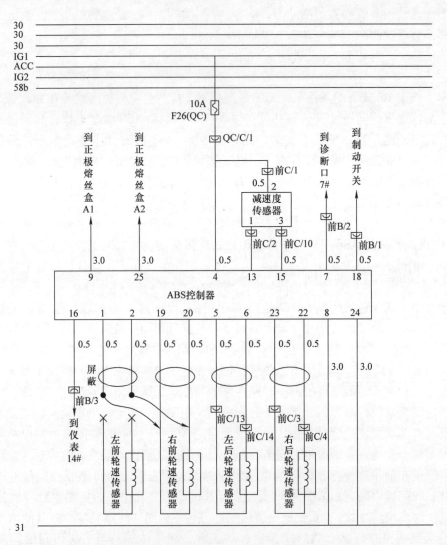

图 10-62　瑞虎的 ABS 系统电路

(147) 制动系统的排气

（1）制动系统的排气方法

1）使用专用制动系统充液装置 VW1238/1 排气时，接通 VW1238/1 制动系统放气装置，按右后车轮制动轮缸→左后车轮制动轮缸→右前制动钳轮缸→左前制动钳轮缸的顺序打开放气螺栓，并用排液瓶盛放排出的制动液。

2）如果没有专用装置，排气步骤如下：

① 将一根软管一端接到排气螺栓上，另一端插入排液瓶，如图10-63所示。

② 两人配合，一人连续踩制动踏板数次，直至踏板再也踩不下去为止，并用力踩住踏板不放，另一人将排气螺栓稍松开，让制动系统内的空气连同一部分制动液一起排出。当制动踏板被踩到底后，立即旋紧排气螺栓。排气顺序同上。

③ 重复上述过程，直至放出的完全是制动液，容器中制动液里无气泡为止。

④ 在排气过程中，必须观察储液罐内制动液面的高度，必要时添加制动液。

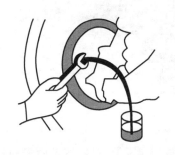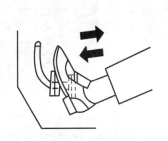

图 10-63 ABS 排气

（2）制动系统渗入空气的判定方法 如果一次踩下制动踏板，软绵无力，连续踩数次，制动踏板逐次升高，升高后踩不动，感到有弹力，则表明制动系统中渗有空气。

（3）制动系统渗入空气的危害性 制动液压系统有空气侵入时，就会感到制动踏板无力，制动踏板行程过长，致使制动不足，甚至制动失灵。

（4）常规放气方法 用一专用橡胶管的一端接在某一放气螺栓上，另一端插入盛有半瓶制动液的玻璃瓶中。慢踩快放制动踏板 2~3 次，每次间隔 3~5s，直至制动踏板升至最高位置。此时制动系统内剩余压力一般可达 0.15~2atm（1atm=101325Pa）。

迅速把某轮缸上的放气螺栓旋松 1/3~1/2 转，带有空气泡沫的制动液便排出。反复1~2 次，直至该轮缸内空气彻底排净。

1）放气原则。放气原则一般是：先远后近，先下后上逐个进行放气。

2）放气顺序。右后轮缸→左后轮缸→右前轮缸→左前轮缸。

148 制动器总成拆装

制动器总成结构如图10-64所示。注意：推杆尺寸：$a=164.7mm\pm0.5mm$。

（1）拆卸

1）关闭点火开关。

2）反复踩下制动踏板，降低制动助力器内的真空。

3）从制动助力器上拆下制动踏板。

4）在制动助力器下面的区域里铺放足够的不起毛的抹布，以防制动液溢出。

图 10-64　制动器总成结构

5）将制动液用制动液加注及排气装置 VAS5234 和适配插头 VAS5234/1A 尽可能多地从制动液储液罐中吸出，如图 10-65 所示。

6）拆卸排水槽盖板。

7）拆卸制动液储液罐。

8）将电插头 1 从制动助力压力传感器 2 和制动信号灯开关 F（图中位置 4）上断开，如图 10-66 所示。

9）拆卸制动助力压力传感器 2，如图 10-66 所示。

VAS5234

图 10-65　吸出制动液

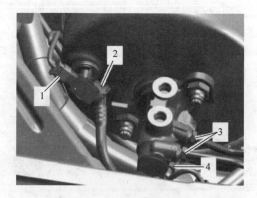

图 10-66　拆下制动助力压力传感器

1—电插头　2—制动助力压力传感器
3—锁紧螺栓　4—制动信号开关灯 F

10）拧出制动管路的锁紧螺栓 3，将制动管路从制动主缸上拔下并略微压向一侧。

11）立即用装配组件 5Q0 698 311 中的干净密封塞封闭敞开的连接处。

12）拧出螺栓，如图 10-67 中箭头所示。小心地从排水槽中拔出带制动主缸的制动助力器。

（2）安装　安装按拆卸的倒序进行，同时要注意下列事项：

1）拆卸后更换螺栓。

2）彻底清洁排水槽残留的外溢制动液。

3）检测橡胶防尘套 2 是否没有从制动助力器 1 上的环形凹槽（图 10-68 中箭头）中滑出。

提示：必须将橡胶防尘套 2 牢固地装入凹槽（图 10-68 中箭头）周围。

图 10-67　拆下制动助力器

图 10-68　检测橡胶防尘套
1—制动助力器　2—橡胶防尘套

4）小心地装入带制动主缸的制动助力器拧入螺栓。

5）将真空软管压入制动助力器。

6）安装制动助力压力传感器。

7）将真空软管稳固地推到制动助力压力传感器上。

8）用手将制动管装入制动主缸，不要改变制动管路的弯曲形状。

9）用必要的扭矩拧紧制动管的锁紧螺栓。

10）安装制动液储液罐。

11）将制动踏板与制动助力器连接在一起。

149 制动液更换

制动液更换机结构如图 10-69 所示。

操作步骤：

1）汽车处于静止状态。

2）阀 1 指向开处，阀 2、阀 3 指向关处。

3）找出待操作汽车制动主缸位置，先将制动主缸储液壶上的盖旋出放在安全位置，再将吸液管配上专用插头后，插至制动主缸储液壶内，开启调压阀。此时，机器工作将制动主缸储液壶内的旧液吸出至机器内旧储液桶内，如图 10-70 所示。

4）旧液抽干净后，取出吸液管，取下专用插头，将出液管配上专用插头，放至制动主

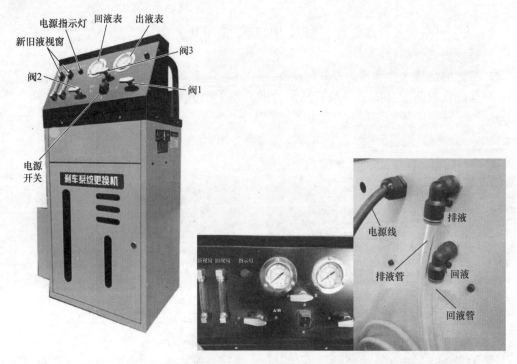

图 10-69　制动液更换机结构

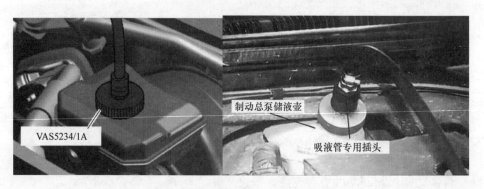

图 10-70　将吸液管配上专用插头

缸储液壶内，阀 3 指向开位置，阀 1 指向关位置，阀 2 指向开位置，将新液注入制动主缸储液壶内 2/3 处即可。

5）完毕后，关闭调压阀。

注意：更换制动液（上压下吸）。

1）确定待操作汽车型号，从本机器配备的专用插头中找出与之相配的插头（制动主缸储液壶旋紧盖），旋在制动主缸储液壶上。

2）将出液（PRESSURE）与专用储液壶插头相连接，将吸液管配上专用吸液管连在制动轮上的排气螺栓上，并打开排气螺栓，如图 10-71 所示。

3）当需要两轮或四轮同时操作时，可在回液管上配上专用五通阀。两轮操作时，可同时接上两根专用吸液管（一般左前右后，或右前左后）。

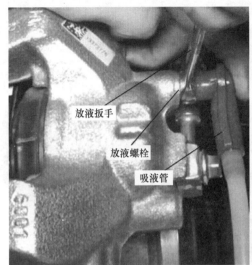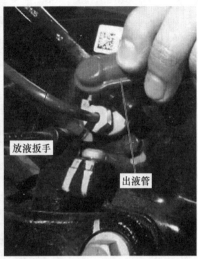

图 10-71　将吸液管配上专用吸液管连在制动轮上的排气螺栓上

4）管都接好后，可将阀2、阀3指向开处，阀1指向关处。

5）当回液管内出来的制动液为新液时，即可依次旋紧制动轮上的排气螺栓，关闭电源。

6）换液完毕后，将阀2指向AIR中间泄压位置（由于制动主缸储液壶内液处于高压位置，必须先卸压）。

7）恢复汽车原状态，试制动即可。

8）整理本机器上的出液管、吸液管及专用插头以备下次使用。

注意：

1）汽车处于静止状态。

2）先将汽车制动主缸储液壶内的旧液抽出至本机废液桶内（同抽液、注液步骤一样）。

3）开启电源，这时制动液路内的旧液被吸出，排入废液桶。

⑮⓪ 制动气室结构

制动气室也称为制动轮缸，其作用是将压缩空气的压力转变为使制动凸轮轴转动的机械力，实现制动动作。

制动气室为卡箍夹紧膜片式。前、后制动气室大小不同，但其结构基本相同。它由进气口、盖、膜片、支承盘、回位弹簧、壳体、推杆、卡箍和螺栓等组成，如图10-72所示。

制动气室壳体和盖是用钢板冲压制成的，用卡箍、螺栓连接在一起，形成整个外壳，它们之间装有夹布橡胶膜片，膜片将整个外壳分隔成两个相互完全隔离的气室。膜片和盖之间的气室通双腔制动阀，膜片和壳体之间的气室常通大气。当自由状态时，膜片与盖板紧贴，而另一面与推杆上的圆盘相接触，圆盘与壳体内端面之间装有回位弹簧，推杆另一端装有连接叉，用以连接制动调整臂。整个制动气室用螺栓固定在专门支架上。

当汽车制动时，空气从进气口进入制动气室，在空气压力作用下使膜片产生变形，推动推杆，并带动制动调整臂，转动制动凸轮，将制动蹄摩擦片压向制动鼓而产生制动，如图

10-73 所示。

当汽车解除制动时，制动气室中的压缩空气经双腔制动阀或快放阀排入大气，膜片和推杆在回位弹簧作用下恢复原始状态。

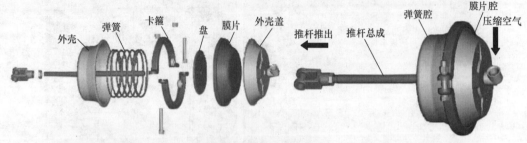

图 10-72 制动气室结构

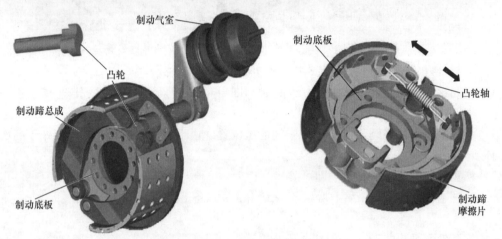

图 10-73 制动气室工作原理

151 制动踏板位置传感器结构原理

制动踏板位置传感器结构及安装位置如图 10-74、图 10-75 所示。

图 10-74 制动踏板位置传感器结构

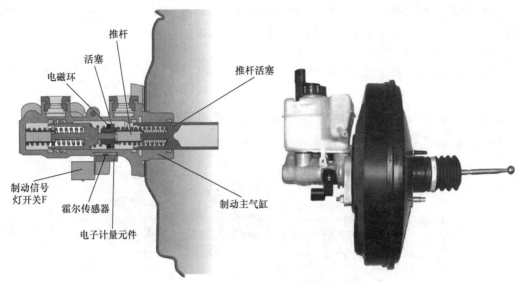

图 10-75　制动踏板位置传感器安装位置

1）信号作用：①传递制动信号用于制动灯；②踩制动踏板时防止发动机加速；③切断定速巡航；④自动档用于变速杆锁止。

2）失效影响：一个信号失效，喷油量减少，发动机动力下降；两个信号失效，制动灯常亮。

3）传感器工作原理：制动灯开关安装在制动主缸底部位置，制动主缸内部安装有可移动的永久磁铁，制动主缸推杆推动带有电磁环（永久磁铁）的活塞是采用霍尔原理工作的，可以理解为霍尔传感器，制动灯开关内的半导体片有电流流过，电子会均匀分布在半导体中，如果磁场作用于半导体，电子会垂直于电流方向发生侧向偏转，这会导致电子分布不均匀，电子在一侧过多，而在另一侧过少，电压由此产生，内部触点闭合，信号线电压为12V；如果磁场中断，电子会重新均匀分布，触点断开，信号线电压为0V。

制动踏板没有被踩下（图 10-76）：

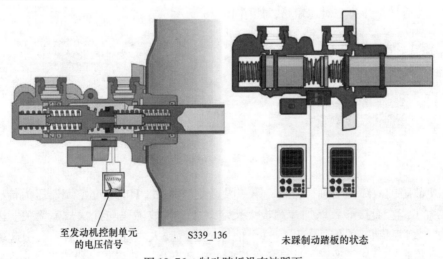

至发动机控制单元
的电压信号

S339_136

未踩制动踏板的状态

图 10-76　制动踏板没有被踩下

当制动踏板没有被踩下时，活塞和磁铁环处于自由状态，制动信号灯开关 F 的电子计量元件把 0～2V 的电压信号传递到发动机控制单元和车辆电气控制单元，用它来检测制动踏板是否工作。

制动踏板被踩下（图 10-77）：

当制动踏板被踩下时，活塞移动经过霍尔传感器，当活塞和磁铁环经过霍尔传感器时，电子计量元件把高于 2V 低于车辆电气系统电压的一个电压信号传递到发动机控制单元，用它来检测制动踏板是否工作。

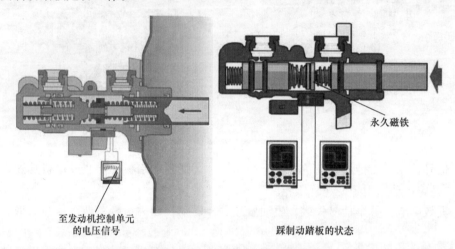

永久磁铁

至发动机控制单元
的电压信号

踩制动踏板的状态

图 10-77　制动踏板被踩下

152　制动灯突然报警故障

故障现象：行驶中仪表上 EPC 灯和制动灯突然报警，报警后踩加速踏板无反应。

故障诊断：发动机 01 系统报：049B8 P053000 空调器压力传感器，电气故障；04506 P057200 制动信号灯开关，对地短路，如图 10-78 所示。

0001-发动机电控系统 (UDS／ISOTP／04E906027A／6163／H20／EV_ECM14TFS01104E906027A／001005)		
故障代码	SAE 代码	故障文本
049B8 [18872]	P053000	空调器压力传感器,电气故障
04506 [17670]	P057200	制动信号灯开关,对地短路

图 10-78　故障信息

从产生故障的故障码上进行分析，第一眼感觉"049B8 P053000 空调器压力传感器电气故障"不太可能会直接导致踩加速踏板无反应现象，该故障码与此次故障无关。因为发动机控制单元收到制动开关信号（尽管这个信号不是驾驶人主动踩下）后，会引起驱动扭矩的变化，那么最有可能导致踩加速踏板无反应的现象产生。故障车已经更换过一次制动灯开关，但是故障没能解决，行驶中再次出现这样的故障现象。

从数据流里面观察制动信号灯开关状态，如图 10-79 所示。

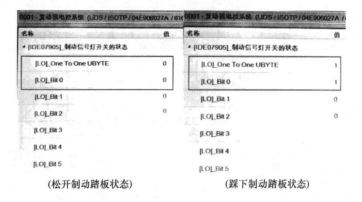

（松开制动踏板状态）　　　　　　　（踩下制动踏板状态）

图 10-79　数据流

制动开关在观测时，数据变化是正常的，制动灯也随着踏板的踩下和松开一亮一灭，没有观察到制动灯不亮或者常亮的现象，这就说明了制动灯开关目前是正常的，但故障出现是不定期的。

再从制动灯开关原理上分析，制动灯控制电路如图 10-80 所示。

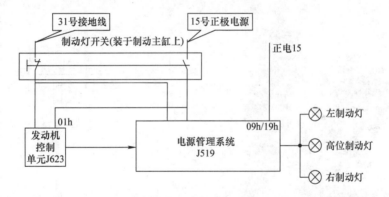

图 10-80　制动灯控制电路

从原理图上看，制动灯开关有 4 条线，分别是接地 2 号端子，端子 1 与 J623 连接，端子 3 与 J519 连接，端子 4 与供电继电器端子 15 相连接。发动机控制单元 J623 接收到的信号用于控制驱动力矩，BCM 控制单元 J519 接收到的制动信号用于控制制动信号灯，两控制单元分别从制动灯开关处接收一个高平信号和一个低平信号。制动灯开关安装在制动主缸上，采用霍尔原理，如图 10-81 所示。

结合电路图（图 10-82）分析。通过以上测量和数据分析，制动灯开关及制动主缸上的霍尔元件都是正常的，产生故障的最大可能是制动开关线路或者控制器。

为了能进一步排查线路上存在偶发性与地短路的可能，人为将制动开关 1 号端子接地，反复踩制动踏板，再次调取新的故障码，看能否得出与原故障码一致的结果。结果制动灯常亮，无故障码。接着将端子 3 与正极短路，反复踩制动踏板，结果制动灯常亮，无故障码，可能是短时间的关系，如果要是长时间的话控制单元可能会报故障码，因此制动线路故障排除。

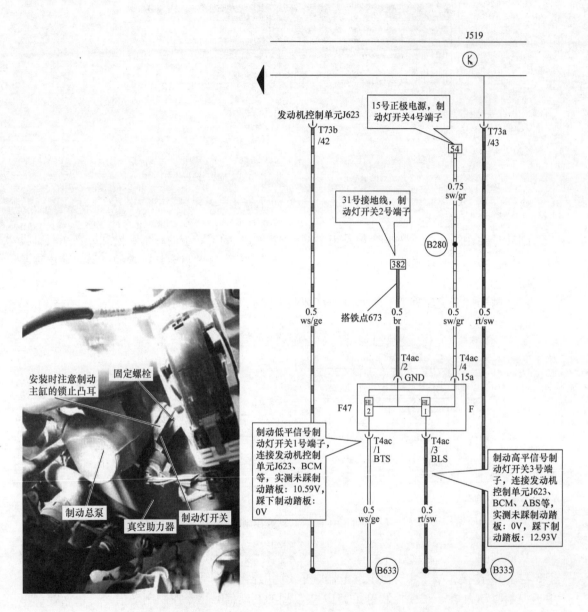

图 10-81　制动灯开关安装位置

图 10-82　制动灯开关相关电路

　　最后又参照制动灯开关相关电路图有了一个重大发现，制动灯开关搭铁点有没有松动，按照电路上提供的搭铁点紧固了松动的螺栓，此处的螺栓松动导致此处搭铁似有似无，这才是问题的真正的原因。

153 制动真空传感器故障

故障现象：一辆 2016 年产一汽－大众速腾 1.4T 轿车，搭载 CFB 发动机和七档 DSG 变速器，行驶里程 3 万 km，用户反映该车防抱死制动系统 ABS 及驱动防滑系统 ASR 警告灯一直点亮。

检查分析：维修人员试车，故障现象与用户反映一致，连接专用诊断仪 VAS6150B，检测 ABS 控制单元（J104）存储故障码"03366，真空传感器电路电气故障"。

真空传感器（G608）的作用是发动机控制单元监控真空度能否满足真空助力器的工作。（失效影响：默认值替代，转速有波动。）速腾只在搭载 1.4T 发动机的车型上才装有真空传感器，因为该车型没有装备机械真空泵。如迈腾 1.8T 和 2.0T 的发动机都装有专门提供制动助力的机械真空泵。

速腾 1.4T 车型的 J104 通过 G608 监测到真空度不够时，在制动时通过 ABS 液压泵实现液压辅助制动，以加大制动力；而在怠速时会提高发动机转速，视情况自动关闭辅助电器（如空调系统）来保证制动效能。

制动真空传感器电路图及安装位置如图 10-83 所示，J104 与 G608 之间有 3 条线，正、负极电源线及信号线，之间没有插接器。结合故障码提示分析可能原因：①G608 本身故障；②J104 至 G608 之间线路故障；③J104 本身故障。

打开发动机舱盖检查真空传感器线束，发现该线束人为损坏。

故障排除：连接导线断点，做好绝缘，试车故障排除。

J104

T38
/21

T38
/20

T38
/8

T38
/24
CAN-L

T38
/22
CAN-H

0.5
br/ws

0.35
rt/br

0.35
br/gn

0.35
cr/br

0.35
cr/sw

0.35
cr/br

0.35
cr/sw

搭铁

5V

信号电
压约为
3.5V

T4c
/1

T4c
/3

T4c
/4

T16o
/12
CAN-L

T16o
/13
CAN-H

G608

J527

43   44   45   46   47   48

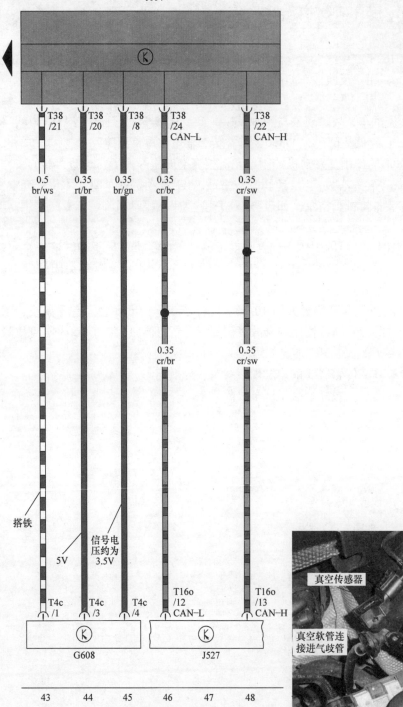

真空助力器
真空传感器
真空软管连
接进气歧管
真空软管

图 10-83　制动真空传感器电路图及安装位置

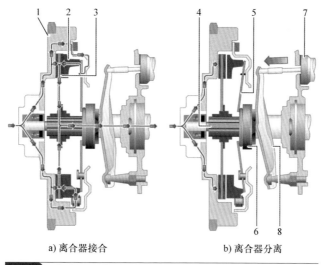

a) 离合器接合   b) 离合器分离

图 1-2 离合器工作原理

1—飞轮　2—离合器压盘　3—离合器从动盘　4—从动轴
5—碟形弹簧　6—分离轴承　7—工作液压缸　8—分离拨叉

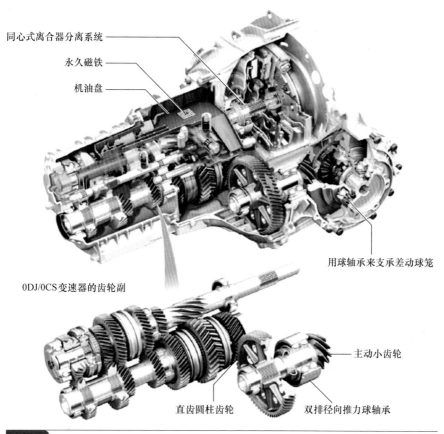

同心式离合器分离系统

永久磁铁

机油盘

用球轴承来支承差动球笼

0DJ/0CS变速器的齿轮副

主动小齿轮

直齿圆柱齿轮

双排径向推力球轴承

图 2-57 奥迪 0DJ/0CS 六档手动变速器

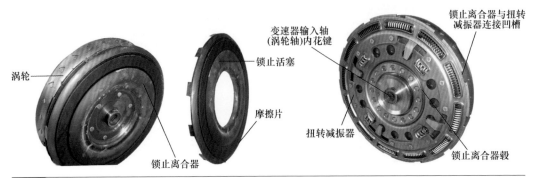

涡轮

锁止离合器

变速器输入轴
(涡轮轴)内花键

锁止活塞

摩擦片

锁止离合器与扭转
减振器连接凹槽

扭转减振器

锁止离合器毂

图 3-4 锁止离合器结构

离合器鼓

复位弹簧

离合器毂

前进离合器摩擦片

卡环

活塞

平衡器(平衡活塞)

前进离合器钢片

图 3-7 丰田卡罗拉离合器结构

K2离合器压盘

K1离合器碟形膜片弹簧

K2离合器从动盘两侧有摩擦片

K2离合器碟形膜片弹簧

K1离合器从动盘两侧有摩擦片

K1离合器压盘（将K1离合器摩擦片与驱动盘压紧，实现动力传递）

驱动盘与离合器壳体同步

图 3-42 分解后的 0AM 双离合器

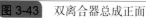

双离合器内齿

双离合器外齿

小齿毂

图 3-43 双离合器总成正面

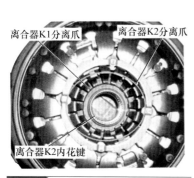

离合器K1分离爪

离合器K2分离爪

离合器K2内花键

图 3-44 双离合器总成背面

离合器平衡活塞

回位弹簧

离合器鼓

离合器活塞

离合器压盘

离合器钢片

卡簧

卡簧

离合器摩擦片

图 3-145 离合器 K1 分解图

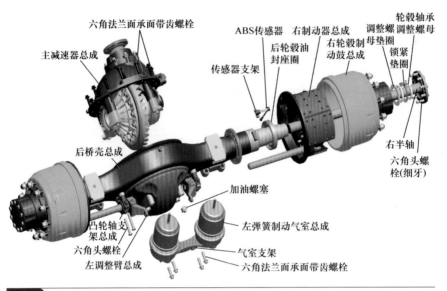

六角法兰面承面带齿螺栓
主减速器总成
ABS传感器　右制动器总成
后轮毂油封座圈
传感器支架
右轮毂制动鼓总成
轮毂轴承调整螺母垫圈
调整螺母
锁紧垫圈
后桥壳总成
右半轴
六角头螺栓(细牙)
加油螺塞
凸轮轴支架总成
六角头螺栓
左调整臂总成
左弹簧制动气室总成
气室支架
六角法兰面承面带齿螺栓

图 5-2　整体式驱动桥二

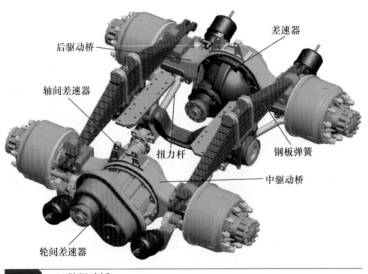

后驱动桥
差速器
轴间差速器
扭力杆
钢板弹簧
中驱动桥
轮间差速器

图 5-4　双联驱动桥

半轴锥齿轮

行星锥齿轮

轴承

十字轴

差速器外壳

螺栓

垫片

轴承

垫圈

差速器外壳

图 5-6 行星锥齿轮差速器

螺栓-紧固轴承座

主动锥齿轮总成(i=4.11)

调整垫片-主锥轴承座

减速器外壳及差速器
轴承盖总成

差速锁总成

螺栓弹簧垫圈

调整环

差速器总成

止动片-调整环

减速器外壳及差
速器轴承盖总成

螺栓-止动片

图 5-20 主减速器总成主要结构分解

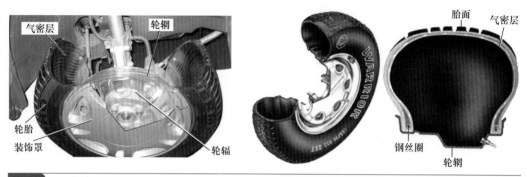

图 7-5 无内胎轮胎

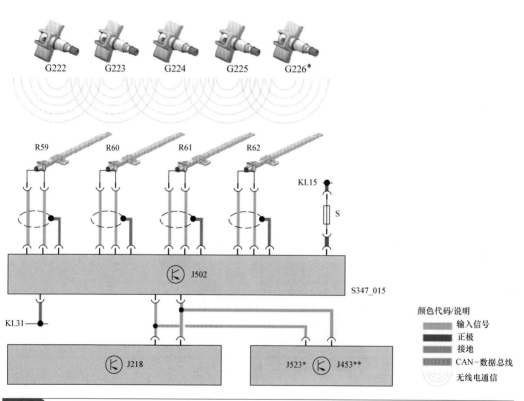

图 7-48 大众/奥迪车上用轮胎压力监控系统功能图

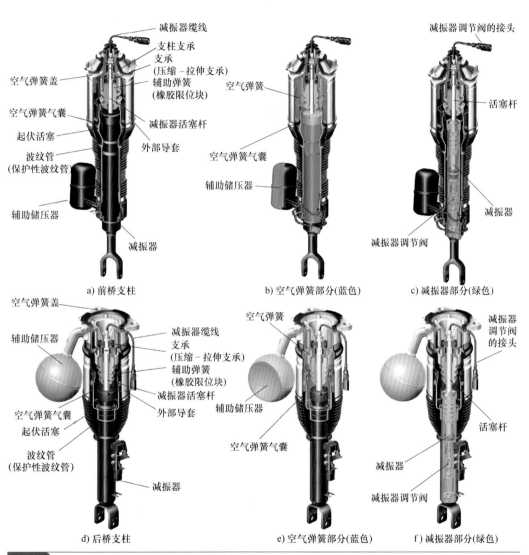

减振器缆线
支柱支承
支承
(压缩－拉伸支承)
辅助弹簧
(橡胶限位块)
减振器活塞杆
外部导套

空气弹簧盖
空气弹簧气囊
起伏活塞
波纹管
(保护性波纹管)
辅助储压器
减振器

a) 前桥支柱

空气弹簧
空气弹簧气囊
辅助储压器

b) 空气弹簧部分(蓝色)

减振器调节阀的接头
活塞杆
减振器调节阀
减振器

c) 减振器部分(绿色)

空气弹簧盖
辅助储压器
减振器缆线
支承
(压缩－拉伸支承)
辅助弹簧
(橡胶限位块)
减振器活塞杆
外部导套
空气弹簧气囊
起伏活塞
波纹管
(保护性波纹管)
减振器

d) 后桥支柱

空气弹簧
辅助储压器
空气弹簧气囊

e) 空气弹簧部分(蓝色)

减振器调节阀的接头
活塞杆
减振器
减振器调节阀

f) 减振器部分(绿色)

图 8-41 空气弹簧结构

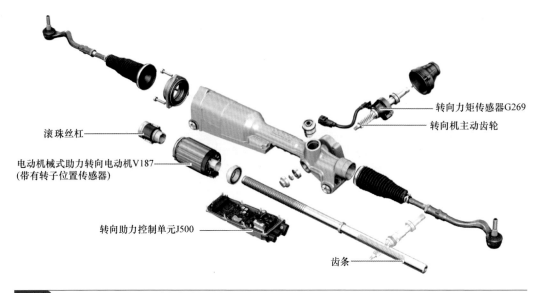

転向力矩传感器G269
转向机主动齿轮
滚珠丝杠
电动机械式助力转向电动机V187
(带有转子位置传感器)
转向助力控制单元J500
齿条

图 9-1　电动机械式转向系统各部件的结构

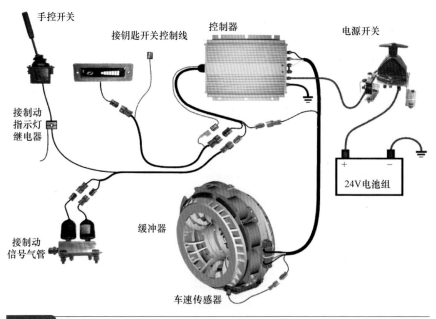

手控开关
接钥匙开关控制线
控制器
电源开关
接制动
指示灯
继电器
24V电池组
接制动
信号气管
缓冲器
车速传感器

图 10-16　电涡流缓速器控制电路的组成